中公新書 2064

小林正宏
中林伸一 著

通貨で読み解く 世界経済

——ドル、ユーロ、人民元、そして円

中央公論新社刊

まえがき

アメリカは戦後、世界経済の中心地として君臨してきた。一九九一年にソ連が崩壊してからは、唯一の超大国となった。この間ドルは、ユーロの挑戦を受けつつも、基軸通貨として機能し続けた。そして、リーマン・ショックに端を発した今回の世界金融危機は、こうしたドルの覇権を揺るがすかに見えた。

一九七一年、ニクソン大統領はドルと金との交換停止を発表した。金とのつながりを失ったドルの価値を裏付けるのは、以後、アメリカへの信認のみとなった。金本位制から変動相場制度への移行は、ドルの価値を大きく変動させることとなったのである。ただ、金とのつながりを断ち切ることで、ドルは世界中に一層流通し、そのことがドルを事実上の基軸通貨として機能させ続けることにもなった。

為替レートは、貿易取引や国際金融取引を通じて経済に広く影響を与える。為替レートは通貨と通貨の交換比率なので、国境をまたぐ経済取引全般に深く関係するのである。たとえば、ドル安円高になると、日米間で、アメリカの製品は安くなり、日本の製品は高くなる。そのため、日本からアメリカへの輸出品の価格が上昇して、輸出が伸び悩むことになる。また、ドル安のアメリカでは、輸入物価が上昇し、円高の日本では、輸入物価が下落する。

また、金融取引においては、為替リスクが問題となる。過去数十年、新興国では、通貨の暴落によって経済が大混乱に陥る通貨危機が頻発してきた。この通貨危機の要因のひとつとして、外貨建ての借入による為替リスクが重要である。新興国では、海外から資金調達しようとすると、ドルなどの外貨建て借入になることが多い。このとき、自国通貨がドルに対して弱くなると、返済額が増加して危機が加速することになる。たとえば、タイが一〇〇ドル借りているとき、一ドル二〇バーツなら、二〇〇〇バーツの借金だが、バーツの為替レートが半分の一ドル四〇バーツになったら、四〇〇〇バーツの借金に倍増するのである。

その点、アメリカは、自国通貨のドルが基軸通貨であるため、特殊な地位にある。実際これまで、ドルで、海外から低利でいくらでも借りられた。世界中ですでに大量の米国債が外貨準備として保有されているが、アメリカの信用力が高いため、米国債の金利は新興国の金利よりもかなり低い。しかも、ドルが安くなっても、対外債務の返済負担が為替評価のために増えるわけではない。もともと、自国通貨建てで借り入れているからである。

ただし、一国の通貨の価値は、最終的にはその国の経済力や経済政策に対する信認に左右される。アメリカの金融システムが不安定化したり、製造業が衰退したり、あるいは、無責任な経済政策がとられたりして、対外債務が際限なく拡大していくと、ドルの信認は揺らぎかねない。そうすると、いくらアメリカでも、海外からの資金調達が難しくなり、金利の高騰やドル暴落が起こる恐れがある。実際、こうした指摘はこれまでも多くあった。

基軸通貨としてのドルの特権は、対外債務を膨らませる諸刃《もろは》の剣であり、中国をはじめとする東アジア諸国や中東産油国などとの間に大幅な国際収支不均衡を生む温床となった。この国際収支不均衡をファイナンスするため、アメリカに巨額の資金が流入し、それがアメリカの長期金利を押し下げる要因となった。連邦準備制度理事会（FRB）のグリーンスパン前議長は、政策金利を引き上げても、長期金利が上昇しないことを「謎」（Conundrum）と呼んだ。後に、ポールソン財務長官（当時）は、アメリカの住宅バブルはFRBの行き過ぎた金融緩和という国内の金融政策の失敗のみならず、為替介入により貿易黒字を継続し、アメリカに流動性を供給し続けた中国などにも責任があると示唆した。

今回の世界金融危機は、国際金融システムの欠陥に起因するのか、それとも単にアメリカのマクロ政策運営の失敗によるものだったのか、それを検討するうえで、ドルという通貨の特殊性は無視しえない。さらに、金融危機の原因として、金融機関のリスク管理の不備や、不適切な報酬体系による過度のリスク・テーク、さらには過大なレバレッジといった点も挙げられる。格付会社の利益相反行為や、監督体制の不備など、論点は多岐にわたる。

レバレッジについて言えば、我が国でもFX（外国為替証拠金）取引などのハイレバレッジ取引が活発に行われたのは記憶に新しい。金融危機の再発を防ぐため、今後こうした金融面での行き過ぎを是正する金融規制改革は避けて通れないが、それはアメリカの成長戦略とドルの地位にどのような影響を与えるのであろうか。二〇一〇年、アメリカは中間選挙の年でもあり、選挙対策として、金融機関バッシングがかまびすしくなってきているが、アメリカは金融立国から輸出産業の再生に向かうのであろうか。それは、「強いドル」という為替政策からの転換を意味するのであろうか。

今回の世界金融危機を受けて、アメリカでは消費が落ち込み、輸入が減少して、二〇〇九年の経常収支は、前年から三〇〇〇億ドル改善した。足下では、若干赤字が再び拡大する動きが見られるものの、国際的な政策協調の下、中国などが内需を拡大し、アメリカの消費減退の穴を埋められるかどうかが、今後の世界経済の持続的な成長の鍵を握っている。

しかし一方で、不動産価格の急騰など、中国経済の過熱を懸念する声も散見されるようになってきた。日本には、一九八五年のプラザ合意と政策協調がその後のバブルの発生と崩壊の一因となったという苦い経験があるが、中国経済のバブル崩壊はあるのだろうか。あるいは日本の教訓を踏まえ、ソフト・ランディングに成功するのであろうか。

ドルの信認低下は、一つの例としては、金価格の高騰を招いている（そして一部では金本位制復活を唱える声が出ている）。しかし、より大局的な見地から、複数基軸通貨制度、IMF（国際通貨基金）での特別引出権（SDR）の配分、IMFの役割強化など、国際通貨制度改革の議論が起こってきている。このうち、複数基軸通貨制度については、ユーロ、人民元、あるいは、将来創設されるとすればアジア共通通貨が、国際通貨としてドルにどこまで代わりうるのか、議論したい。

導入後一〇周年を迎えたユーロは、欧州統合の成果の象徴であり、ユーロ圏の東方拡大が進んでいる。しかし二〇〇八年には、そのユーロ圏と接する国々（ラトビア、ハンガリー等）で通貨危機が起き、一九九七年から一九九八年のアジア通貨危機の時と同じように、IMFの支援を仰ぐ結果となった。また、スペインやギリシャなど圏内の国々を、住宅バブルの崩壊や国債の格下げなどの試練が直撃し、特にギリシャの財政悪化については、ユーロの結束にも影響を及ぼしている。

二〇一〇年に入ってからは、ギリシャの財政の持続可能性に対する疑念から、ギリシャ国債の利回りが急騰（価格は暴落）し、EU（欧州連合）とIMFが支援パッケージをまとめた。しかし、問題の根本的解決にはなっていないとの評価から、ユーロは下落を続けている。ユーロという通貨の統合と、ECB（欧州中央銀行）による金融政策の一元化が、域内経済の柔軟な調整を困難にし、今回のギリシャ問題となって表面化したとの声も出始めている。ギリシャはユーロ圏にとどまる限り、為替の切り下げで輸出を増加させるという回復シナリオを描けないのである。

今回の金融危機後、金融政策のみならず、大規模な財政政策も動員された。国際収支危機への対応において、常に財政緊縮策を中心に据え、憎まれ役を買ってきたIMFだが、アジア通貨危機の時は、必要以上に厳しい財政緊縮策によって危機を悪化させた、と批判を浴びた。しかし、今回の世界金融危機では、国際協調による財政出動を積極的に後押ししてきた。とはいえ、ギリシャの財政問題を契機に、EUと共同でとりまとめに動いた支援プログラムでは、再び厳しい財政再建策を中心に据えざるをえない状況となっている。

ヨーロッパでは、早過ぎる出口戦略の実施が再び景気の腰を折り、銀行の不良債権を増加させるリスクも現実味を帯びつつある。財政再建を打ち出さなければ、財政の持続可能性への不安からユーロが売られ、財政再建を推進すれば、景気失速からやはりユーロが売られる、という構図が二〇一〇年前半の特徴となっている。こうした状況下、ユーロのドルへの挑戦権はやや棚上げされた感がある。

一方、人民元の国際化はようやく始まったばかりであるが、今後、中国経済の成長とともに、その影響力が拡大していくのは間違いあるまい。しかし、人民元の切り上げは、輸出に依存してきた中国経済の発展モデルに見直しを迫らずにはおかない。切り上げは、中国経済の過熱の制御に必要なステップではあるが、実施が遅れれば、バブルの生成と崩壊につながる恐れもあるからである。二〇一〇年六月一九日、中国の中央銀行である中国人民銀行は「人民元の為替の柔軟性を高める」と発表し、二〇〇八年七月以降、事実上ドルにペッグ（固定）されていた人民元が再び管理された範囲内で徐々に切り上げられていくと観測されている。しかし、その程度の切り上げでグローバル・インバランスが解消されるのか、疑問視する向きもある。

振り返って、日本はバブル崩壊後、深刻なデフレに見舞われている。「失われた一〇年」は円の国際化にブレーキをかけた。世界の成長センターであるアジア経済との結び付きを強固にするため、我が国は今後、アジアでの地域金融協力や為替安定の動きにどう取り組んでいくべきだろうか。

「失われた一〇年」を経て、二〇〇三〜〇四年にかけての大規模な為替介入にも後押しされた実質的な円安が、デフレを食い止め、輸出主導型の景気回復を後押しした。しかし、リーマン・ショック後は戦後最悪の景気後退を経験し、デフレに逆戻りすることとなった。落ち着きを取り戻しつつある世界経済に牽引《けんいん》されて、また、政策対応の効果もあって、日本経済は回復しつつあるようにも見える。ソブリン（国家）・リスクがユーロや金融市場を揺さぶる中、日本は財政規律を保ちながら、為替や金融の安定を維持していくためにどのような対応をとるべきであろうか。

もとより、このような議論は、ドルの地位がどのように推移するかに依存する部分が大きい。本書では、「通貨（為替）」と「経済」、そして「経済政策」の三者の間の相互作用を検証することにより、日本と世界経済の持続的成長を可能にする国際通貨制度やマクロ政策協調、金融規制の枠組みについて考える。

目次

第4章　東アジアの台頭と人民元　131

図表作成◎山田信也（スタジオ・ポット）

通貨で読み解く世界経済

第1章　世界金融危機とマクロ経済政策

I——金融危機とドル

現代の基軸通貨

「ドルはもはや基軸通貨ではない」。

二〇〇八年一一月、ワシントンで開かれる金融サミットを前にフランスのサルコジ大統領はこう言い放った。二〇〇九年三月には、中国の中央銀行である中国人民銀行の周小川《しゅうしょうせん》総裁が、「国際通貨体制改革に関する考察」という論文の中で、米ドル（以下、単に「ドル」と略）の代わりに、ＩＭＦの特別引出権（ＳＤＲ）を準備通貨にすべきだと表明し、世界の注目を浴びた。

世界金融危機の震源地となったアメリカの経済は凋落《ちょうらく》し、ドルは暴落するだろうという声が多く聞かれるようになった。しかしドルは、貿易決済や資本取引をはじめとする現実の国際取引の中で、支払い手段、計算単位という、極めて重要な役割を果たす基軸通貨としての地位をまだ失ってはいない。世界の外貨準備の六割以上はドル建てであり、価値貯蔵手段として今も認められている。実際、金融危機の直後、ドルは多くの通貨に対してむしろ上昇しているのである。

二〇世紀前半までは英ポンドが基軸通貨の座にあったが、戦後はドルにその地位が移った。

ただ、ドルの基軸通貨としての地位が国際的な取り極めで定められていたのは、ブレトン・ウッズ体制の下で、金一トロイオンス（約三一グラム）＝三五ドルと、金兌換《だかん》が保証されていた時代のことである。

一九七一年八月にニクソン大統領がドルと金の兌換を停止すると発表した（いわゆるニクソン・ショック）後は、ドルは市場での重要さゆえに基軸通貨と呼ばれているに過ぎない。ドルは金との関係を解き放たれた一九七一年以降、事実上（デ・ファクト）の基軸通貨に変質したのである。そのような文脈からすれば、ドルが基軸通貨かどうかは、アメリカの大統領が決めるものでも、フランスの大統領が決めるものでもない。現代において、基軸通貨を決めるのは市場なのである。その市場で、「戦後最悪」、「大恐慌以来」、果ては「一〇〇年に一度の大津波」などと称される金融危機が発生した。

サブプライム問題

今回の金融危機の震源地は、アメリカの住宅ローン市場であった。二〇〇〇年代前半に住宅価格が急騰し、住宅バブルの中で、サブプライム・ローン（Subprime Loan）という危険な住宅ローンが二〇〇四年頃から急増した。「サブプライム」とは、過去に延滞履歴があるなど、信用力に問題がある債務者への住宅ローンである。デフォルト（債務不履行）するリスクの高い債務者には、本来そのリスクに見合った高い金利で貸し出すべきであった。しかし、当時は住宅価格が上昇していたので、最後は担保物件を処分すれば貸した資金は回収できると、債務者の返済能力を考慮せずに、住宅の担保価値のみをあてにした杜撰《ずさん》な融資が蔓延《まんえん》していった。そして、そのような住宅ローンがベアー・スターンズやリーマン・ブラザーズなどの投資銀行の手によって証券化され、世界中の投資家に販売されたのである。

このような住宅価格の上昇は持続可能ではない。庶民の手の届かない価格にまで膨れたところで買い手がつかなくなり、二〇〇六年前半にアメリカの住宅バブルが崩壊した。住宅バブルが崩壊すると、金融機関は手のひらを返したように融資審査を厳しくした。

サブプライム・ローンでは変動金利タイプ、特に当初二年間だけ金利が低く固定されている二年固定タイプ（2―28と呼ばれる）の利用が多かった。その金利見直し（リセット）時期が到来し始めた二〇〇六年頃、折しも、インフレ懸念から短期金利が上昇していた。短期金利に連動するサブプライム・ローンのリセット後の金利も自動的に跳ね上がり、返済額が急増するペイメント・ショックと呼ばれる現象が起こった。

しかし、金融機関は当初金利が低い住宅ローンへの借換に応じなかった。住宅価格下落によって、担保価値より住宅ローンの残高の方が大きく、融資率が一〇〇％を超えるようなケースが続出したためである。こうして、サブプライム・ローンのデフォルトが急増していった。

サブプライム・ローンのデフォルトが急増すると、それを担保に発行された証券化商品の価格が急落した。証券化では、基本的には原資産のキャッシュフローが投資家への支払いの源泉となる。デフォルトした住宅ローンからは返済金が流れない。証券化商品の元利払いも支払いの優先順位に従って停止されるからである。その結果、投資家は損失を被ることになり、アメリカの住宅市場というローカルな市場の問題が、証券化を通じて世界の金融市場に拡散することとなったわけである。

投資家がサブプライム関連商品を大量に購入した背景には、リスク管理能力の欠如もさることながら、格付会社が安易にＡＡＡの格付を付与した影響も大きかった。さらに、時価会計とＢＩＳ（国際決済銀行）の自己資本基準が、金融機関の損失拡大とそれに伴う貸し渋りに拍車をかけた。

やがて、証券化商品の価格下落により、市場から資金を調達できない（資金繰りに窮する）金融機関が出てきた。二〇〇八年三月のベアー・スターンズの経営危機でこの問題が顕在化した。その際は事態の収拾にアメリカの中央銀行に相当するＦＲＢ（連邦準備制度理事会）が関与し、市場は小康状態を保ったが、流動性逼迫《ひっぱく》という金融市場の構造的問題は解決していなかった。そして、二〇〇八年九月のリーマン・ブラザーズの破綻《はたん》に至ることになる。

世界金融危機へ

当時全米で第四位の資産規模を誇った投資銀行のリーマン・ブラザーズが破綻したことで、

「大き過ぎて潰《つぶ》せない」（Too Big To Fail）、という金融機関への救済期待が裏切られ、市場はパニックに陥った。金融市場が凍結したことで、経済の血流である資金の流れが滞り、実体経済も急速に悪化した。雇用環境の悪化と銀行の個人向け融資の貸し渋りが重なって、世界最大の消費国アメリカの個人消費が落ち込む一方で、対米輸出に依存した日本や中国の輸出も急減した。当初、邦銀はサブプライム関連商品の保有が少ないので影響は軽微、と見られていた日本経済も、アメリカ経済の失速の影響を真正面から受け、二〇〇八年第4四半期以降、戦後最悪の景気後退を経験することとなった。

ヨーロッパでは、大手金融機関が次々に国有化された。ドルの流動性が確保できない金融機関に対して、各国の中央銀行がドルを供給できるよう、FRBとヨーロッパのいくつかの中央銀行の間で通貨スワップも創設された。しかし、ヨーロッパの銀行が周辺国への貸付の回収に回ったことで、アイスランドやバルト三国、東欧諸国の中には経済が急速に悪化し、IMFの支援を求める国も出てきた。

その後、対応が紆余曲折《うよきよくせつ》する局面もあったが、アメリカ当局は、大恐慌や日本の「失われた一〇年」の教訓を踏まえ、金融機関に対する資本注入や預金保護の拡大、債務の保証などの金融システム安定化の措置を矢継ぎ早に実施した。今のところはそれが功を奏して、金融システムのメルトダウン（溶解）は回避されている。二〇〇八年一〇月には、緊急経済安定化法（EESA）が成立し、不良債権処理等のための総額七〇〇〇億ドルの公的資金（TA

RP）が用意された。

二〇〇九年五月には、アメリカの大手金融機関一九社に対する特別検査（SCAP：一般には「ストレス・テスト」と呼ばれる）の結果が発表され、金融市場の不透明感がある程度払拭《ふっしょく》された。金融緩和の効果もあり、市場にリスク・マネーも戻ってくる中で、株価やさまざまな商品も価格上昇に転じ、その市況の回復が大手金融機関の決算にも好影響を及ぼすようになってきた。

同年六月には、大手金融機関一〇社が計六八三億ドルの公的資金を返済し、ゴールドマン・サックスは二〇〇九年第4四半期に過去最高益を記録した。一方で、アメリカの中小金融機関の経営環境は依然として厳しく（二〇〇九年、全米の銀行の約三割が赤字決算となった）、金融危機が終焉《しゅうえん》したかどうかについては、まだ議論が分かれている。

緊急避難的な対応は段階的に解除されつつあるが、これと同時並行で金融規制改革の抜本的な検討も進められている。これは次章で詳述するが、一方で、今回の危機の原因について、金融システムだけの問題ではない、とする意見が二〇〇八年秋頃から盛んに唱えられ始めた。

金融危機の原因として指摘されているものは、金融機関のリスク管理体制や報酬体系、規制監督体制の問題等、多岐にわたる。ただ、そもそもなぜアメリカの住宅バブルが起こったのかという問題について、アメリカの金融政策の誤りを指摘する声は根強い。アメリカの住宅バブルはFRBによる超金融緩和が原因とする見方である。これに対する反論の代表的なものが、次に取り上げるグローバル・インバランス論である。

グローバル・インバランス

グローバル・インバランスとは、世界的経常収支不均衡、すなわち、アメリカが巨額の経常収支赤字を計上する一方で、アジア諸国や産油国が経常収支黒字を計上する構図が慢性化していることである。そして、その持続可能性については多くの議論がある。そのグローバル・インバランスを、アメリカの住宅バブルの原因に結び付けるのがここでの議論である。端的にいえば、グローバル・インバランス論は、住宅バブルは「メイド・イン・USA」ではなく、外生的なものと捉《とら》える立場である。諸外国の内需が不十分なため、アメリカが世界経済を牽引する役割を引き受けざるをえず、結果的にアメリカの貿易収支が赤字となる。これを補塡《ほてん》するためにアメリカに資金が流入する構図となったことで、アメリカに過剰流動性が発生して住宅バブルにつながったというロジックである。

二〇〇五年、FRBの理事だったバーナンキ氏が「世界的な貯蓄過剰」という言葉でアメリカの経常収支赤字を説明したことで、この見方が脚光を浴びた。二〇〇六年には、スタンフォード大学のアイケングリーン教授が、『グローバル・インバランスとブレトン・ウッズの教訓』(*Global Imbalance and the Lessons of Bretton Woods*) というタイトルの著書も出している(邦訳題は『グローバル・インバランス』)。しかし、当時は、FRBの議長であったグリーンスパン氏が住宅価格上昇を「フロス（泡）」という表現で解説し、バブルの存在自体を否定していた時期であった。グローバル・インバランスがアメリカの住宅バブルと金融危機の観点から再び脚光を浴びたのは、二〇〇八年一一月一二日、ポールソン財務長官（当時）が混乱の最中にこの議論を振りかざしたためであった。冒頭のサルコジ大統領の「ドルはもはや基軸通貨ではない」という発言はこの翌日である。これらについて、整理してみたい。

アメリカの経常収支

アメリカの経常収支の赤字は、一九八〇年代前半に拡大した後、一九八〇年代後半にプラザ合意後の円高ドル安を受けて対日貿易赤字が縮小するとともに、いったん縮小に転じた。しかし、二〇〇〇年代に入り、力強い内需に後押しされ、赤字幅が再び急激に増加し、二〇〇四年から二〇〇八年にかけて五年連続で六〇〇〇億ドルを超えた（図1―1）。対GDP比では五～六％の水準である。財政赤字とあわせて「双子の赤字」として問題視された一九八〇年代前半でも三％強だったので、今回はその二倍近い水準である（二〇〇九年は改定値ベースで三七八四億ドル、対GDP比二・六五％まで縮小した）。

戦後の日本には「国際収支の天井」という言葉があった。国内で好景気が続くと輸入が増えて外貨準備が底を突くので、ある程度過熱した時点で景気を冷やす必要があることを言ったものである。この問題を解消するために日本が邁進《まいしん》した道は、産業、特に輸出産業の国際

図1-1●アメリカの相手別経常収支（億ドル）

（資料）米商務省

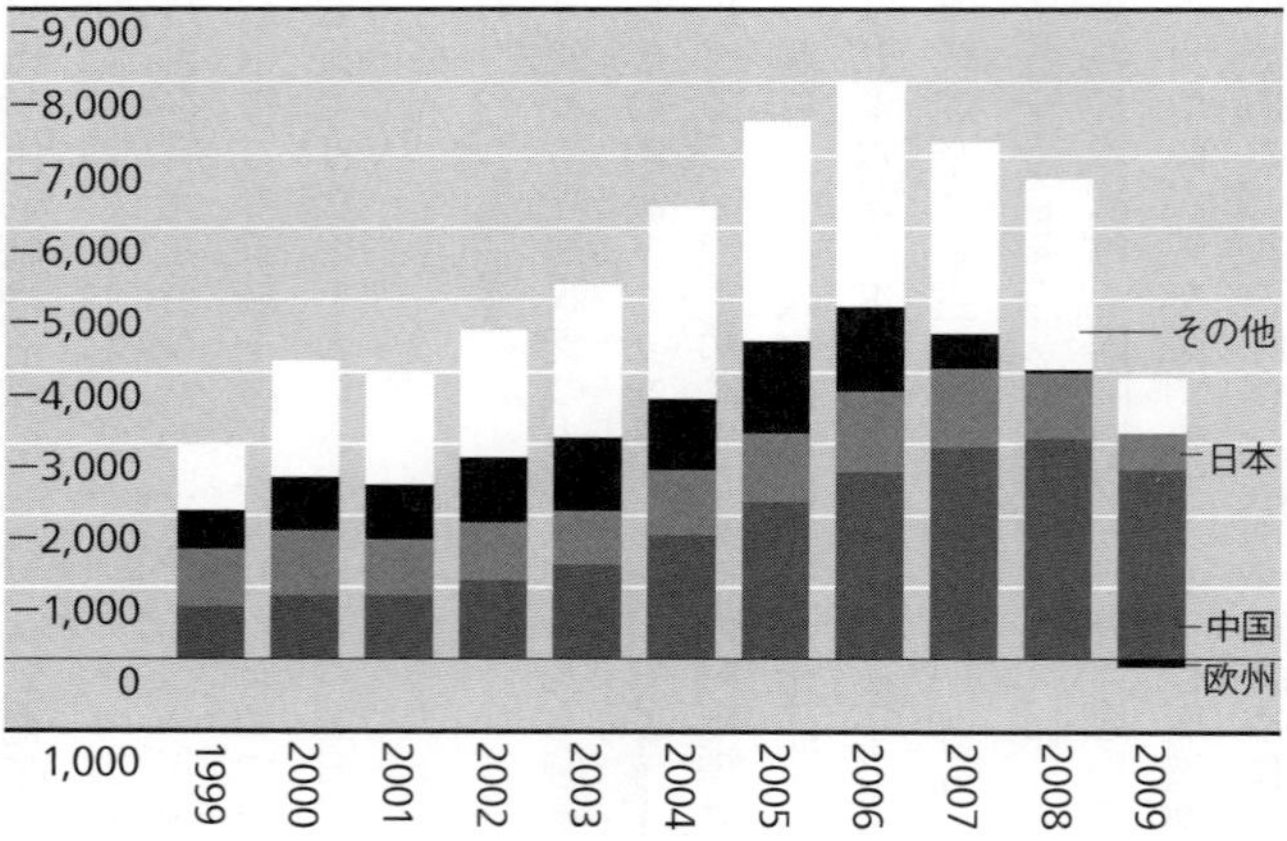

競争力を高めて、外貨を積み上げる道であった。当時は外国為替管理法もあり、金融の自由化による国際的な資金移動はまだ先の話であった。

これに対し、九〇年代のアジア諸国においては、国際的な資金移動が大幅に自由化され、外貨が不足しても、外銀から借入ができる限りは国内の景気を引き締める必要はなくなっていた。ただし、アジア通貨危機に見られたように、外国の金融機関が一斉に資金を引き上げ始めると通貨の急落を招き、国内経済は大混乱に陥った。アジア通貨危機に対して、IMFのとったコンディショナリティー（支援のための条件）の筆頭には緊縮財政があった。これは、いわゆる「ワシントン・コンセンサス」と呼ばれるものである。アジア諸国の場合は、この通貨危機の経験を踏まえて、外貨準備を蓄積する方向に動いた。そのような貯蓄性向の高まりが対米貿易黒字の拡大という形でグローバルな不均衡を拡大した。

一方、九〇年代後半以降のアメリカは、ドル安に誘導して輸出競争力を高めるよりは、「強いドル」政策で外国からの資金流入に依存する戦略をとってきた。アジア諸国と決定的に違うのは、アメリカの場合は既存の債務については為替リスクを負わない点である。いくらドルが弱くなろうと、米国政府や米国企業にとってはドル建ての債務の返済に影響はない。為替リスクを負っているのは米国債を含むドル建ての債券を買っている外国の投資家である。アメリカにとっての問題は、ドルが暴落するという懸念を海外の投資家が抱き、乗り換え（ロール）分を含む新発の債券を買ってくれなくなるということに尽きる。それが現実味を帯び始めると、ドル防衛のために金利を引き上げなくてはならなくなる。そのような局面が実際に起こったのは一九八〇年代の前半であり、経常収支の赤字と財政赤字の「双子の赤字」、さらには第二次石油危機のあおりも受けて、二桁《けた》のインフレが起こった。これを抑制するために利上げが実施され、短期金利の一つであるフェデラル・ファンド（ＦＦ）金利の実勢レートが一時二〇％を超えた。

この利上げを敢行したのは、当時のＦＲＢ議長、ポール・ボルカー氏である。彼は、インフレの抑制には成功したものの、この時の金融政策が不評で、一九八七年にはその職をアラン・グリーンスパン氏に譲ることとなったが、今回の金融危機でオバマ大統領に見出され、経済再生諮問委員会の議長に就任した。そして、「ボルカー・ルール」と呼ばれる金融機関の規制強化を提唱した（詳細は第2章で触れる）。

アメリカが今後、ドル防衛のために金利を引き上げる必要に迫られる局面があるかどうかは微妙である。利上げが即ドル防衛に貢献するかも定かではないが、それ以前に、政策金利を引き上げることで、景気回復を阻害することへの懸念も根強い。一方で、米国債の需給関係は悪化しつつある。

若干先走ったが、二〇〇〇年代前半の状況を振り返ると、アメリカの経常収支赤字は急増していたものの、長期金利はほぼ持続的に低下基調にあった。FRBが利上げに転じた二〇〇四年後半以降も長期金利はほとんど反応しない状態となった。これをグリーンスパン氏は「謎」と呼んだ。

政策金利の誘導

今回の金融危機対応では非伝統的な金融政策も数多く導入されたが、金融政策で最も基本的なツールは、政策金利の上げ下げである。かつては、中央銀行が市中銀行に直接貸し出す際の金利である公定歩合の調整が基本であったが、現在では、市中銀行が資金を融通しあう銀行間市場での短期金利を一定の水準に誘導する方法に移行している。その指標金利がアメリカではFF金利と呼ばれるものである。日本で言えば無担保コール翌日物に該当する。

金利のトランスミッション・メカニズム（伝達経路）としては、現代の金融政策上は、短期金利を操作すれば長期金利に一定に影響を及ぼす、というのが基本的な考え方となっている。しかし、それに反する事態がこの時期のアメリカでは発生していた。国際的な資金移動の自由が確保される中では、為替の大幅な変動がない限り、独立した金融政策は一定に影響を受けることの一例とも言える。また、金融資本主義の総本山として、アメリカの金融市場が参加者にとって利用しやすかったことも、対米投資を促進した。このことは、アメリカの金融政策を諸外国が信認し続ければし続けるほど、アメリカの金融政策の効果が攪乱《かくらん》されるという皮肉な現象と見ることもできよう。ただ、長期金利が政策誘導目標である短期金利に感応しなかったからといって、政策金利の誘導が正しかったのかどうかは、また別の議論が必要である。

テイラー・ルール

政策金利であるFF金利をどのようにして決めるのか、を規定しているのがFRBの設置法である連邦準備法である。FRBは「物価の安定」と「雇用の増大」を両立させることがミッションとされている。インフレ圧力が高まればFF金利を高めに誘導し、失業率が上がればFF金利を低めに誘導することになる。では、そのバランスはどのようにしてとられるのであろうか。その方法を数式化したのがテイラー・ルールと呼ばれるものである。これは、

一九九三年にスタンフォード大学のジョン・テイラー教授が提唱したもので、これに基づけば、政策金利の適正水準は、

均衡名目金利＋α（実際のインフレ率－目標インフレ率）＋β（実質ＧＤＰ－潜在成長力）

とされる。第二項はインフレギャップ、第三項は需給ギャップである。αとβは、オリジナルモデルではそれぞれ一・五と〇・五とされるが、さまざまな派生形が存在する。ちなみに、テイラー氏は二〇〇一年から二〇〇五年まで、ブッシュ政権下で財務次官を務めている。

このテイラー・ルールに基づき、二〇〇〇年代初頭のＦＦ金利について、実勢値と理論値を比較すると、二〇〇三年から二〇〇四年にかけて、大きく乖離《かいり》していたことがわかる（図1－2）。簡単に言えば、本来あるべき水準よりも政策金利を低くし過ぎた＝金融緩和をやり過ぎた、ということである。

当時の市場環境を振り返ると、二〇〇〇年代初頭のＩＴバブルの崩壊と二〇〇一年九月一一日の同時多発テロにより、アメリカの景気は大きく冷え込み、デフレに突入する危険があった。このため、グリーンスパン氏は大胆な金融緩和で対処した。しかし、二〇〇三年六月からほぼ一年間、ＦＦ金利を一％という当時では過去最低の水準に据え置いたことがアメリカの住宅バブルを助長したという批判には根強いものがある。テイラー教授自身、そのよう

図1-2●FF金利の実勢値とテイラー・ルールに基づく理論値

（資料）FRB、米商務省、米労働省より

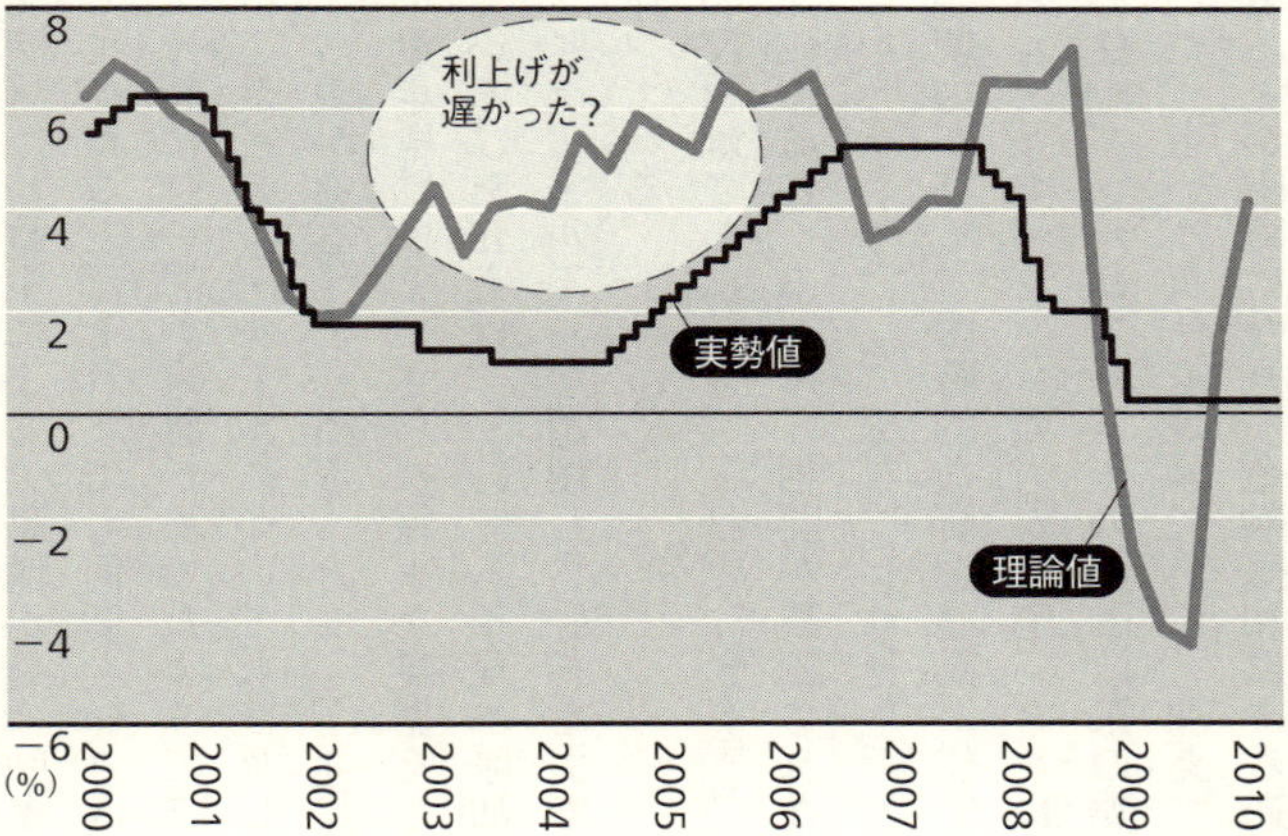

な主旨の論文を二〇〇七年に発表している。

そして、テイラー・ルールに照らせば、実際に金融緩和をし過ぎで、もっと早く利上げに踏み切っておくべきだったということになる。ではなぜFRBは早期に金融引き締めに転じなかったのであろうか。

バーナンキ議長の反論

「FRBの金融緩和が住宅バブルを煽《あお》ったのではないか」との批判に対し、当事者であるバーナンキ氏が二〇一〇年一月の講演で、公然と反論している。まず、日本の「失われた一〇年」の経験を踏まえ、政策金利が0に向かう局面でのデフレ懸念について強調している。大恐慌時の一九三七年にFRBが拙速に利上げに踏み切ったことが（ルーズヴェルト大統領が緊縮財政に転換したことと相俟《あいま》って）

ニューディール政策による大恐慌からの回復の腰を折った「一九三八年不況」の反省を強く意識していたことはそれまでも何度も繰り返しているが、大恐慌の研究家として、デフレに対しては特に強い思い入れがあったようである。

次に、テイラー・ルールについても言及した。テイラー・ルールを「単純なモデルとして評価する声がある」と認める一方で、「実際の金融政策は過去に観測された統計のみでなく、足下の動きを踏まえ、さらに将来を見据えたものである必要がある」として、その欠陥を指摘している。たとえば、二〇〇八年夏に原油価格が高騰して物価が上昇した局面において、仮にテイラー・ルールを適用して金利を引き上げていたら、金融危機はさらに深刻化していたと述べている。

氏の反論はさらに続き、「各国の政策金利のテイラー・ルールからの乖離と住宅価格の上昇を比較すると、ほとんど相関が観測されない。よって、金融政策が住宅バブルを煽ったのではない」、としている。各国の比較においては、政策金利よりはむしろ経常収支の赤字の方が説明力が高く、国際的な資金移動が住宅バブルの有力な原因と分析している。これはグローバル・インバランスの方が住宅バブルにより強く影響すると言っているに等しい。アメリカの住宅バブルはアメリカの金融政策の誤りが原因ではなく、諸外国の不十分な成長戦略のせいだ、という責任転嫁論である。加えて、政策金利が低ければ、海外からの投資を引き寄せることが困難になり、金融緩和による過剰流動性は一定に相殺されるとの見解も示している。

危険な住宅ローンがバブルを後押し

そのうえで、この時期に住宅価格が高騰したのは政策金利が下がったことよりも、返済額を抑える新しいタイプの住宅ローンの登場が寄与していると結論づけている。

アメリカでは普通の（＝プライム）住宅ローン利用者は圧倒的に長期固定金利タイプ、通常は三〇年固定の住宅ローンを選択する。金利情勢にもよるが、通常は七～八割が固定金利タイプを選択している（足下では九割を超えている）。しかし、サブプライム・ローンにおいては、プライムとは逆に、変動金利タイプの利用が圧倒的に多かった。さらにサブプライム・ローンで問題だったのは、変動金利タイプであることに加え、初期の返済負担を著しく軽減するよう工夫された特殊な商品が多かったことである。たとえば、最初の五年間は金利のみを支払えばよく、元本の返済は五年間据え置くようなインテレスト・オンリー（ＩＯ）や、毎月の返済額を債務者が自由に決めるペイ・オプション・アーム（アームは変動金利型住宅ローンのこと）などの利用が多かった。

これらの商品は、本来返済すべき金額を後年度に繰り延べるため、一定期間経過後には金利が上昇していなくても返済額が急増する仕組みであった。そのような低い当初返済額をベースに審査するという、杜撰な審査が横行したが、その背景には、住宅価格は上昇し続けるだろうという甘い期待があったのはすでに述べた通りである。長期的には持続可能ではないが、短期間に、言い方は悪いが、「転がし」をすれば、最初の融資は回収できるはず、という思惑があったことは間違いない。

バブルは後で振り返った場合にのみわかる、とバーナンキ氏は主張する。バブルを抑制するために金融政策で対応することは望ましくなく、デフレ懸念もあった当時の状況で金融引き締めを実施していれば、端緒についたばかりの景気回復を腰折れさせていたとして、当時の金融緩和を正当化している。そして、バブルの抑制には、金融政策ではなく、規制の強化で対応すべき、と結んでいる。グリーンスパン氏も二〇一〇年三月にブルッキングス研究所に寄稿した「危機」(The Crisis) の中で、同じ趣旨のことを述べている。基本的に、政策金利の調整ではバブルは抑制できない、というのがFRBの一貫した立場である(これは「FEDビュー」と呼ばれる〔FEDは連邦準備制度〕。逆に、中央銀行は積極的にバブルに対処すべきという立場を「BISビュー」と呼ぶ)。

しかし、バーナンキ氏は、当時もFRBの理事として、グリーンスパン議長の補佐をしていた。氏が当時の金融政策を自己否定するはずはないと考えれば、その主張は割り引いて評価する必要がある。

仮に危険な住宅ローンを規制した方が効果的だったとしても、その規制強化に反対したのがFRB、特にグリーンスパン氏だったという事実は看過できない。サブプライム・ローンのブームに火をつけた要因の一つがグリーンスパン氏の二〇〇四年の発言――「伝統的な固定金利でなく、新種の変動金利タイプの住宅ローンを借りていればアメリカ人は巨額の節約をできた」――であり、この問題に対するFRBの当時の認識の低さを如実に物語っている。

さらに驚くべきことに、二〇〇九年一二月に、『タイム』誌のインタビューで、バーナンキ氏も変動金利タイプの住宅ローンを借りていたことを語った。五年経って返済額が急増したので、金利が五%強の三〇年固定に借り換えた、と報じられている。しかし、現在の金利水準であれば、「返済額の急増」はありえない。ここで考えられるのは、バーナンキ氏も実は、IOのような商品を選んでいたのではないか、という点である。

この点について、後に『ウォール・ストリート・ジャーナル』紙は、単に五年間の当初固定期間が終了したと言っていたに過ぎないのではないかと擁護している。しかし、これもやや苦しい説明である。『タイム』誌の長いインタビューの最後の方で、ややロが滑ったという印象の方が強く、仮にそうだとしたら、FRBの議長自らが危険なローンを選択していた、ということになる。筆者のワシントンの知人たちは同じ見方であるが、真相は闇の中である。

テイラー教授らの反論

なお、テイラー・ルールの提唱者、ジョン・テイラー教授は健在で、バーナンキ氏が二〇一〇年一月にアメリカ経済学会でテイラー・ルール批判の講演をした直後に、『ウォール・

ストリート・ジャーナル』紙に反論を掲載した。実際のインフレ率ではなく、インフレの予想値を用いようとした点については、そもそもFRBの予想が低過ぎたのだ、と反論している。低いインフレ予想値を適用してFF金利が低めに誘導されるのはある意味トートロジー(同語反復)のようなものであり、テイラー教授の反論ももっともだと思われる。

また、BISが二〇一〇年三月に出したレポートでも、緩和的な金融政策が銀行のリスク・テークを誘発しやすいと報告されている。仮に金融緩和が直接的に住宅バブルを引き起こしたのではなかったにしても、銀行が審査基準を緩和してバブルを助長する遠因となったとすれば、やはりFRBの責任は重かったということになろう。

「物価の安定」はほとんどの中央銀行の金融政策の目標となっているが、住宅バブルが発生するような局面においては、景気の力強さから為替が強くなり、輸入物価の下押し圧力から消費者物価全体が相対的に抑制される、という見解もある。このため、資産価格が上昇しつつも、一般物価が安定しているために、金融を引き締めに転じにくく、結果としてバブルの膨張を看過してしまう、というリスクがある。その意味でも、中央銀行がモニターする範囲を「物価の安定」に限定する考えは後退しつつあるのが世界の潮流のようにも感じられる。

海外からの資金流入

アメリカの住宅バブルの原因が超緩和的な金融政策なのか、グローバル・インバランスな

図1-3●米国債の外国人保有状況

（資料）FRB

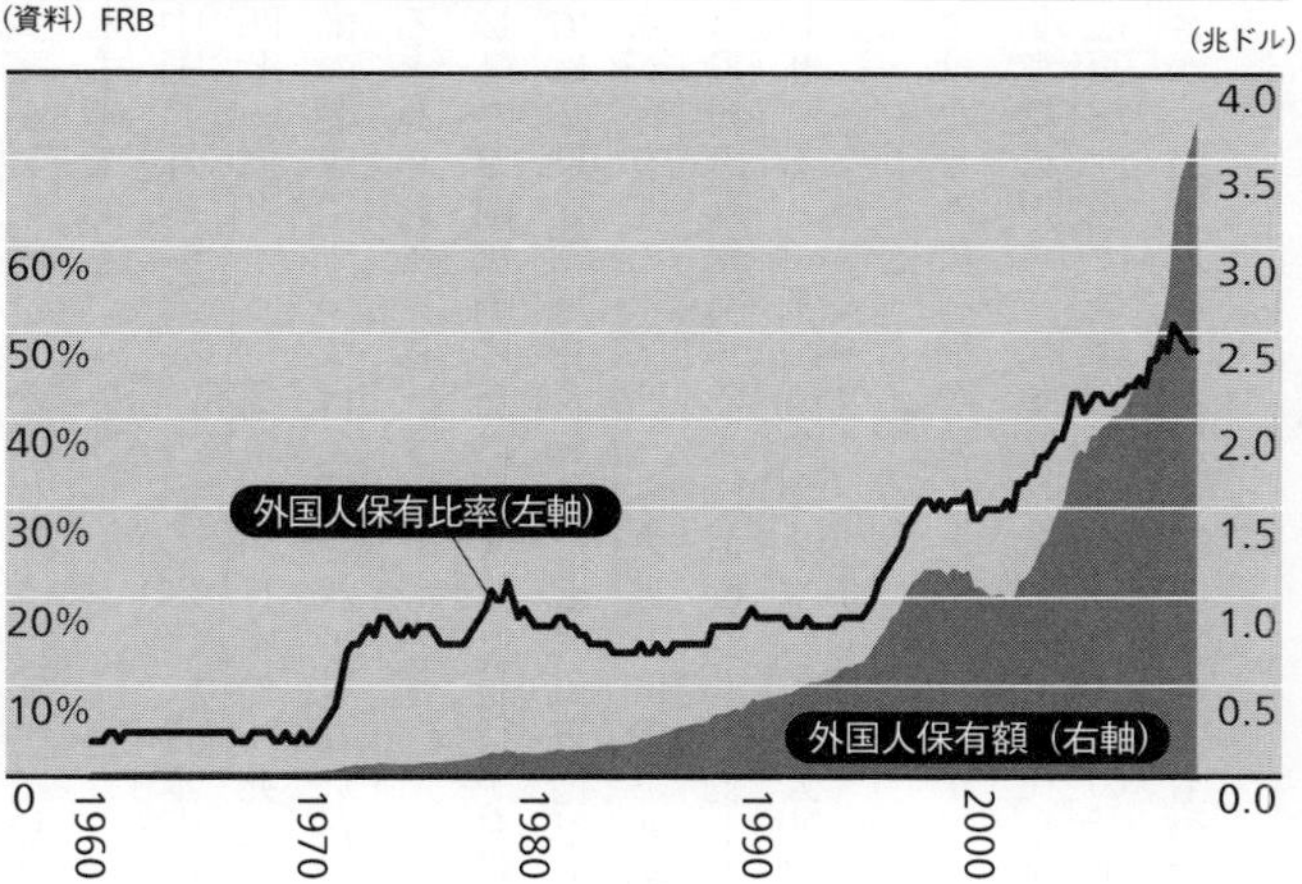

のかは、まだ議論が尽きていないが、この時期にアメリカに巨額の資金が流入したことは事実である。アメリカはすでに見たように、巨額の経常収支の赤字を計上し続けてきたが、それらの赤字は、海外の投資家が米国債等を購入することでファイナンスされてきた。

国債の発行が増加したからといって、米国内で直ちにクラウディング・アウト（国債の発行増加により債券市場が圧迫され金利が上昇する現象）が起こるわけではない。米国債の海外投資家の保有比率は、ニクソン・ショックの一九七一年に一度急上昇した後、一九九〇年代半ばまでは二〇％弱で推移していたが、一九九〇年代後半から上昇を続け、足下では若干下がったものの、五〇％近くにも達している（図1―3）。もちろん、米国内で消化されている部分も半分あるわけだが、海外の投資家が買い続け、その比率も高まっている。その海外の投資家の中で抜きん出た存在が日本と中国である。

中国の外貨準備高は二〇〇六年に日本を抜いて世界一になり、二〇一〇年三月現在、二兆四四七一億ドルと、第二位の日本の一兆四二七億ドルの二倍以上の水準にある。中国の外貨準備の構成については公開されていないが、米国債等、米ドル建て資産での運用が大半を占めると見られている。

アメリカ財務省の統計（TIC）によれば、二〇一〇年四月末時点で、日本が保有する米国債は長期と短期を合わせて七九五五億ドル、中国は九〇〇二億ドルとなっている。海外投資家が保有する米国債三兆九五七四億ドルのうち、四三％は日中両国が占めている。また、海外投資家が保有する米国債のうち、約七割は公的機関によるものである。以上から総合的に判断すると、米国債の多くは海外の公的機関が外貨準備として運用している、と見てよいであろう。

ではなぜ外貨準備が積み上がったのか。アジア諸国の場合は、一九九七〜九八年のアジア通貨危機の反省という実体験に基づいている。しかし、日本や中国は、近年においてそのような通貨危機に見舞われたわけではない。また、それは単に、日本や中国の対米貿易黒字が大きかった、というだけで説明できるものではない。

為替介入と外貨準備

外貨準備とは、貿易黒字で溜《た》め込んだドルが自動的に政府の金庫に積み上がるものではない。政府は貿易の主体ではない。貿易でドルを稼ぐのはトヨタやソニーといった輸出企業である。それらの企業が輸出で稼いだドルをそのまま保有していれば、それは民間企業のドル建て資産として計上されるだけで、外貨準備には変貌《へんぼう》しない。日本の輸出企業は対米貿易で得たドルについて、必要な分を除き、基本的には円に転換（円転）する。この際、同じ一億ドルを儲《もう》けても、一ドル一〇〇円なら一〇〇億円のところ、一ドル八〇円の円高ドル安に振れれば、これが八〇億円と、二〇億円の減収となる。また、たとえば国内価格が一台二五〇万円の車は一ドル一二五円なら二万ドルだが、一ドル一〇〇円の円高ドル安に振れれば、二万五〇〇〇ドルになり、米国市場での価格競争力が低下して売上の減少につながる。このように、円高ドル安は日本の輸出企業にとって望ましい状況ではない。

輸出企業の国際競争力が増して、結果的に為替水準が切り上がることは本質的には、外国為替という市場における価格決定メカニズムそのものであるが、時に市場はファンダメンタルズを乖離して、市場参加者の思惑で大きく乱高下することがある。このため、極端な円高に振れて国内経済に悪影響を及ぼす場合、当局が市場に介入することもある。日本の場合は、二〇〇三年から二〇〇四年に大規模な円売りドル買い介入を実施し、その結果、外貨準備が増加したが、その介入資金はタダで政府に入るものではない。介入のためには、政府短期証券（為券）を発行して円資金を調達する必要がある。よって、介入すれば、購入したドル資産に見合った政府の負債が増加しているので、国民経済全体で見れば、外貨準備が増えたこと自体は何の得失もない（内外金利差で収益が発生したり、為替変動により保有する外貨の評価損益が出ることはある）。

ただ、日本の場合はその後、介入は実施していない。受取利息が積み上がることで外貨準備高も逓増してはいるものの、増加ペースはかなり落ち着いてきている。その傍ら、中国のように事実上ドル・ペッグ（固定相場）制に近い為替政策をとっている国の場合は、為替水準を一定に誘導しようと介入し続ける結果、外貨準備高の膨張を招いている。

アメリカ財務省は、「一九八八年包括通商・競争力法」に基づき、半年に一度、連邦議会に「国際経済と外国為替政策に関する報告書」を提出することが義務付けられている。二〇〇九年一〇月の報告書では、「人民元は過小評価されていると見られる」としながらも、中国を同法セクション三〇〇四に基づく為替操作国とは認定していない。しかし、現実問題として、ドルと人民元のレートは、二〇〇八年七月以降はほぼ固定されている（二〇〇八年七月から二〇一〇年五月までの平均は六・八三二〇、標準偏差は〇・〇一〇八二、最大値は六・八八四二、最小値は六・七八〇〇）。

為替操作国認定を巡る米中の駆け引き

対中貿易赤字が依然大きい中、アメリカの議会筋からは中国を為替操作国と認定し、是正されなければ報復関税等を措置すべきという声も出始めている。二〇一〇年四月一五日に米財務省は半年に一度の外国為替報告書を公表する予定であったが、四月に入り、ガイトナー財務長官は、報告書の公表を延期すると発表した。アメリカにとっては、中国を為替操作国と認定すれば内政的には有権者をなだめることができようが、それで中国が態度を硬化させては元も子もない。時間稼ぎをしつつ、落としどころを探る大人の対応をとったと言えよう。

それに応えるかのように、二〇一〇年六月一九日、中国の中央銀行である中国人民銀行は「人民元の為替の柔軟性を高める」と発表し、二〇〇八年七月以降、事実上ドルにペッグ（固定）されていた人民元の変動幅に弾力性を持たせる方針を発表した。中国としては、「自主的」な改革を打ち出すことで、六月下旬に予定されているG20会合で人民元改革問題が議題となるのを避けたいという思惑があったものと観測されている。しかし、その翌日、中国人民銀行は、ドルとの関係のみならず、ユーロ等も含めた通貨バスケットの動きを考慮する、と追加発表した。足下のユーロ安を踏まえると、ドルへの切り上げ幅が一定に相殺される可能性も指摘されており、早くもアメリカ議会筋からは「不十分」という声が上がっている。一一月の中間選挙前に顕著な改善がなければ、再び政治問題化するリスクも残っている。

僻目《ひがめ》かもしれないが、中国の外貨準備が世界一となったのは単に元が切り上がっていないことの裏返しに過ぎず、日本が首位から転落したことをもって嘆く必要はまったくない。輸出企業を支援しようと介入して円安・ドル高に誘導したところで、いずれ円高に振れれば、介入して積み上げたドル資産は評価損を生むことになる。外貨準備が積み上がるということは、そういう納税者負担のリスクを拡大する側面もある。

中国は日本のバブル崩壊を見て、プラザ合意後に急激な円高が進行して内需拡大路線に転換したことが問題だったと認識していると見られ、急激な為替切り上げには強く抵抗し続けている。しかし、為替が実力より安値に誘導され続ければ、輸出ドライブがさらに強まり、貿易不均衡が放置され続けることになる。中国も、為替を切り上げれば(あるいは単にそれを容認すれば)、対米輸出が減少して、外貨準備としてドルを保有し続ける必要額が減る。しかし、その分を内需拡大で埋めなければ、自動的にGDPが減少する(自国通貨建ての場合。ドル表示の場合は、ドルが下落する分、GDPの減少が緩和される)。

当然ながら、このような輸出依存は輸出を受け入れる国の利益に合致しなければ持続可能ではない。オバマ大統領は「五年間で輸出を倍増する」と発表しており、そのプランの中には直接的に為替に言及した部分はないものの、アメリカにすら輸出で製造業が息を吹き返すようにと、ドル安を期待する声もある。しかし、貿易収支は世界全体で見ればゼロサムであり、すべての国が貿易黒字を出すことは不可能である。大恐慌時に金本位制から離脱した国が近隣窮乏化策として為替の切り下げ競争を行ったことが第二次世界大戦につながったという歴史の教訓も記憶にとどめておかなければなるまい。

アメリカの投資損益

アメリカの財政赤字や経常収支赤字を穴埋めするための資金を供給している国は、主に米国債等の負債性証券を購入している。政府の外国為替管理特別会計を想定すれば理解しやすいだろうが、公的資金の運用先としては、より元本償還が確実な商品である必要性が高い。そのため、株や出資金のような資本性（エクイティー）の商品よりは、負債性証券に傾きがちとなるのは必然と言える。

一方、アメリカの海外投資は、政府部門の比率が相対的に低いため、株や出資金による比率が相対的に高い。もちろん、株や出資金は出資先が破綻すれば元本が吹き飛ぶ可能性が高いわけだが、過去の経験則ではそのようなデフォルト確率をかけても、資本性商品への投資の方がリターンが高かった（図1―4）。

図1―4は、米商務省経済分析局のデータに基づき、海外の対米投資と米国の対外投資のリターンを見たものである。一見してわかる通り、アメリカが海外投資した方が、外国がアメリカに投資した方よりもリターンがコンスタントに高い。これは、投資ポートフォリオのリスク属性の差が大きい。投資に占める資本性商品の比率は、米→対外と、海外→対米では、今世紀に入っておおむね二〇％程度の開きがあった（二〇〇一～二〇〇九年の平均で、四八％対二九％で一九％の差）。

図1-4●アメリカの海外投資と、海外諸国の対米投資のリターン
（資料）米商務省より

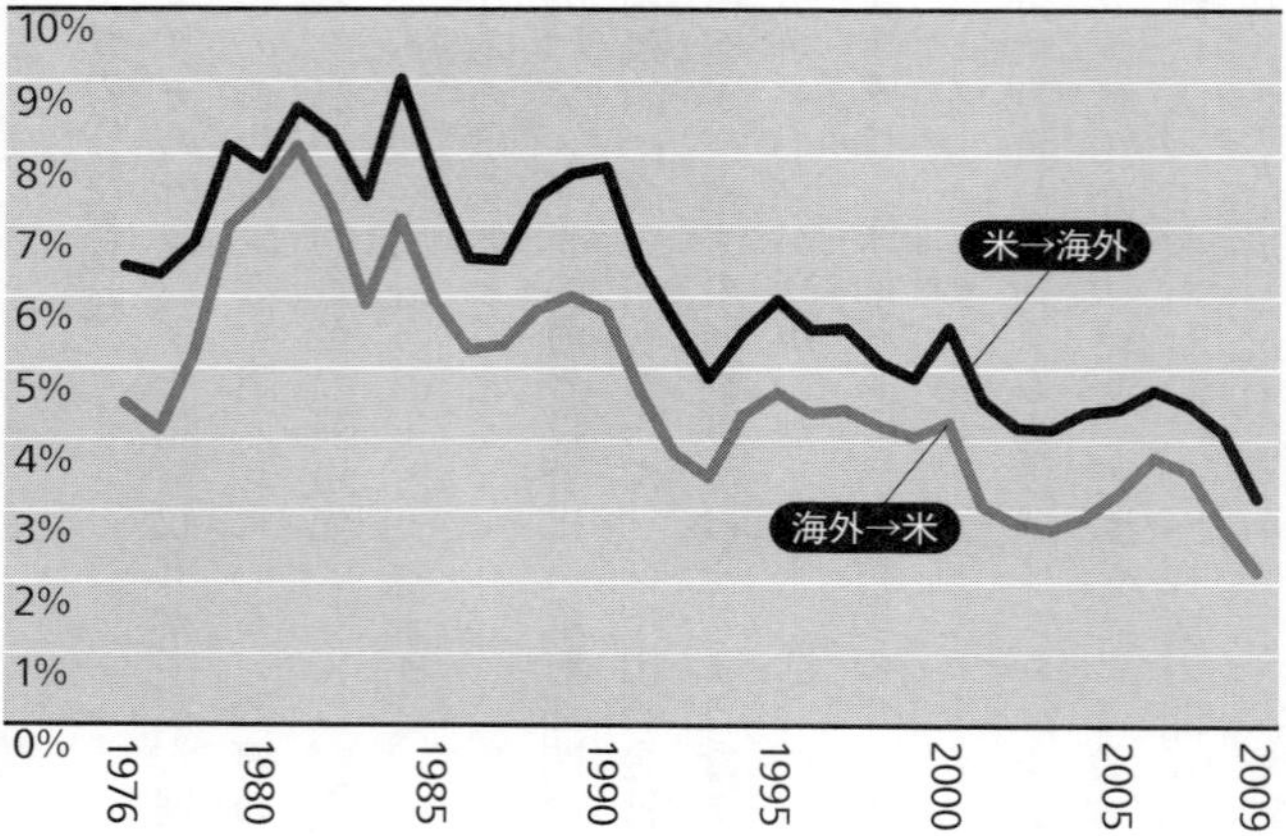

二〇〇九年末のアメリカの対外資産は一八・三八兆ドルであるのに対し、海外の対米資産は二一・一二兆ドルで、アメリカのネットポジション（対外純資産）は二・七四兆ドルの債務超過である。しかしながら、前記のリターンの差のため、所得収支では一二一四億ドルの黒字となっているのである。一九六〇年から二〇〇九年までの黒字額の累計は名目値で一・三四兆ドル弱に達しており、仮に四・一三％の割引率で現在価値化すれば、足下の債務超過分は帳消しになる。

ただし、このような利益構造が持続可能なわけでは必ずしもない。債券より株の方がリターンが高いのはリスク見合いの超過分（プレミアム）が乗っているから当然であり、そのリスクが顕在化した場合の損失によっては、リターンが大きく減少する。さらに、ポジシ

ョン（残高）として、対外純債務が多いので、仮にドルが暴落することがあれば、既存債務のロールオーバー（乗り換え）のコストも上昇し、株と債券のリターンの差を考慮しても、対外支払額の方が大きくなるリスクは残る。詰まるところ、これまでの対外資本取引の黒字はドルの安定に依存していたのに過ぎない。

見方を変えれば、諸外国は米国債という流動性は高いがリターンの低い資産に投資し、アメリカは株や出資金のように、米国債と比較すれば流動性が低いものの、リターンの高い資産に投資している。これは、アメリカが資金仲介をする中で、短期と長期の資金需要を媒介する期間変換機能を果たしている、と見ることも可能である。ただし、その構図は、サブプライム問題においてオフバランスの導管体（ＳＩＶ）が、短期の資金調達で、長期の資産を保有していたのと酷似している。

外貨準備という「人質」

先にも書いたように、米国債の半分は海外の投資家が保有しているが、特に外国政府の保有が多く、政府部門は民間企業のように単純に経済的な動機のみで売買はしない。為替相場の国内経済への影響といった、個々の企業では気にしないマクロ面での影響も考慮するし、場合によっては、外交面も含めた戦略的な対応をとることもある。

アメリカそのものが、「大き過ぎて潰せない」なのだ。ＳＩＶとの違いは、まさに、アメリカがソブリン（国家）の中でも、最も大きな存在である、という点である。もちろん、アメリカのバランスシートはＳＩＶとは比べものにならないほど健全である。ドルの暴落、米国金利の急騰を危惧《きぐ》して、どこかの国が米国債を大量に売却しようという誘惑に駆られ、実際に売却して、そこから雪崩《なだれ》を打ったように投げ売りが発生する、というのは現実的には考えにくい。

米国債の大口保有者である各国の通貨当局にとって、外貨準備の価値を保つためには、協調して米国債の市場での売却を控えるのが最も望ましい。しかし、他の通貨当局が先に自分より売却して米国債の価値が下がるのなら、自分もそれに遅れないように急いで売却した方がよい。

ゲーム理論で言う「囚人のジレンマ」では、抜け駆けするインセンティブが働くと、双方に最悪の結果をもたらすとされるが、現実の世界では情報の遮断はなく（非対称性はあるかもしれないが）、売却の情報は多少、時間の遅れはあっても相手にもわかるので、互いに抜け駆け的な売却は控えるかもしれない。また、これは、繰り返されるゲームなので、将来にわたって、自らの利益を最大化するという観点からも、協調行動が促されるかもしれない。

いずれにせよ、自らの売却によって市場に影響を与えうる通貨当局は、外貨準備の価値の目減りを恐れる場合、米国債の市場での売却に慎重になる。そういう意味で、各国の通貨当局は、アメリカに、外貨準備という「人質」をとられているような状態にあると言える。

II――短期の政策対応とドル

ドルの長期的水準感

ブレトン・ウッズ体制の下で一ドル三六〇円だった頃と比較すると、二〇一〇年六月時点の一ドル九〇円前後という水準は、円の価値で見ると約四倍となる。とはいえ、一ドル七九・七五円をつけた一九九五年には遠く及ばない。その後の日米の物価変動を考慮すれば、足下の相場は実質的には一三〇円前後と推計され、日本の輸出企業にとっては、一五年前と比較すればかなり円安に感じられるだろう。

一方で、主要国とのドルの為替レートを加重平均したバスケットの指数で見ると、変動相場制に移行した一九七三年から比較して、二割程度低い水準にある。これは一九九〇年代の底値圏であり、ドルは現在、歴史的な安値圏にあるとも言える（図1―5）。

ドルの相場は長期的には下落基調にあるが、何度か反転する局面もあった。大きくは二回、一九八〇年代前半と、一九九〇年代後半である（二〇〇八年の金融危機後の局面が一時的なものか、三回目の局面となるかは現時点では即断できない）。一九八〇年代前半は、米ソ冷戦の最中であり、第二次石油危機後のインフレ抑制のために高金利政策をとったことも影響している。とはいえ、レーガン大統領が「強いアメリカ」を標榜《ひょうぼう》する中では、ドルが一方的に下落

図1-5●ドル対主要通貨レート(実質)

(資料) FRB

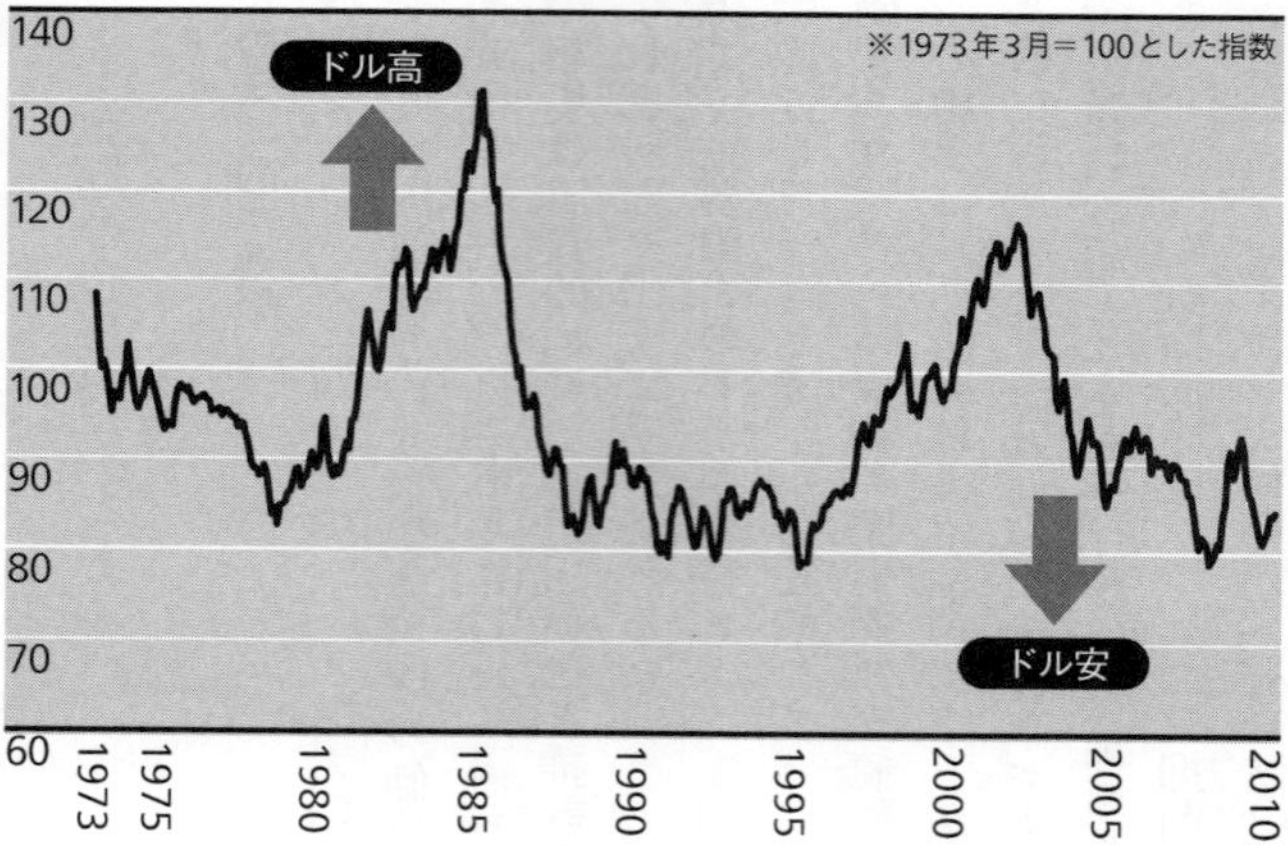

していくことは放置できなかったという面もあったと推察される。

西側の結束を保つためにも、アメリカはある程度、自腹を切る必要があったのだろうが、国内的には対日貿易赤字の問題から特に自動車産業に鬱憤《うっぷん》が蓄積していく中で、一九八五年のプラザ合意で「強いドル」は大転換することとなった。

一九九〇年代後半は、ルービン財務長官の「強いドルはアメリカの国益」という発想で、もはや製造業はアメリカの中心産業ではなく、金融立国を目指すうえではドルの価値を維持してアメリカに世界から資金を集めることが重要と考えられた。その結末が今回の金融危機であり、その反省からオバマ政権は、金融資本主義の修正と製造業の復活を打ち出している。では、今次の金融危機への政策対応はドルの相場にどのような影響を及ぼしたのであろうか。

金融危機への政策対応

現代の経済政策のツールとしては、中央銀行が実施する金融政策と、財政当局が実施する財政政策に大別できる。このうち、金融政策については、流動性供給や利下げといった伝統的金融政策に加え、今次の金融危機では証券化商品の買い取りといった非伝統的金融政策も採用され、中央銀行のバランスシートが大きく膨らむ局面も見られた。一方、財政政策については、社会保障給付のような自動安定化装置（ビルト・イン・スタビライザー）、公共事業のような景気刺激策、さらには、金融システム安定化のための公的資金注入といった特定のセクターを対象としたものに大別できる。以下では、これらの対応がドルの相場にどのように影響したかを分析する。

今次の金融危機で最も機動的に対応したのは中央銀行であった。二〇〇七年八月の「パリバ・ショック」では、連鎖的な取付騒ぎを恐れた欧州中央銀行（ＥＣＢ）が、一日で九四八億ユーロ（当時のレートで約一五兆円）という巨額の流動性供給を実施した。その後、アメリカにおいても、ＦＲＢが八月にまず公定歩合を引き下げ、翌九月には政策金利であるＦＦ金利の誘導目標水準を引き下げた。

公定歩合で中央銀行から借りると、市中で資金調達できない銀行という烙印《らくいん》を押されるという懸念があり（「スティグマ」と言う）、公定歩合による貸出は金融危機前においては一般的ではなかった。この烙印効果を緩和しようとして、FRBはターム物入札方式（TALF）を二〇〇七年一二月に導入した。その残高は二〇〇九年三月には四六八六億ドルに達したが、政策効果により金融市場の緊張が緩和した結果、二〇一〇年二月には廃止となった。公定歩合による貸出についても、市中銀行として流動性に困窮して「背に腹は代えられない」状態の二〇〇八年一〇月には一一〇七億ドルに達した後、二〇一〇年六月九日には一億ドルを割った。

FF金利に話を戻すと、FRBは二〇〇七年九月以降段階的にFF金利を引き下げ、二〇〇八年一二月には「〇〜〇・二五％のレンジ」とした。事実上のゼロ金利政策である。

量的緩和と信用緩和

金利水準がゼロ近傍にある中では、政策金利を弾力的に変化させて金融政策の意図を市場に浸透させることには限界もあることから、今回は、中央銀行のバランスシートを活用して特定の金融商品を銀行から買い入れる非伝統的政策も採用された。非伝統的政策には、日銀が実施した「量的緩和」と、FRBが今回実施した「信用緩和」がある。日本の量的緩和は中央銀行にとって負債である銀行の日銀当座預金（一般的には準備金と言われる）の目標額を拡大することで、マネーサプライを拡大させようとするものである。

量的緩和において銀行から買い取った資産は、主として国債などの安全資産であり、中央銀行のバランスシートのうち、保有資産に（安全資産からリスク資産への）変化をもたらすことによって影響を与える政策ではなく、負債側の拡大（資産の増大はその結果に過ぎない）に焦点をあてた政策である。リスク資産の買い取りという直接的な市場への介入によって麻痺《まひ》状態にある金融市場を直接正常化させるのではなく、銀行にハイパワードマネーを供給することによってマネーサプライを拡大させデフレを抑制することを狙《ねら》った政策である（これとは別に金融システムの安定のために金融機関の保有する株式を買い取ったが、これは量的緩和とはまた別の政策である）。

一方、アメリカの信用緩和は、中央銀行であるFRBが保有する資産に着目した金融政策で、住宅ローン担保証券（MBS）やコマーシャル・ペーパーなど、特定の金融商品の市場機能が損なわれている時に、FRBが買い支えることでその特定の市場を補完する目的で実施された（図1—6）。FRBの信用緩和策は、量的緩和策の政策伝達経路の中で特に、銀行の資産内容の入れ替えで貸出姿勢を積極化させようという「ポートフォリオ・リバランス効果」に着目したものとも言える。

金融政策の為替相場への影響

非伝統的政策を実施する場合、中央銀行がリスク資産を抱え込むことになれば、通貨の安

図1-6●FRBの資産構成内訳(億ドル)
(資料) FRB

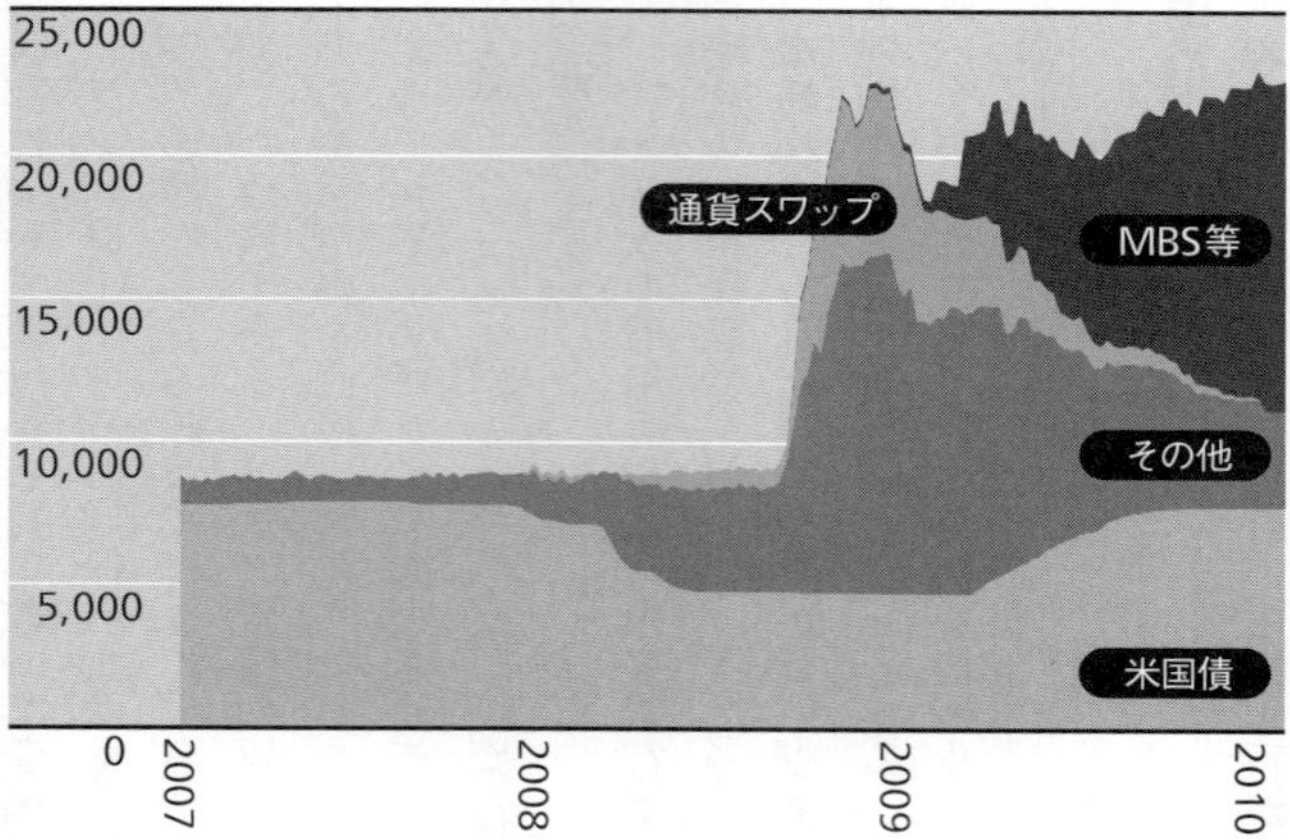

定性に疑念を生じさせかねない。このため、買い入れる資産には一定の質(たとえばAAAの格付など)や担保掛目《かけめ》(ヘアカット率と言う)を設定することになる。それでも、中央銀行のバランスシートが拡大すれば、他の条件が同じであれば、通貨の絶対量が増える分、その通貨の価値は相対的に下がるのが道理である。しかし、今回の金融危機では、ほぼすべての中央銀行が何らかの非伝統的政策を採用しており、そのことがダイレクトに外国為替市場に影響を及ぼした局面はさほど見られなかった。

たとえば、FRBのバランスシートは二〇〇七年八月のパリバ・ショック前は八〇〇〇億ドル台だったが、二〇一〇年六月時点では二・四兆ドル近くに膨らんでいる。しかし、ドルの実効レートはFRBのバランスシートほど極端には変動していない。

また、利下げを実施すれば、内外金利差から通貨は裁定により下落するのが筋であるが（たとえば、高金利を稼ごうと思って外貨に投資した「キャリー取引」が、外貨の利下げで投資妙味が薄れることで解消されれば、外貨の売りが出ることになり、その外貨は下落する）、今回はアメリカのみならず、欧州、イギリス、日本等がいずれも政策金利を引き下げているので、アメリカが事実上のゼロ金利政策を導入してもドルが暴落するには至っていない。

逆に言えば、金利引き下げで為替を自国通貨安に誘導して輸出競争力を高めるという隠れた為替介入もしにくくなっていると言える。戦前のような為替の切り下げ競争を回避しているので、世界経済の安定という意味では、国際協調の成果が出ているとも言える。逆に、通貨防衛のために利上げに踏み切っても、通貨が暴落するような局面ではなかなか効果が出ず、相当の水準の引き上げと長い期間が必要であったことが多く、金融政策の為替相場への影響には非対称性がある。

不胎化介入

なお、金融政策と外国為替には微妙な関係がある。不胎化介入（Sterilized Intervention）という聞きなれない日本語がこの世界ではよく使われる。これは、為替介入を行うことで国内の金融政策が影響を受けないように調整することを指す。影響を受けることを許容する場合は非不胎化介入となる。

たとえば急激な円高阻止のためにドル買い・円売り介入を実施した場合、日銀にはドル資産が増える一方で、民間銀行には対日銀でドル資産を売却した代金として円資産（日銀当座預金）が増え、そのままだとマネーサプライが増える。マネーサプライが増えると、金融政策の観点からは緩和的な環境が発生することになるため、その影響を排除しようとすれば（介入を不胎化しようとすれば）、民間銀行から資金を吸収しなければならない。

為替決定において、民間部門による金融資産選択を重視する、ポートフォリオ理論（アセットアプローチ）においては、不胎化介入に効果があるかどうかは議論が分かれる。不胎化介入では為替介入によって生じる国内の金融状況の変化を相殺するような金融調節を行う。民間の投資家が外貨保有による為替リスクを嫌って、外貨が安くなっているのなら、為替介入を通じて、民間の外貨保有を減らすことによって、外貨安は止まるであろう。しかし、もし、円の保有を増やしたいという人が多くて、円高になっているのなら、ドル建て債券を円建ての債券（為券）に交換しても、金融が緩和されない限り、円高を止めることはできない。理論的には、外貨建て債券と自国通貨建て債券の代替性が高い（保有者から見てどちらでもよい似たもの同士である）と、両者を置き換えても民間部門の金融資産選択行動にあまり影響を与えないので、為替市場への影響が少ないという説明がなされる。その点、非不胎化介入の場合には、介入によって生じる国内金融の緩和状況を放置するので、自国通貨の上昇圧力を軽減する効果が、その分強いと考えられる。

日本では為替介入する際は為券を発行して民間から資金を吸収するので、基本的に不胎化介入となる。そもそも金融政策の運営上、マネーサプライなり政策金利の誘導目標水準なりを設定していれば、非不胎化介入の結果、それらの指標が影響を受ければ、目標値を設定している以上はそれを大きく外れることのないよう、必ず金融調節を行うことになる。為替介入は財務省（旧大蔵省）が決定し（日銀が実施）、金融政策は日銀が決定するので、両者の日々の意思決定が別々に行われることを重視すれば、日本では不胎化介入が一般的という見方になる。日本で非不胎化介入を行うには、為替介入と金融調節を組み合わせなければならないのである。

あえて日本で非不胎化介入があったと言うとするならば、二〇〇三年から二〇〇四年にかけての円売り・ドル買い介入が挙げられる。その時の介入は、量的緩和の目標とほぼ同じ水準（約三五兆円）で実施されており、日銀が、円高防止のために金融政策を一層緩和することで一肌脱いだ、という見方もできないではない（図1―7）。

ただ、金融システム安定化の効果はあったものの、量的緩和について、日銀自身、デフレの抑制や景気の浮揚といった効果については懐疑的である。その意味では、為替介入と同時にとられた量的緩和政策によって、円高を阻止し景気を浮揚する効果があったとしても、それを非不胎化介入の成果として積極的にPRする立場にはないであろう。また、中央銀行の

図1-7●日銀のマネタリーベースと外国為替介入額、外貨準備高

（資料）日本銀行、財務省より

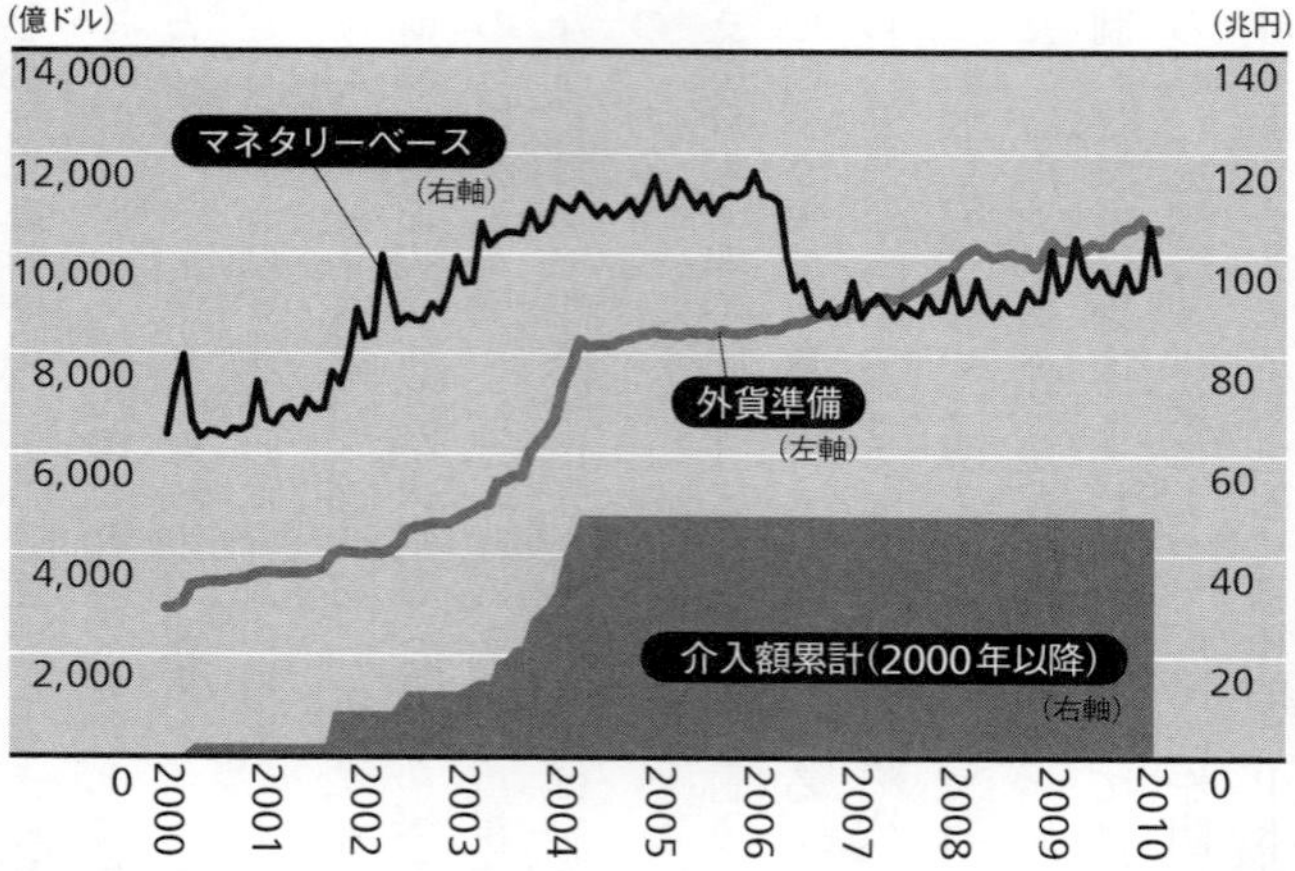

独立性を重視する立場からは、むしろ円高阻止の政治的な圧力に屈して金融政策を歪《ゆが》めたととられることを警戒したと思われる。

一方、為替金融政策を一体として捉える傾向があるＩＭＦでは、デフレ化でゼロ金利制約によってそれ以上政策金利を引き下げられない状態で、非不胎化介入によって円高を阻止することは、唯一有効な金融緩和策だと評価していた。そのため、大規模介入を物価の安定のために必要な政策という観点から容認していたのである。

金融危機後の財政政策

今回の金融危機に即して言えば、財政政策は、公的資金投入のような金融システム安定化のためのものと、雇用対策やインフラ整備のような景気刺激のためのものに大別できる。

アメリカは、二〇〇八年二月に総額一六八〇億ドルの経済対策を実施したが、減税中心で、効果は限定的だった。その後、二〇〇八年一〇月に成立した緊急経済安定化法において、七〇〇〇億ドルの公的資金が措置され、金融機関への資本注入が可能となった。

二〇〇九年一月にオバマ大統領が就任すると、翌二月には総額七八七二億ドルのアメリカ再生・再投資法が成立した。減税に加え、インフラ整備等の公共事業も実施されることとなった。脱石油社会の観点から、グリーン・ニューディール政策が打ち出され、高速鉄道の建設計画については、日本も新幹線技術の売り込みの機会と捉えている。自動車の買い替え促進策（CARS、一般的には「Cash for Clunkers」と呼ばれる）や住宅取得支援策（税還付）も導入されたが、自動車への支援は二〇〇九年八月に打ち切られたのに対し、住宅取得への支援は二〇一〇年四月まで延長された。返済困難者に対する融資条件変更は二〇一二年まで予定されている。このことからも、アメリカの住宅市場の調整が深刻であることが浮かび上がる。

公的資金を銀行システムに注入する等の措置は、金融システム不安を緩和するのには効果があった。このことは二〇〇九年三月を底にダウが上昇に転じたことに明確に表れている。米財務省は当初、七〇〇〇億ドルの公的資金投入枠は、最終的に五五〇〇億ドルの財政負担を強いると試算していたが、二〇一〇年二月一〇日時点での見込みは一二〇〇億ドルにまで低下している。後述する「金融危機責任手数料」が導入されれば納税者負担はゼロになる、と発表している。一九九〇年代初頭のS&L危機よりも財政負担が小さいこともアピールしている。三月の議会予算局（ＣＢＯ）の試算では一〇九〇億ドルへと財政負担見込み額はさらに縮小している。

財政政策の為替相場への影響

今回の金融危機で特徴的なのは、世界各国が協調して財政出動に踏み切ったことである。これは金融政策同様、戦前の大恐慌後とはまったく異なる動きであり、主要国が同じ方向に舵《かじ》を切ったことで、為替市場に対する影響も緩和される結果となった。財政出動の規模は金融危機の被害に応じて異なる。財政出動の規模と為替の関係を見ても、それは金融危機の被害というフィルターを通すことになるので、それほど有意な結論は導き出せない。

二〇〇八年後半の局面では英ポンドが比較的大きく下落した。イギリスの財政赤字が大きくなったからという側面もあるにせよ、イギリスの金融機関の傷みが他の国よりも相対的に大きかった点も無視できない要因である。さらに、金融システム支援については、金融機関が巨大化して国境をまたいで活動するようになったことから、関係が複雑になっている。たとえば、ヨーロッパでは指折りの巨大金融コングロマリットであるデクシアが二〇〇八年九月に経営危機に瀕《ひん》した際には、フランス、ベルギー、ルクセンブルクの政府が按分《あんぶん》して公的資金を注入したが、そのことと通貨価値変動とはほとんど関係がない。これらの国の通貨はユーロという単一通貨であり、個々の国の財政赤字が拡大したからといって、それが直接的に表面化することはない。

ユーロは二〇〇八年秋には対ドルで大きく下落したが、これはユーロ圏諸国の財政赤字が急拡大したからではなく、むしろ、欧州系銀行のドルポジションの巻き戻しが原因であった。財政赤字の拡大テンポの格差と通貨の下落速度を統計的に把握しても、有意な結果は簡単には得られない。ただ、昨今はギリシャをはじめとする南欧諸国の財政赤字拡大が嫌気されてユーロが下落している。

今回の金融危機の震源地がアメリカで、そのアメリカで銀行救済のために巨額の公的資金が必要ということでドルが下落したかというと、リーマン・ショック直後はドルは円を除くほとんどの通貨に対して強くなった。これは欧州系銀行の資金調達構造というテクニカルな要因が大きかったため、その需要が一巡すると間もなくドルは再びユーロに対しては下落したが、短期の為替変動を財政赤字と関連づけて説明するのは無理がある。

金融政策と財政政策の境界

多くの場合、通貨の安定に対して一義的な責任を負うのは中央銀行であって、政府ではない。ここで言う通貨の安定とは長期的なものであり、日々の変動に対する介入は次元の違う話である。

ファンダメンタルズとは乖離した投機的な動きが実体経済に悪影響を及ぼしそうな時に政府の指図で為替介入を行う場合などは、日銀が財務省の代理人として実行することになるが、これはあくまで短期的な変動に対処する場合であって、長期的な為替の安定は金融政策の枠組みの中で実現されるものである。日銀による国債の直接引き受けが禁止されているのも、中央銀行の独立性を維持して、通貨の安定にあたらせるためである。

中央銀行が国債を直接引き受けるということは、通貨の供給が際限なく増加するリスクをはらみ、そうなれば通貨への信認は失墜する（いわゆるマネタイゼーション）。その意味では、財政がいくら拡張的政策をとっても、中央銀行が矜持《きょうじ》を保っている限りは、財政赤字が拡大したからといって通貨が暴落することはありえないのである。次期ＦＲＢ副議長に指名されたサンフランシスコ連邦準備銀行のイエレン総裁は似たようなロジックで、中央銀行の独立性が維持されていれば、財政赤字が拡大してもインフレは起きない、と二〇一〇年三月に講演している。

ちなみに、日本銀行は二〇一〇年一月の「金融市場レポート」で、長期金利の構成要素を将来のインフレ期待と国債の需給関係に分解して、公的債務残高は前者とは相関が弱い一方で、後者にはある程度の相関が観測されるとしている。日本の国債残高の対ＧＤＰ比は主要先進国の中では最も高いが、国債を買う日本国内の投資家に支えられ、需給関係は安定してきた。このため、円は暴落していない（それどころか、円高基調がなかなか止まらない）。

ただ、現実的には、未曾有《みぞう》の金融危機対応として量的緩和策がとられる中で、いくつかの国で中央銀行による国債の購入が実施されている。これはあくまで市中からの買い入れであって、中央銀行による直接引き受けではないが、安易な中央銀行引き受けによる財政規律の低下を排除するために、たとえばユーロ圏では、ユーロ全体への信認維持のため、マーストリヒト条約附属議定書で、原則的に単年度の財政赤字（Fiscal Deficit）は対GDP比三％以内、累積の政府債務残高（Public Debt）は同六〇％以内と定められている。

今回の金融危機に際しては、そのような硬直的な基準を適用すると、機動的な財政出動の妨げになってユーロ圏経済がかえって深刻な影響を被るのではないかとの懸念から、例外的にこの基準を突破することが認められた。そうした中、ギリシャの財政赤字が特に悪化し、しかも過去に遡《さかのぼ》って財政統計に疑義が生じるという事態に至り、ギリシャ国債の利回りが二〇〇九年末にかけて急上昇するという事態が発生した。

二〇一〇年のギリシャ危機については第3章で詳述するが、二〇一〇年五月には、欧州中央銀行（ECB）が、ギリシャ支援の一環として、市中銀行への貸出の際に担保として受け入れるオペ適格の国債の格付基準を緩和したのみならず、国債の買い入れにも踏み切ったことで、ギリシャ支援パッケージがまとまったにもかかわらず、ユーロへの信認が揺れ続けている。異なる経済情勢を抱える域内の国に、単一の通貨と共通の金融政策を適用するユーロ圏のアキレス腱があらわになった形である。アメリカは国内経済格差の矛盾を南北戦争で解決し、経済圏としての一体化を一九世紀に完了していた。そして、中央銀行についても、一九一三年にFRBが設立されており、ユーロ圏とは市場統合の成熟度が異なるのである。

なお、日本銀行は二〇一〇年六月一五日の政策委員会・金融政策決定会合で、「成長基盤強化を支援するための資金供給の枠組み」を導入することを決定した。これは、研究開発、環境・エネルギー事業、医療・介護・健康関連事業など、将来の成長の基盤となる事業に民間金融機関が融資をする場合に、三兆円を上限(個別金融機関では一五〇〇億円)として、無担保コールレート翌日物の誘導目標水準で最長四年間、民間金融機関に貸し付けるというものである。期限を二〇一二年三月末に区切り、その間に民間金融機関の「呼び水」となることで、民間金融機関の取り組みを金融面で支援しようとするものであるが、かなり財政政策の領域に踏み込んだ感はある。

質への逃避

今回の金融危機で特徴的な現象に「質への逃避」がある。これは、「Flight to Quality」の訳で、投資家がリスク回避行動をとることにより国債等の安全資産に資金が移動することを指す。これには二つの側面がある。投資商品として、株より債券、社債よりも国債といった安全性の高い商品へ資金が移動するものと、地域的分散として、途上国より新興国、新興国より先進国、中でもアメリカへと資金が移動するものとがある。組み合わせると、米国債が究極の逃避先となる。金融危機がピークに差し掛かった二〇〇八年の一二月には、米国債への需要が殺到したことから、一〇年物の米国債の利回りは二％割れ寸前まで低下した。

二〇〇八年のリーマン・ショックでアメリカの金融システムが大きく揺らいだ一方で、アメリカの金融機関が手元の流動性確保に走ったため、欧州系の銀行はドルの調達に窮することとなり、スワップ市場も通じてドルのレートが跳ね上がることとなった。

欧州系の銀行はもともと預金はユーロやポンドなど、ドル建てではない部分が大半である。一方で、証券化商品等の投資で資産側にドル建てのものを大量に抱えていた。ここで、これらのドル資産を購入する場合、為替リスクをヘッジしようとすれば、一つには負債としてドル建ての資金を調達する方法がある。これは預金ではなく、インターバンク（銀行間）市場を通じての借入となる。主なドルの出し手であるアメリカの銀行が自らの流動性確保のためにインターバンク市場でのドル供給から手を引いたことで、ドルLIBOR《ライボー》（ロンドン銀行間取引金利）を押し上げる要因となった。

さらに、資産のドルをユーロ建てなどに転換しようと為替スワップをかけていた場合、ドル建ての証券化商品を投げ売りするのにあわせ、ユーロに戻していたスワップを手仕舞いしてドルに戻さなければならなくなる。これらが共鳴してリーマン・ショック後にドル高ユーロ安が進行することとなった。

二〇〇七年一二月、このような市場におけるドルの蒸発という窮状にある金融機関を援護する目的で、FRBと主に欧州の中央銀行の間でドル・スワップ協定が締結された。当初は利用は多くなかったが、リーマン・ショック後に急増し、多い時は六〇〇〇億ドル近くが引き出された。ただ、市場での緊張が緩和するに従い利用も減少し、二〇一〇年二月一日に廃止された(その後、ギリシャ問題が深刻化する中、二〇一〇年五月一〇日にFRBと六中央銀行間の通貨スワップが二〇一一年一月までの期限付きで復活することとなった)。

なお、同じドルの政府系証券の中でも、エージェンシー債を売って米国債を買う動きがあり、FRBが各国中央銀行から保護預かりしている債券残高の内訳に顕著に表れている。二〇一〇年六月二三日現在、FRBが保護預かりしている海外の中央銀行が保有する米国債とエージェンシー債の合計額は約三兆ドル(三兆九四四億ドル)あり、そのうち米国債が二兆二六四二億ドル、エージェンシー債が八三〇二億ドルとなっている。

GSE(政府支援企業)危機が報道された二〇〇八年七月の水準と比較すると、エージェンシー債は同年七月一六日に九八五九億ドルのピークをつけた時点から一五〇〇億ドル近く減少しているのに対し、米国債は当時の一・三兆ドル台から九〇〇〇億ドル増えている。政治的な配慮はあれ、中央銀行といえども(であるからこそ)、クレジットリスクには敏感にならざるをえない、ということであろう。ただし、エージェンシー債の大部分を構成する住宅ローン担保証券は、毎月の債務者からの割賦償還に加え、繰上償還もあり、自然体で年率一〇〜二〇%程度は残高が減少するので、この程度の減少では、必ずしも大きく売り越したことにはならない。ただし、過去の増加トレンドが変化したのは間違いない。

金とドルの流動性

質への逃避との関連では、金こそが最強の投資先であるといった議論も散見されるようになった。今世紀に入り商品相場全体がバブル的に高騰する中、原油等と同様に金の価格も上昇していった。原油価格は二〇〇八年七月に一バレル(約一五六リットル)一四七ドルの史上最高値をつけた後に急落し、一時は三〇ドル台にまで下落した(その後反騰して、二〇一〇年四月時点では八〇ドル台にまで戻している)。一方、金はリーマン・ショック後も騰勢を続け、二〇〇九年一二月には一トロイオンス(約三一グラム)一二〇〇ドル台に乗せた。

金はその後、ボックス圏の動きとなったが、二〇一〇年五月には再び一トロイオンス一二〇〇ドル台に乗せ、史上最高値を更新した。かつてブレトン・ウッズ体制の時代には一トロイオンス＝三五ドルと決められていたことと比較すると約三〇倍となっている。もし金本位制を維持しようとしていれば、ここまで金価格が高騰することは許容されなかったであろう。

逆に言えば、ニクソン・ショックにより金の束縛を離れたことで、ドルは世界に流通しやすくなり(悪い言い方をすれば、垂れ流しやすくなり)、世界の貿易も拡大した。アメリカはドルでの支払いを拒否されない限り、国内市場を開放して消費を拡大することが可能となった。同時に、金兌換に応じる必要がなくなったことで、金の流出を気にする必要もなくなり、大量のドルが海外市場で流通することを許容できるようになった。このことは、ドルの流動性が高まったことを意味する。ドルの使いやすさが向上し、結果的に事実上の基軸通貨としての地位が強化されることとなった点は、逆説的だが、重要なポイントと言えるだろう。いくら経済力・軍事力が強大でも、海外市場で実際に流通していなければ、その通貨は基軸通貨たりえない。そのような通貨は現在、ドルをおいて他にはないのである（図1―8）。

ただし、このような議論は、基軸通貨の要件としての交換機能のみに着目した議論であって、価値保蔵機能は無視されている。そもそも、両機能が現行の国際通貨制度で両立しうるのか、も疑問である。この点は、第6章で検証する。

ドルの流通量が増えることで、それを取り扱う金融市場も拡大することとなった。金融市場が拡大することで金融機関の利益も増加しやすくなる一方で、市場の拡大を促進するためには、規制の緩和が必要であった。ここに、規制緩和・自由化と金融資本主義の相互依存関係が構築されることとなった。銀行の自己資本基準を定めたBIS規制において、国債や高格付の証券化商品が低いリスク・ウェイトを享受したこともこれらの商品を取り扱うアメリカに有利に作用した。

アメリカの住宅バブルをめぐる議論の中で、グローバル・インバランスを語る場合には、単に経常収支がどうかを見るだけでなく、金融市場の自由度も重要な要素となることを忘れてはなるまい。市場参加者にとっては、アメリカの金融市場は最も厚みがあり、「使い勝手

図1-8●アメリカの実質GDPに占める輸入の比率

（資料）FRB

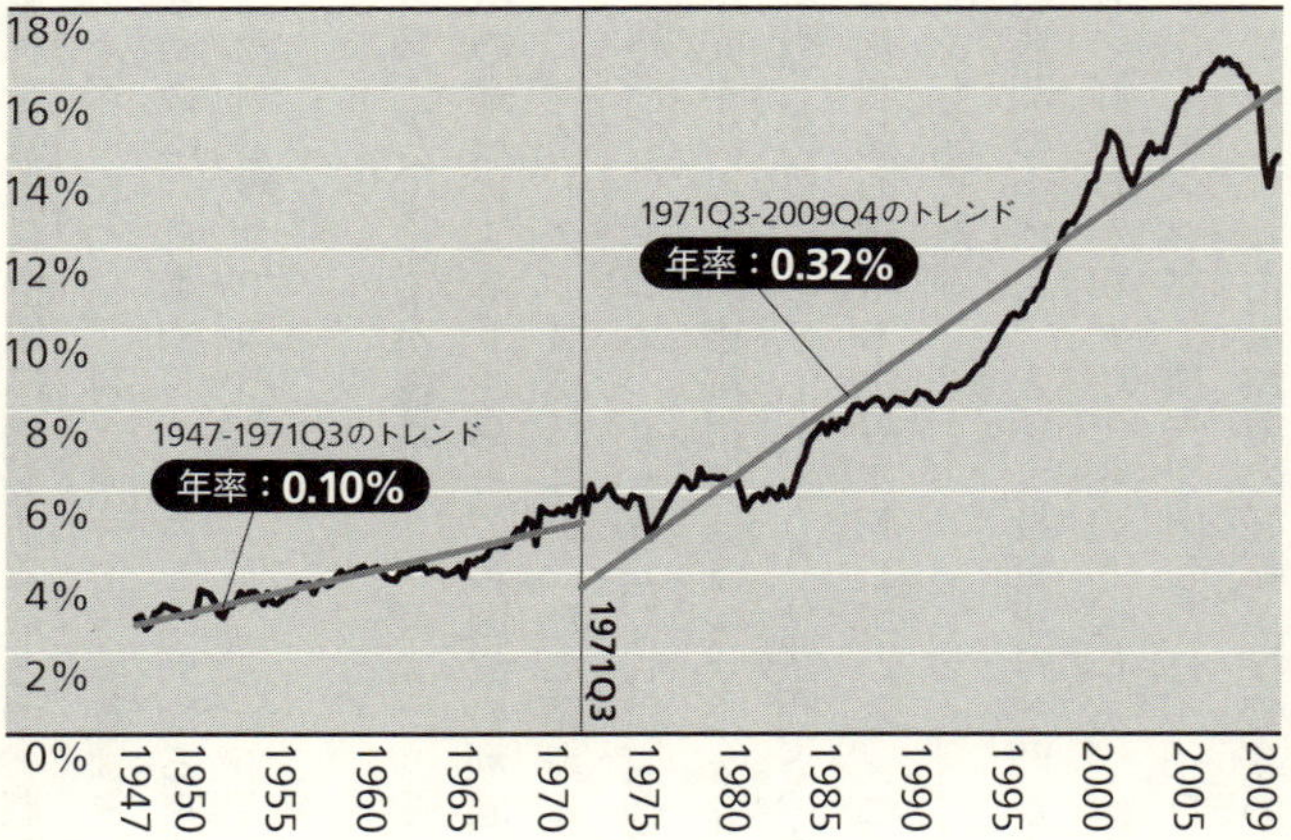

のよい」市場であったために、資金が流入しやすかった（「ネットワーク外部性」の存在）。経常収支の赤字を海外からファイナンスするための環境が整備されていたがゆえに、二〇〇四年六月以降の金融引き締め局面においても、長期金利が上昇しにくかったのだろう。

流動性がいかに重要かは、ユーロとの対比でもわかる。ユーロ圏の経済規模はアメリカに匹敵するものの、ユーロ圏諸国の国債は、各国政府が発行している。このため、同じユーロ建てであっても、ドイツ国債とフランス国債は、同じ商品ではない。その結果、米国債のようには「規模の経済」が働かず、市場の厚み＝流動性の差となって、世界の外貨準備に占める構成比も、依然としてドルがユーロの倍程度ある要因ともなっている。なお、金利の伝達経路で触れたように、中央銀行が短期金利を政策目標値に誘導することで、期間構造を通じて長期金利に影響を及ぼす、というメカニズムについては、ヨーロッパのように長期金利の指標となる国債の市場が分断されている場合は、日本やアメリカとは異なる可能性がある。ギリシャ問題はこの点についても大いに教訓を残すであろう。

リスク・アペタイトの復活

質への逃避によるドル高と、米国債の利回り低下は、二〇〇九年に入ると反転することになった。ガイトナー財務長官が三月に発表した官民共同の不良債権買取プログラム（PPIP：実施は七月から）や、FRBが五月に発表した主要銀行検査（ストレス・テスト）により金融不安が後退し、市場にリスク・アペタイト（リスクを負ってでもリターンを追求しようとする欲求）が戻ってきことが大きな要因である。二〇〇九年三月を底に、ダウやサブプライム証券化商品の価格も上昇に転じている。このことが、資産効果として、家計のみならず金融機関をも潤した。

金融機関の中でも、大手で投資銀行部門が大きな比重を占めるところは、市場環境の好転により、好決算を相次いで発表している。ゴールドマン・サックスは、二〇一〇年第1四半期はトレーディングで損失を出した日が一日もない「パーフェクト・ゲーム」だったと発表した。このような市場環境の好転が投資家の心理を改善し、さらに株高を演出し、それが個人消費も刺激するという好循環が二〇〇九年後半あたりから見られるようになった。二〇一〇年第1四半期のアメリカの実質GDPは三次速報値ベースで二・七%のプラスと、3四半期連続のプラスとなったが、今期は個人消費の寄与度が大きかった。

ただ、二〇〇九年後半にはドバイ・ショックやギリシャ問題も出て、再び質への逃避が観測される局面もあった。二〇一〇年に入るとギリシャ問題がさらに深刻さを増し、ユーロが対ドルで大きく下落することとなった。ドバイへはイギリス、ギリシャにはフランスとドイツの融資が大きく、それらの周辺国の問題は、銀行システムを通じてヨーロッパの中核国にも影響している。

一方、財政赤字拡大懸念から上昇し始めたアメリカの長期金利も、ドルへの資金流入が復活したこともあり、四%前後でもみ合う展開が続いたが、二〇一〇年五月には、ギリシャ問題の再燃から「質への逃避」が復活し、六月には三%を割った。三月のアメリカへの長期資本の純流入額は一四〇五億ドル（これはギリシャに対する三年間の支援枠とほぼ同額である）と、前月から三倍に増えて、単月としては過去最高を記録した。アメリカに再び資金が戻る中、ユーロは対ドルで四年ぶりの安値をつけた。

雇用情勢と緩やかなドル安進行

これまではアメリカが過剰消費した結果、対外債務が膨らみ、ドルが海外に流出することとなった。ただ、支払いを受け取る側の国が、対米輸出を減らさない限り、ドルの流通量は膨らむ。ドルは流通量が増えることで、流動性が向上し、規制緩和も相俟って、事実上の基軸通貨としての地位を維持することができる。しかし、これは、ツケで飲み続けているようなものである。飲み屋の側にしてみれば、アメリカはいつもポンポン栓を抜いてくれる上顧客である半面、ちゃんと支払ってくれるのか、毎月気をもんでいる。そういう状況なのである。では、アメリカ経済はどう推移するのであろうか。

アメリカ経済の最大の課題は住宅市場と雇用情勢である。住宅市場については、着工や価格のレベルは低いものの、底は打ったとのコンセンサスが広まりつつある（ただし、政策支援が打ち切られる四月以降の動きを懸念する声もある）。一方、雇用情勢については、当面顕著な改善は見られそうにないという悲観的な見方が支配的である。

雇用情勢は、一一月の中間選挙に重要な影響を及ぼすのは必至であるが、華々しい改善は見込めそうにない。そこで、選挙を有利に戦うためには選挙民に銀行批判を訴える必要があるとの判断から、オバマ政権は「ボルカー・ルール」と呼ばれる金融規制強化の公表に踏み切った。

今後、財政赤字はさらに拡大する見通しで、二月に公表された二〇一一会計年度（二〇一〇年一〇月～二〇一一年九月）の財政赤字は一・五五六兆ドル、対GDP比で一〇・六％と見込まれている。財政赤字が対GDP比で一〇％を超えるのは軍事費が嵩《かさ》んだ第二次世界大戦中以来のことで、大恐慌の時でもそこまでは悪化しなかった。同じ予算教書の中で、財政規律回復のために支出の一部凍結等により向こう一〇年間で財政赤字を半減する目標も掲げたが、それが景気回復の足かせになって税収が減少すれば元も子もない。日本と同様、アメリカの財政運営は厳しい舵取りを迫られている。

また、予算教書に先立ち、一月の一般教書演説では輸出を五年で倍増すると発表している。このことが、一九九〇年代中盤に当時のルービン財務長官が「強いドル」を支持して以降続いた、世界から資金をアメリカに招き寄せて、内需を拡大するという方針の転換となる可能性もある。それは、アメリカの為替政策の抜本的な転換であり、ドル安容認という姿勢が明確になれば、外国為替市場へのインパクトは計り知れない。

ただ、アメリカも保護主義に偏る危険は熟知しており、率先して貿易戦争を仕掛けるようなことはしないだろう。仮にそうであるとして、まずはアメリカ製商品の輸出競争力を高めることが先決で、いくら為替がドル安に振れても、「安かろう悪かろう」では売れない。三月には、国家輸出構想（ＮＥＩ）を発表し、輸出産業を政策的にバックアップしようとしているが、成果のほどは未知数である。

アメリカの国家戦略として、製造業と金融業のどちらに重きを置くのか、という点で、秋の中間選挙に向けた後者を叩《たた》く政治的アピールが本当に金融業の競争力を損なってしまう懸念もないではない。四月には証券取引委員会（ＳＥＣ）がサブプライムの債務担保証券（Ｃ

DO）の取引について、ゴールドマン・サックスを証券詐欺罪で告発し、連邦議会もここぞとばかりに投資銀行への批判を強めている。同社は、ギリシャ政府とのデリバティブ取引でも政府債務の隠蔽《いんぺい》に荷担したと一部から批判されており、厳しい環境に晒《さら》されている。

同様に、ギリシャ支援をめぐって国内で厳しい批判を浴びているドイツのメルケル首相は、ドイツ国債等について、現物の裏付けのない空売り（ネーキッド・ショート・セリング）を禁止すると五月に発表したが、他の国との調整なしに突然発表したことに加え、自由度が損なわれることでかえって市場の不安定さが増すという観点から、市場の混乱を誘発した。

ウォールストリート（金融）対メインストリート（製造業）という二元論はわかりやすい。しかし、わかりやすい構図にすることで、問題の本質的な部分を捨象してはいないか。次章では、まず、国際金融システムの発展の経緯を振り返る。そして、今回の危機の根源とされる金融システムの改革の動きに触れ、それがドルにどのような影響を及ぼすかを分析する。

第2章　基軸通貨ドルの将来

I――基軸通貨の地位確立と国際金融システム

ブレトン・ウッズ体制

第二次世界大戦末期、連合国は戦後の世界経済の復興と安定のため、二つの国際金融機関の設立に合意した。それが、ＩＭＦ（国際通貨基金）と世界銀行である。

一九三〇年代の世界恐慌の際、通貨の競争的切り下げによる近隣窮乏化政策がとられ、また、高い関税障壁によってブロック経済化が進んだ。こうした各国の無秩序な動きが世界貿易の縮小と国家間の対立を生み、世界大戦の元凶となった。

そこで、戦後、貿易制限を順次撤廃し、固定相場制のもとで、世界貿易の安定的な拡大を図ることが世界の平和と安定のために必須《ひっす》の条件と考えられた。そのため国際収支赤字を計上した国がすぐに貿易制限に走らないように、一時的な国際収支不均衡に陥った国に対して、短期の資金を融資するのが、ＩＭＦである。こうして、ＩＭＦは国際通貨制度と世界経済の安定に責任をもつ国際機関となった。景気の過熱などによって、一時的に国際収支が赤字になった国に対して、ＩＭＦが短期資金を融資する際には、財政金融政策の引き締めなどによって、国際収支の均衡を取り戻す措置が勧告される。マクロ政策によっても改善されない構造的な不均衡がある場合には、平価（固定為替レート）の変更が認められる。

これに対して、世界銀行は正式名を国際復興開発銀行（ＩＢＲＤ）というように、長期の資金を提供する機関である。ただ、西欧や日本など西側諸国の復興については、マーシャルプランなどアメリカの援助資金の役割が大きく、日本では東名高速道路や東海道新幹線、黒四ダム等の建設に利用されたものの、世界銀行の出番は限定的であった。

また、当初、アメリカの銀行界は、世界銀行との競合に対する警戒心から、その必要性に対して懐疑的であり、その結果、世銀自身の信用力も低かった。そのため、債券市場での調達金利も高く、世銀は途上国の資金ニーズに応えられる状況にはなかった。ただ、世銀の総裁は歴代アメリカ人であり、ウォールストリート出身の総裁もいたので、銀行界との関係改善に努め、次第に信用を高めて、格付を向上させ有利な金利で世銀債を発行できるようになった。

アジアやアフリカで植民地から次々に独立を果たした国々が低利の開発資金を要求するようになると、世銀の主要株主である西側先進国は財政資金を拠出し、途上国向けの援助のため、第二世銀として無利子で融資する国際開発協会（ＩＤＡ）と途上国の民間向けに投融資を行う国際金融公社（ＩＦＣ）を設立した。こうして、世銀は開発の分野で主導的な役割を果たすようになる。

ドルの基軸通貨化と主要通貨の交換性回復

第二次大戦中、アメリカは連合国の兵器工場として武器供給を一手に引き受けた。また、交戦国の中で、唯一戦災を受けることなく、大戦中に生産力を飛躍的に伸ばした。大戦が終わった際、日独伊の敗戦国はもちろんアメリカ以外の戦勝国も国土が荒廃しており、戦後復興に必要な物資と資金を提供できる国はアメリカをおいて他にはなかった。第二次大戦前、すでに世界経済の覇権はイギリスからアメリカに移行していたが、国際通貨の世界では、ポンドはまだ広く使用されていた。しかし、大戦中にアメリカからの武器供給のお蔭《かげ》で、かろうじてドイツの侵攻を防ぐことができたイギリスは、アメリカに対して莫大《ばくだい》な負債を抱えることとなった。

戦後、インドをはじめとして、英連邦諸国が独立し大英帝国が解体していくにつれて、イギリスの国力の低下は明らかとなり、累次のポンド危機による切り下げによって、主要な国際通貨としての地位を完全にドルに譲ることになった。

戦後、西側諸国の復興はアメリカからの援助資金と物資に依存していた。こうしてドルが国際流動性として最も重要となった。輸入に使える外貨が慢性的に不足していたため、輸入などの経常取引の制限を残さざるをえなかった。ＩＭＦは加盟国の貿易にかかる決済を自由化することを目的としていたが、新規加盟国に対して、貿易自由化の準備が整うまでの期間、既存の経常取引制限を残すことを認めていた。これはＩＭＦ協定の一四条に基づく措置であり、これに対し、経常取引制限撤廃を実現した加盟国をＩＭＦ八条国と呼ぶ。

欧州諸国では、希少なドルを節約するため、域内で、相互に国際収支の決済を行う双務主義的な支払い協定を結び、国際流動性を節約した。西欧ではマーシャルプランによって生産力の回復が始まり、貿易が順調に拡大し、一九五〇年代末には通貨の交換性を回復した。ドイツの復興は目覚ましく、奇跡と呼ばれた。英国は当初、ポンドの固定レート（平価）が高過ぎたため、国際収支困難に陥ったが、数次に及ぶ切り下げによって、国際収支を安定させた。日本でも朝鮮特需によって、経済の拡大均衡によって戦後復興が進み、高度成長につながった。

トリフィンのジレンマ

アメリカのリーダーシップによって、西側世界は目覚ましい復興と発展を遂げ、一九六〇年代になると、ＩＭＦ、世銀も国際通貨制度の安定や開発の分野で本来の役割を果たせるようになった。しかし、この環境変化は、基軸通貨国アメリカの国力の相対的な低下をもたらし、早くもドルの安定性に対する懸念をもたらすことになった。

基軸通貨には、価値貯蔵手段、決済手段、計算単位としての役割をグローバルに果たすことが求められる。しかし、国際取引の決済手段を海外に提供するためには、基軸通貨国の国際収支が赤字にならなければならない。国際貿易が拡大するにつれてその決済に要する国際流動性の量も拡大するので、その国際収支赤字はますます拡大しなければならない。ただ、こうして対外純債務が増大していくと、基軸通貨の対外的な価値を維持することが困難になる。これがトリフィンのジレンマと呼ばれる問題である。

当時、アメリカでは、ベトナム戦争の戦費が嵩み、それが国際収支の赤字を膨らませていた。また、資本移動の自由度が高まり、アメリカからの投資や資本輸出が増えるにつれて、長期資本収支の赤字も膨らんでいたため、利子平衡税をかけて、ドルを防衛しようとした。アメリカでは、ベトナム戦争は、自由主義を守るための戦いであるから、西側先進国もドル防衛と基軸通貨制度維持のコストを分担するべきであると主張した。つまり、ドルの金への兌換請求の自粛や金プール制によるドルと金の平価の維持への協力やアメリカが発動するドル防衛策への協力を求めたのである。しかし、ドルの国際流動性の増大とアメリカの金保有額との差が拡大するにつれて、ドルと金の平価の維持はますます困難になった。

また、ブレトン・ウッズ体制の下では、アメリカがいくら赤字を出して、ドル下落圧力を生み出しても、アメリカはドル買い介入する必要はなく、固定レートを維持するために介入しなければならないのは、黒字国の方であった。ただ、黒字国では、中央銀行が自国通貨を売って、ドルを買い支えると、マネーサプライが増加してインフレを引き起こしてしまう。

ドイツではインフレの抑制を重視していたので、切り上げを行った。マルクの切り上げによって、ドイツの輸出が減って輸入が増えれば、ドイツの総需要を抑制し、インフレ圧力を軽減する効果がある。また、対米貿易黒字が縮小すれば、輸出企業によるドル売りマルク買いが減り、輸入企業によるマルク売りドル買いが増加する。これによって、ドルの下落に歯止めがかかることが期待される。しかし、単発の切り上げでは、ドルのさらなる下落圧力とインフレ懸念が残ったため、変動相場制への移行を期待する意見が出てきた。為替介入から解放されれば、ドイツ連銀は、インフレを抑制するため、国内の金融調節に専念できるようになるからである。

変動相場制への移行

日本ではドイツとは対照的に円切り上げの恐怖が強く、一九七一年八月一五日のニクソン・ショックまで、自主的に平価の切り上げを行うことはなかった。また、ニクソン・ショックの際も先進国で唯一、二週間にわたって為替市場を開き続け、一ドル三六〇円の固定レートで、ドルの円への交換に無制限に応じたのである。

この介入は、国庫つまり国民に巨額の為替差損をもたらすものであったが、銀行や企業の経営への影響に配慮した措置であった。その後、一二月のスミソニアン合意に向けて、円の切り上げ幅を極力小さくするよう必死に交渉した。しかし、スミソニアン合意による平価の調整によっても、固定相場制の維持は難しく、七三年の二月からは、主要国の為替レートは変動相場制へと全面的に移行せざるをえなくなった。それによる円高が景気に及ぼす影響が懸念されたことから、積極的な財政金融政策がとられた。折から、田中角栄の日本列島改造論によって、全国的に大規模な公共事業が計画・実施され、土地投機が全国に蔓延する状況であった。こうして、マネーサプライが増加し、国内インフレの芽が膨らむ中で、日本経済を石油ショックが襲ったのである。狂乱物価となって、国民はパニックに陥り、便乗値上げも横行した。

石油価格の高騰によって、経常収支は赤字となり、為替も円安になった。財政金融の引き締めによる総需要抑制策がとられ、不況になったため、インフレはようやく沈静化した。この時は、変動相場制のショック吸収機能がうまく働いたと評価された。突然大きなマイナスの供給ショックに見舞われた日本経済は、一時的に経常収支赤字を拡大して海外からの借入を増やすとともに、円安によって国際競争力を回復させ、そのことにより、生産・消費と景気の落ち込みを緩和することができたのである。

資本移動の自由化と通貨危機

市場の自動調節メカニズムを強く信奉しているミルトン・フリードマンは、変動相場制を強く推奨していた。為替レートを外国為替市場で自由に変動させることによって、国際収支不均衡も解消すると説いた。しかし、実際に変動相場制に移行してみると国際収支不均衡は縮小するどころかむしろ拡大した。固定相場制の時代には、為替レートを一定に維持するため、外貨準備の管理が重要であった。一定の外貨準備を保持するために許容できる経常収支の赤字額の上限は低かったのである。

また、資本取引については為替管理を行うのが一般的だった。固定相場制の下で資本が活発に移動すると、金融政策によってインフレ率の安定を維持することが難しくなるという副作用が出てくるためである。変動相場制に移行すると、金融政策の観点から、資本取引を制限する必要がなくなり、資本移動はより自由になった。そして、民間の資本移動が自由になるとそれだけ、経常収支赤字のファイナンスは容易になったのである。つまり、先進国間では以前より経常収支不均衡が拡大しても大丈夫になった。

また、為替レートの変動は予想されたよりも大幅であった。資産価格の一種である為替レートは、モノや賃金などに比べて調整速度が速いために、予想の変化に応じて瞬時に大幅に動く。モノの動きである輸出入の方は、為替の動きに対して、反応が遅いために、経常収支の調整は期待されたほど進まなかった。経常収支の決定理論としては、輸出と輸入が為替に反応するという弾力性アプローチに対する関心が薄れる一方、一国全体の貯蓄と投資の差額という要因の方が、構造的な経常収支をよりよく説明できるという見方が強くなった。

こうした活発な国際資本移動は、先進国における金融の自由化を加速させ、金融のグローバル化を推し進めることになった。外資の導入によって経済成長を目指す新興国は、進んで金融のグローバル化を受け入れ、新興国向けの証券投資や銀行借入が増加した。

新興国では、外国資本の流入を促すため、ドルに対する固定相場制をとったり、形式的には変動相場制の一種である管理相場制をとりつつも、事実上はドルに為替レートをペッグするような国が多くなった。だが、国際資本移動の規模と速度が大きくなるにつれて、通貨危機の危険性もまた高まった。それに対する自衛のために、ドル準備の必要性も増大した。

こうして、ブレトン・ウッズ体制（金・ドル本位制）の崩壊によって、公式には基軸通貨としての地位を失ったはずのドルの需要は、一層高まった。金の束縛を離れたドルは、市場で選択された基軸通貨として、アメリカにますます大きな自由度とパワーを与えることとなったのである。

II――金融規制改革と基軸通貨の条件

アメリカの金融規制緩和の歴史

二〇世紀後半、アメリカの国内金融市場における規制緩和には三つの側面があった。

一つ目は預金金利規制の撤廃である。戦後、アメリカの預金金融機関の多くは、FRBのレギュレーションQという預金金利規制に服した。しかし、一九六〇年代後半に金利が上昇する中、預金が流出する事態（ディスインターミディエーション）が発生した。その結果、一九八二年のガーン・セントジャーメイン法により、預金金利規制は撤廃されることとなった。

二つ目は地域の垣根、いわゆる州際業務規制の緩和・撤廃である。アメリカの銀行はかつて、一九二七年のマクファーデン法という法律により、州を越えて営業することができなかった。今では信じられないが、シティバンクはニューヨークの銀行で、バンク・オブ・アメリカ（バンカメ）はカリフォルニアの銀行、という位置付けで、両社がそれぞれ相手の地盤に支店を出すことはできなかった。アメリカは連邦国家であり、州政府の自治権が広範に留保されている。その中には銀行免許の付与もあり、アメリカの銀行には州政府の免許により設立された州法銀行と、連邦政府の免許により設立された国法銀行が並存している。巨大金融資本による経済支配を嫌うアメリカの伝統的な風潮、そして連邦政府の介入を嫌う州政府という政治的な構図もあり、二〇世紀中盤は州際業務の拡大に顕著な進展は見られなかった。しかし、経済活動の範囲が広がるにつれ、金融サービスがそれに追随しないことは非現実的であったことから、実務的な運用の世界で同法は徐々に緩和され、一九九〇年代には完全に撤廃された。ここに、全米を網羅する巨大銀行が誕生する素地ができた。

三つ目は商業銀行と投資銀行の分離を規定した一九三三年銀行法、いわゆるグラス・スティーガル法の撤廃であった。同法は、大恐慌の原因の一つが商業銀行による投機行動であったとの反省から、預金を取り扱い、決済機能を有する商業銀行の業務を限定したものであった。しかし、イギリスのビッグバンに始まるヨーロッパの銀行の総合金融サービス提供（ユニバーサルバンク化）との競争に不利との判断から、一九九九年のグラム・リーチ・ブライリー法により、グラス・スティーガル法は廃止されることとなった。ここに、アメリカの金融機関が巨大化して、業務内容も複雑化する環境が整った。
しかし、それが今回の金融危機につながってしまったのである。その反省から、銀行の業務範囲を見直そうという動きが推進された。

金融危機後の規制強化の方向性

今回の世界金融危機は、短期的にはドルに対するテクニカルな需要からドル高をもたらす局面があった。しかし、構造的にドルが安定的になったと見る向きは少なく、むしろ、世界の過剰資金を吸収しながらアメリカがリターンを生み続ける、という構図自体が持続可能ではないということを世界に強く印象付けたのではないかと思われる。その意味で、基軸通貨の要件が何であるのかをあらためて世に問うたとも言える。

金融危機の原因については、すでにG7やG20、あるいはBIS（国際決済銀行）や金融安定理事会（FSB）等の国際的な場での議論はほぼ収斂《しゅうれん》している。非常に多岐にわたるものの、根幹的な部分としては、個別の金融機関のリスク・テークのあり方の問題と、それを監督する当局の問題に大別されていると言える。後者については、特にアメリカでは、多様な金融機関の業態について、監督当局が複数であるという継《つ》ぎ接《は》ぎ（パッチワーク）の状態にあったことが問題視されている。より一般的には、個々の金融機関の経営状態を見るだけでなく、システム全体のリスクの変動を見るというマクロ・プルーデンス（健全性）の観点からの監督強化が中心となっている。

一方、前者については、金融機関がリスクを負ってリターンを追求する際に、そのリスク・リターンの関係があまりに短期的に評価され、それに基づく報酬体系になっていたことが過度なリスク・テークにつながったと指摘されている。たとえば報酬の一部は複数年経過後に支払われるといった方式や、報酬自体に高い税率を課すような方式など、個々人の報酬に関する項目がクローズアップされがちな印象を受ける。しかし、より本質的には、そのようなリスク・テークを行うことが企業全体としてどのような帰結をもたらすのかを全社的に把握するリスク管理体制の構築の方が重要であり、また、それが個々の企業レベルにとどまらずに、金融システム全体にとってどのような影響を及ぼすか、という観点が先に述べたマクロ・プルーデンスの問題につながっていく。

具体的なリスク管理の高度化手法や自己資本基準、流動性バッファーの強化の案については、ＢＩＳが市中協議書を出しており、二〇一〇年一一月のソウル・サミットで合意される予定となっている。このうち、自己資本基準については、好況時に通常よりも高い自己資本を要求し、不況時にそれを取り崩すことを許容する弾力的な基準を提案している。ただ、まだ金融危機が完全には収束していない現時点で基準を強化することはかえって金融システムの不安定化を招く恐れもあり、当面は引き上げないとしている。そして、大き過ぎて潰せない金融機関の存在を容認しない方向で、巨大金融機関が破綻する場合に市場の混乱を最小限に抑制し、納税者へ負担をかけない仕組みも検討されている。

ボルカー・ルール

そうした中、アメリカでは、二つの新たな指針が提案された。一つは、金融機関の事業規模の見直しであり、もう一つは金融機関の業務範囲の見直しである。前者については、二〇一〇年一月にオバマ大統領が「金融危機責任手数料」を提案している。

これは、総資産五〇〇億ドル以上の金融機関に対し、連邦預金保険公社（FDIC）の預金保険の対象とならない負債の残高の〇・一五％の手数料を課すことにより、向こう一〇年間で九〇〇億ドルを徴収しようとするものである。これは、金融機関が巨大化することを抑制する方向に作用する。前世紀後半からの金融自由化の流れの中で、金融機関は巨大化することで、競争力を向上させていったと信じられていた。しかし実際には、買収・合併（M&A）で巨大化する中で、十分にリスクの所在が把握できず、それがサブプライム関連商品の価格暴落のような「蟻《あり》の一穴《いっけつ》」で各部門に連鎖的・重層的に影響を及ぼしたとの反省が、事業規模の見直しの一つの契機となっている。

また、金融機関が巨大化すると、それが破綻することで金融システム全体に甚大な影響が及ぶことを当局が許容できず、最終的には政府が支援に乗り出すだろうという期待を市場に抱かせる。そのような金融機関は相対的に低利な資金調達が可能となり、ますます巨大化して――大き過ぎて潰せない――というモラルハザードを生む根源であることも、事業規模見直しの大きな動機である。

このような背景の中で、オバマ大統領は「金融危機責任手数料」を公表したわずか一週間後に、「ボルカー・ルール」を発表した。ボルカーとは、八〇年代前半に、インフレの昂進《こうしん》に喘《あえ》ぐアメリカ経済の建て直しを陣頭指揮した当時のFRB議長、ポール・ボルカー氏である。一九八七年にアラン・グリーンスパン氏にその職を譲った後、しばらく主要な公職を離れていたが、オバマ政権において、アメリカ経済再生諮問委員会の議長に就任した。オバマ政権の経済チームの中では、従来はガイトナー財務長官と、元財務長官で現在は国家経済会議議長のサマーズ氏が中心と見なされていたが、ここにきてボルカー氏の立場が大きくクローズアップされつつある。

「ボルカー・ルール」とは、端的に言えば、預金保険の保護を受ける銀行は、自己勘定取引やヘッジファンド等への出資を禁止する、という点に集約される。

これは、金融機関の業務範囲に関する規制強化である。一部では商業銀行業務と投資銀行業務を分離した一九三三年のグラス・スティーガル法を復活させるもの、と見る向きもある。しかし、投資銀行業務の中でも、対顧客取引は禁止しておらず、全面的な証銀分離とは趣旨を異にする。とはいえ、このような規制強化は投資銀行業務に重心を移しつつあったアメリカの大手金融機関にとっては収益機会の喪失をもたらすので、金融業界からは強い反発が出ている。

一方、銀行の規模を抑制する方向に作用する銀行課税については、イギリス、フランス、ドイツは前向きだが、カナダを始め、金融危機の影響が軽微だった新興国等からは反発が強く、G20等の国際的な場では合意に至っていない。

オバマ大統領が「ボルカー・ルール」を公表してから、株式市場は金融機関の収益性低下と金融仲介機能低下による実体経済への悪影響の懸念から、一時的に大暴落を記録することとなった。一部の市場関係者は「オバマ・ショック」とまで呼んだが、金融規制の強化が長期的なアメリカ経済の発展に貢献するのか否かは現時点では判断できない。

連邦議会での立法化に向けた動き

ボルカー氏自身は否定しているが、この発表は極めて政治的な色彩が強いという見方が支配的である。すなわち、発表直前の二〇一〇年一月一九日に行われたマサチューセッツ州の連邦議会上院議員補欠選挙で民主党候補が敗れ、オバマ人気の陰りが鮮明になったことで、有権者にアピールするために金融機関バッシングを強化した、というのである。

マサチューセッツ州の補欠選挙は、二〇〇九年八月にエドワード・ケネディー氏が死去したことに伴うものだが、氏は民主党の重鎮であり（J・F・ケネディー大統領の実弟である）、二〇〇八年の大統領選挙の民主党予備選挙では、氏がオバマ氏を支持すると発表したことが、ヒラリー・クリントン上院議員が優勢だった序盤の選挙戦の流れを変えたとまで言われている。オバマ大統領としては、絶対に守りたかった議席を失い、しかもそのことで、上院で議事妨害（フィリバスター）阻止に必要な六〇議席を割り込んでしまった。

「ボルカー・ルール」の突然の発表は、国際社会にも動揺を与えた。従来のG7やG20ではそこまで踏み込んだ規制は合意されておらず、国際協調から単独路線に転換したのか、との声も聞かれた。金融機関の活動がグローバル化している中で、アメリカだけがこのような規制を導入すれば、アメリカの競争力が低下するのではないか、金融機関は活動のベースをヨーロッパ諸国に移すだけで、国際的な金融のシステミック・リスクの軽減にはならないのではないか、といった懸念も表明されている。しかも、ヨーロッパはユニバーサル・バンキング制度となっており、証銀分離には馴染《なじ》まない。この点については、アメリカがやや独走している印象も強く、各国の当局の間からも疑問の声が出ていた。

しかし、ホワイトハウスは三月三日、「ボルカー・ルール」を金融規制改革法案の中に入れるよう、連邦議会に要請し、三月一五日に上院銀行委員会議長のドッド議員がこれを組み込んだ法案（S.3217）をとりまとめ、五月二〇日、五九対三九で可決された。その後、両院協議会において、上院案と下院で二〇〇九年一二月に可決された法案（H.R.4173）とのすり合わせが行われ、六月二五日に合意に達し、下院では六月三〇日に再可決された。

金融機関に対する風当たりが強くなる政治風土の中、大恐慌以来となる金融規制改革は、当初の想定よりは金融機関に厳しい内容となった。金融システム上重要な金融機関はすべてFRBの監督下に置かれ、当該機関が問題を起こしそうな場合には、新設される金融安定監視協議会の三分の二の賛成により、FRBに金融機関を分割できる権能を付与した。デリバティブについては原則的に相対《あいたい》取引が禁止され、取引所を通じることで透明性を高めることとされた。また、消費者保護専門部局がFRBに設置されることとなった。

一方、「ボルカー・ルール」については、銀行業界のロビー活動の結果、自己勘定取引が中核自己資本の三%までは認められ、デリバティブについても、金利や為替のスワップのような本業と関連の深い取引については、銀行本体での実施が認められた。また、金融機関の破綻処理費用は納税者に負担をかけない方針が示されたが、銀行課税については六月二五日案で盛られた一九〇億ドルは削除された。

民主党の重鎮、バード上院議員の死去で審議が遅れたが、七月一五日に上院でも可決し、二一日に「ドッド=フランク・ウォール街改革及び消費者保護法」として成立した。

進展のないGSE改革論議

若干話がそれるが、アメリカの金融機関で「大き過ぎて潰せない」の代表格は、リーマン・ブラザーズでもAIGでもない。もちろん、ゴールドマン・サックスでもシティでもない。それはファニーメイ、フレディマックの二社である。金融危機の中心にいたポールソン氏が回顧録『崖っぷち（*On the Brink*）』の中で冒頭に書いたのはリーマン・ブラザーズの破綻ではなく、両社の経営危機問題であったことからも、その重みがわかる。

ファニーメイは、「Federal National Mortgage Association」（FNMA：連邦抵当金庫）、フレディマックは「Federal Home Loan Mortgage Corporation」（FHLMC：連邦住宅抵当貸付公社）の略称であるが、その名前が示唆する通り、連邦政府と密接な関連を有する企業である。政府支援企業（Government Sponsored Enterprise：GSE）とも呼ばれるが、株式をニューヨーク証券取引所に上場してきたれっきとした民間企業でもある。二〇一〇年六月に上場は廃止の方向が発表されたが、非上場の株式会社としてGSEの地位にあること自体は変わりない。この官とも民ともつかない特別な地位のために、両社は市場から低利の資金を調達することが可能となり、両社の発行した社債と住宅ローン担保証券（MBS）の合計は五・五兆ドルと、一一兆ドルのアメリカの住宅ローン市場の半分を占めるに至っている。

両社の発行した社債やMBSには連邦政府の明示の保証は付されていない、と明記されている。しかし、市場関係者は「暗黙の政府保証」の存在を信じてきた。今回の住宅バブル崩壊で、両社の経営危機が顕在化し、二〇〇八年九月には両社の経営陣は追放され、公的管理下に置かれることとなった。

公的管理下に置かれるのと引き換えに、財務省からの優先株出資が可能となり、債権者の立場は、かなり強く保護されることとなった。これにより、暗黙の政府保証は結果的には実現されたと見られている（二〇〇九年のクリスマスイブに、米財務省は向こう三年間、両社が赤字になった分は青天井で補塡すると公表している）。二〇〇八年第3四半期から二〇一〇年第1四半期までに注入された公的資本は一四六九億ドル（ワラント対価の二〇億ドルを含む）に達し、これは、二〇一〇年五月に発表されたギリシャへのEUとIMFへの支援枠一一〇〇億ユーロに匹敵する金額である。

アメリカの金融規制改革の中で、両社の将来像をどうするのかは現時点では不透明である。なぜなら、アメリカの民間証券化市場はサブプライム問題で壊滅的な打撃を受けており、銀行部門も住宅価格が下落を続ける中で新規の貸出には慎重な姿勢を崩していない。住宅市場の回復には両社の機能が欠かせない中、不用意に組織改革を行おうものなら、両社の資金調達に混乱をきたし、それが住宅市場の二番底を招く恐れがあるからである。両社はオバマ政権が掲げる差し押さえ抑制策の中でも中核的な役割を担っており、今潰すわけにはいかないという点については、すべての関係者が了解している。

しかし、「このような重要な役割を果たす組織に、それ相応の人材を確保し続けるには、業務に見合った報酬を支払う必要がある」として、監督官庁である連邦住宅金融庁（FHFA）は、米財務省とも相談のうえで、同じクリスマスイブに、両社のCEO（最高経営責任者）に六〇〇万ドルの報酬を認可してしまった。このことがアメリカの有権者の怒りを買い、メディアからも叩かれることとなった。そこで、下院の金融サービス委員会議長のバーニー・フランク議員は、二〇一〇年一月に「両社の廃止も含めて検討」と声明を出した。

ファニーメイ廃止発言の背景

バーニー・フランク議員は、アメリカの金融制度改革論議において飛車角クラスの重鎮である。もう一方の飛車角クラスは、上院の銀行委員会議長、クリストファー・ドッド議員である。ところが両者とも、二〇〇八年にカントリーワイドというノンバンクから優遇ローン（ＶＩＰローンと向こうでは報じられている）を受けたことが暴露され、政治的に苦しい立場に立たされた。両名ともファニーメイ、フレディマックの強力な支援者だった。

しかし、両社への公的資金注入が増えるに従い、両社を支援し続ける候補には投票しないという納税者が増えるという世論調査も出てきて、ドッド氏は、次の選挙では勝てないから引退しろと民主党首脳部から説得されるに至った。氏は二〇一〇年一月、改選となる二〇一〇年一一月の中間選挙には立候補しないことを正式に表明した。ドッド氏はコネティカット州選出だが、その隣がマサチューセッツ州である。マサチューセッツ州選出の下院議員の一人がバーニー・フランク氏である。民主党の地盤であるマサチューセッツ州で、故ケネディ氏の弔い合戦であった上院議員補欠選挙で敗北したことは、フランク議員の危機感に火をつけたであろう。それがファニーメイ廃止発言につながったと見られる。

二月の大雪で延期されていた両社の改革に関する下院の公聴会が、三月二三日に開催され、ガイトナー財務長官が議会証言を行った。共和党からは、両社を公的管理下に置いてから一八カ月も経過しながら具体的な改革案を提示しないことに猛烈な批判が出たが、ガイトナー氏は冷静に、将来的には公的使命と株主利益の極大化という矛盾は解消されなければならないものの、住宅市場への連邦政府の関与は一定程度必要である、という立場を譲らなかった。歴史的に両社がアメリカの住宅金融市場、特に証券化市場の標準化と透明性向上に貢献した点は高く評価しており、よいところは残しつつ、問題のあったところだけを是正するというスタンスが垣間見られた。

四月九日に連邦議会の金融危機調査委員会でファニーメイの元幹部と監督機関のトップが証言したが、おおむねガイトナー氏の証言に沿った内容であった。共和党の有力上院議員であるマケイン、シェルビー、グレッグ氏らは、二年以内にGSEの公的管理を終了し、財務的に立ち行かない場合は清算することを提言する法案を提出したが、上院本会議で四三対五六の反対多数で否決された。米財務省は、アメリカの住宅市場の将来像について超党派的な合意を形成すべく、四月からパブリック・コメントを開始したが、五月二四日付の『ウォール・ストリート・ジャーナル』紙では、「両社が提供する三〇年固定金利ローンはアメリカ人にとって公民権の一部のようなもの」という連邦政府元高官の意見が紹介されるなど、アメリカ人にとって「マイホーム＝アメリカン・ドリーム」という信仰はまだ根強く、簡単に結論は出そうにない。いずれにしろ、両社の改革は、金融規制改革法には含まれなかった。二〇一一年一月に改革法案を出す方向で調整中である。

余録——ロシアの陰謀

ポールソン前財務長官は『崖っぷち』の中で、二〇〇八年八月のファニーメイ、フレディマックの経営危機に際し、ロシアが中国に両社の社債を売り浴びせるよう煽動《せんどう》したことを暴露した。北京オリンピックで訪中していたポールソン氏に中国当局がそのような陰謀を教えたとされ、ポールソン氏は盗聴を恐れて、帰国後にブッシュ大統領に報告したとされる。

中国はロシアの煽動に荷担しなかったとされる一方、ロシア側はこの内容を否定している。ロシアや中国はGSE債を大量に抱えており、売り浴びせることで米政府が両社の支援に乗り出すことを促そうとしたとも記されている。同時期にロシアはグルジアに侵攻しており、外交戦略の一環としてブラフをかけた可能性もある。

米財務省の統計によれば、GSEの経営危機が始まった二〇〇八年七月以降、ロシアが突出してエージェンシー債を売り越したという事実はない。ロシアは二〇〇八年九月にGSEが公的管理下に入った後で、ゆっくり処分を進めているが、ポールソン氏の話が本当なら、ロシアはブラフにより、米国政府のGSEへの支援を引き出すという所期の目的を達成したことになる。真相は闇の中であるが、経済が政治に翻弄《ほんろう》されるという逸話として興味深い。

財政健全化

オバマ大統領は、二〇一〇年一月の施政方針演説、そして同二月の予算教書において、アメリカの財政赤字拡大について強い懸念を示し、一部の歳出については三年間凍結し、一〇年間で財政赤字を半減させると訴えた。第1章でも触れた通り、金融危機対応として緊急避難的に財政支出を拡大せざるをえなかった部分はあるにせよ、金融市場の混乱が一定に収束していく中、今度は市場のリスクがソブリン（国家）に肩代わりされていることに世界の関心が集中してきている。ギリシャがその代表例であるが、拙速な出口戦略の実施が景気回復の腰を折って二番底に陥る懸念がある一方で、財政規律が損なわれつつあることへの懸念も強まっている。二〇一〇年四月には、全国財政責任・改革委員会を設立し、財政再建への道筋について、ゼロベースで議論を進めると発表した。しかし、循環的な景気後退に対する財政出動と、構造的なデフレ型の不況に対する財政出動では意味合いが違うという意見もある。

そもそも、財政赤字が拡大しても、政府の資金調達が国内貯蓄で賄われている限りは、為替相場への影響は限定的である。その代表例が日本であり、日本国債は二〇一〇年三月末時点で九五・四％（速報値ベース）が国内で保有されている。いくら財政赤字が拡大しても、日本国債を売り浴びせて円をドルに戻すような動きは一般的ではないため、そのこと自体を原因として円安になったことはない。

一方、アメリカの場合は、米国債の半分を海外投資家が保有しており、アメリカの財政規律への不安が高まれば海外投資家が米国債を売りに回ってドルが暴落するというシナリオは今でも広く信じられているように見受けられる。しかし、現在、質への逃避から米国債への需要は強い。仮に海外投資家が保有を減らせば、国内の投資家がそれに代わって保有を増やすことになるだろう。その場合、アメリカにとって、貯蓄のプールが小さくなるので、金利は上がるだろうが、ドルは金利高から強くなるかもしれない。ただ、財政規律の弛緩《しかん》によって、リスク・プレミアムが上昇する場合は、金利の上昇とドル安が同時に起こるであろう。

途上国では、財政赤字によって国内の総需要が総供給を上回り、輸入超過によって経常収支が赤字となり、それがある限度を超えると対外支払いに窮して通貨危機に陥ることがよくある。八〇年代のラテンアメリカの債務危機が典型例である。これに対し、九四年のメキシコ危機や九七〜九八年のアジア危機は急激な資本の流出によって引き起こされた資本収支危機であり、二一世紀型危機と呼ばれる。この資本収支危機では、必ずしも財政赤字による過剰消費が危機の主因ではない。アジアでは、ドル・ペッグ（固定相場）制のもとでの資本流入によるバブルの発生の方がより深刻な問題であった（第4章で詳述）。

先進国では、途上国に比べて金融市場の安定性が高いので、財政赤字が原因で経常収支赤字になっても、すぐに通貨危機になるわけではない。特に、アメリカの場合は基軸通貨国なので、一層、経常赤字に対する耐久性は強い。

余談ながら、アメリカの財政赤字に比較的大きなインパクトを与えるのが軍事費で、特に八〇年代以降は軍事費と財政赤字の対GDP比にはかなり強い相関がある。軍事費が拡大して財政赤字が拡大するのは当たり前と言えば当たり前だが、軍事費の拡大でアメリカの国際政治でのプレゼンスが高まると「強いドル」へ海外の資金が集まる側面もある。ちなみに、仮にアメリカが軍事費をGDPの三%以内に抑制していたと仮定し、物価上昇率でその差額を割り引くと、一九五〇年から二〇〇九年までの累計で一一兆ドルになり、連邦政府の債務は帳消しになる計算となる。

よく「有事のドル買い」と言われるが、過去の為替相場を見る限り、必ずしも国際政治情勢の緊張感の高まりが持続的なドル高にはつながっていない。多くの国際紛争には「世界の警察」としてアメリカが関与しており、米軍の派遣による軍事費増大はアメリカの財政赤字拡大をもたらすため、「有事のドル買い」の効果を一定に相殺する部分もあるのだろう。

財政収支と経常収支

また、経常収支は、国内外の民間部門と公的部門の両者の行動とその相互作用によって決まる。だから、財政が赤字だと、経常収支も赤字になるというわけではない。たとえば日本では経常収支は黒字だが、財政赤字は先進国で最悪の部類である。たまたま一九八〇年代初頭の「双子の赤字」が発生したアメリカのケースが強く印象に残っているが、国内の景気が

図2-1●財政赤字と経常収支赤字

（資料）米商務省、OMB

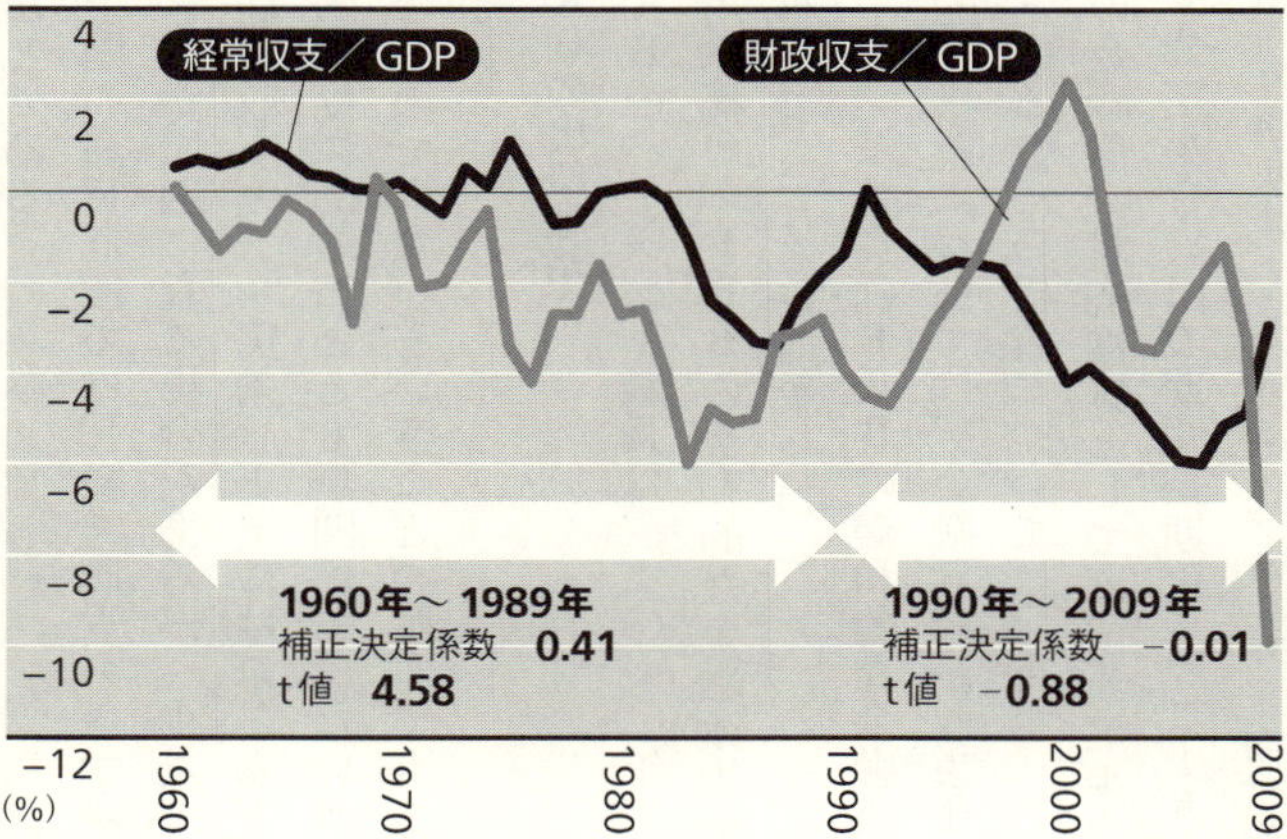

悪く財政出動が必要となり、そのために財政赤字が拡大するような局面では、国内消費が低迷して輸入も減っているはずで、経常収支は黒字になっているというケースもあろう。

もちろん、石油危機のように輸入価格が急騰するという供給ショックで不景気のうえに輸入が増えて経常収支も悪化する場合もある。ただ、平時においては、少なくともアメリカでは財政収支と経常収支の相関は弱く、そのことは第1章で引用した二〇〇五年のバーナンキ氏の講演でも触れられている。アメリカの財政赤字と経常収支赤字の関係を見ても、一九八〇年代まではある程度の相関が見られたが、九〇年代以降はほとんど相関がなくなっている（**図2−1**）。民間部門の貯蓄投資行動が経常収支に与える影響が相対的に大きくなったためと思われる。たとえば、住宅バブルなどである。

途上国の通貨危機では、経常収支の赤字やその裏側としての資本収支の黒字（資本流入）の大きさが原因になる場合があるが、少なくともアメリカについては、過去の統計で見る限り、経常収支とドル実効レートにはほとんど相関がない。このことはドルが基軸通貨という特権的地位にあることとも無関係ではないが、為替は一つや二つの変数で説明できるような単純なものではないということの証左でもあろう。

ＦＲＢの出口戦略

ＦＲＢのバーナンキ議長は、二〇一〇年二月一〇日の「ＦＲＢの出口戦略」と題する議会証言用原稿で、ＦＲＢの緩和的な金融政策に対する「出口戦略」を公表した（議会証言は折からの大雪で三月に延期された）。

バーナンキ議長はＦＲＢの緩和的な金融政策について、①金融危機に対応するための緊急避難的な措置については、金融危機が収束するに従い順次撤廃していく一方、②景気回復を下支えするための措置については、市場への影響を勘案して、当面継続する考えを示した。

①の金融危機対応措置としては、公定歩合とＦＦ金利のスプレッド縮小（一〇〇bp→二五bp）や公定歩合貸出の期間長期化（翌日→九〇日）、さらには各種流動性供与策（ターム物入札方式＝ＴＡＬＦ、プライム・ディーラー向けの与信＝ＰＤＣＦ、海外中央銀行との通貨スワップ

等）を導入した。しかし、各種流動性供与策の多くは、二〇一〇年二月一日までに廃止されている。最も遅い商業用不動産融資担保証券（CMBS）の新発債への支援も同六月末には終了する（ただし、通貨スワップについては、ギリシャ問題で暫定的に復活したことは第1章で述べた通り）。

一方、②の景気回復のための下支え措置としては、利下げ（FF金利：五・二五％→〇～〇・二五％）や米国債購入（三〇〇〇億ドル）（＝量的緩和策）、エージェンシーMBS（一・二五兆ドル）とGSE社債（一七五〇億ドル）購入＝（信用緩和策）を導入した。こちらは、早期に巻き戻す方針は示されていない。

これらの景気刺激策によって、インフレや新たなバブルが発生する懸念が発生した場合には、リバース・レポ（国債等の債券を将来買い戻す約束）で保有債券を市場に売りに出す、あるいはFRBに対する準備金に対して付している利子を引き上げる、さらにはFRBへの預金（準備金ではない）制度の創設も検討することにより、過剰流動性を吸収する手段があるとして、早期正常化を主張するタカ派の懸念を緩和している。

そうした中で、二〇一〇年二月一八日に、公定歩合を翌一九日から〇・二五％引き上げて〇・七五％にすると発表した。同時に、公定歩合による貸出の期間も、三月一八日には翌日（Overnight）に戻すと発表した（従来は翌日だったのを、金融危機を受けて一時期は最長九〇日まで延長していたが、二〇一〇年一月一四日には二八日に短縮していた）。

政策金利であるFF金利ではなく、「最後の貸し手」としての機能である公定歩合の利率をまず引き上げたことは、金融の正常化に向けた第一歩としては安全策をとったと言える。有事の対応としてのバランスシート拡張を縮小に向かわせないうちに、平時の対応である金利を引き上げるというのは順序としても整合性を欠く。

FRBのバランスシート拡張は、リーマン・ショック後の金融市場の極度の緊張を緩和するのにはかなり効果的だった。しかし、民間の資金需要が弱い中では、マネーサプライを増加させて景気回復を牽引するには至っていない。むしろ、中央銀行、そして通貨への信認が揺らぐ根源になりかねないリスクの方が高まりつつある。実際、FRBのバランスシートの規模(≒マネタリーベース)拡大と比較すると、市場に流通する資金(ここではM2)はほとんど変化がない。従来は一〇倍程度あった貨幣乗数が半分くらいに低下しており、金融政策による景気刺激や物価下支えには一定の限界があることを示唆している。

家計貯蓄率改善による国債国内消化

アメリカの財政赤字拡大の結果、米国債が大量発行され、米ドルが暴落、というシナリオに対しては、アメリカ国内で米国債が消化できれば問題が顕在化しないのではないかといった議論がある。日本の国債発行残高は対GDP比で見てアメリカの二倍を優に超える水準にあるが、日本の長期金利(一〇年国債の流通利回り)はこれまでのところ一%台前半で低位安

図2-2●日米貯蓄率の比較

（資料）米商務省、内閣府

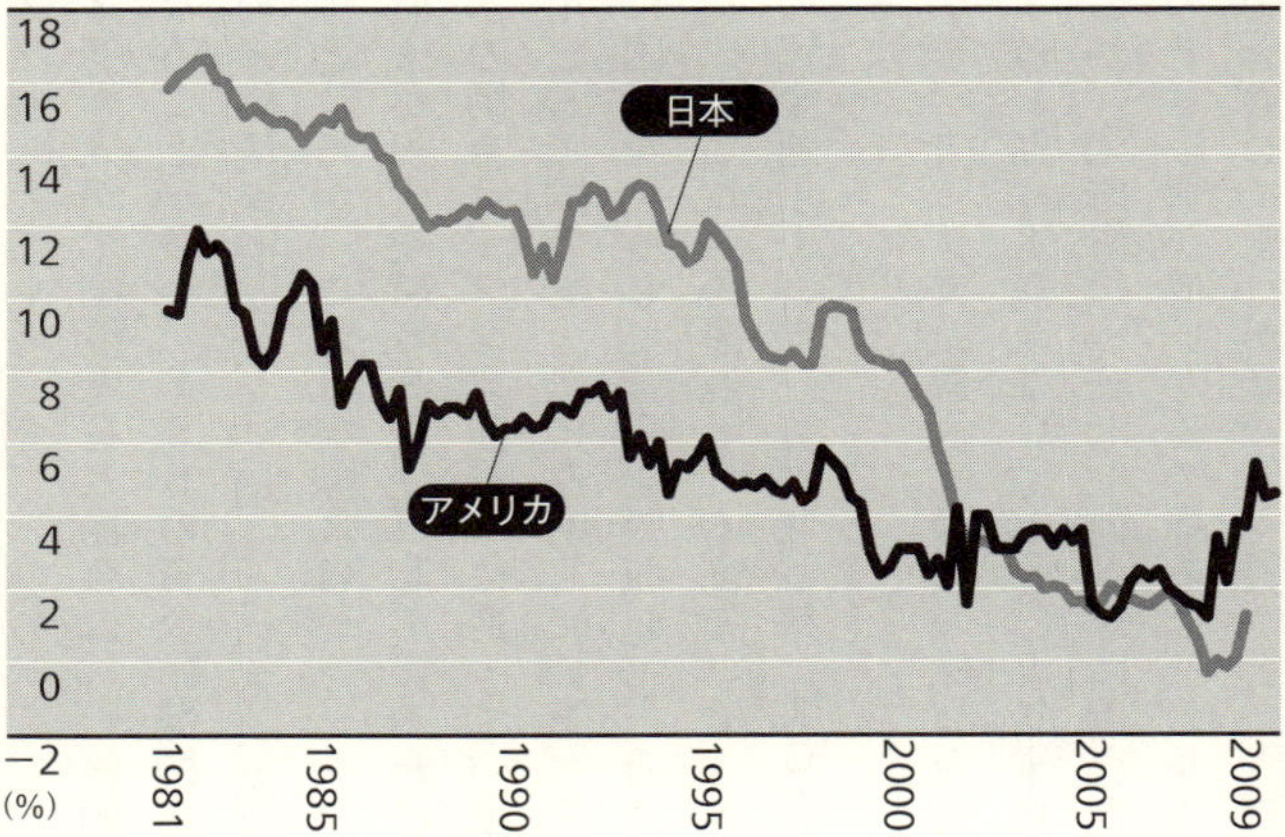

定している。ここで鍵を握ると見られているのが家計部門の貯蓄率である（図2—2）。

アメリカ人の過剰消費は、たとえばGDPに占める個人消費支出の比率が七割を超える（日本は六割程度）ことに顕著に現れているが、マクロベースでの貯蓄率（貯蓄額の可処分所得に占める比率）を見ると、一九八〇年代後半から低下し始め、今世紀初頭にはほとんどゼロとなっていた。これは、資産価格が上昇する中で、あえて今の消費を我慢しなくても、資産を担保に借入をすればよい、あるいは最悪でも資産を売却すればよいといった考えに基づき、倹約しなかったことの裏返しでもある。この資産効果が、今回のバブル崩壊で歯車の逆回転を起こし、結果的にアメリカ人の貯蓄率は改善することとなった。足下では、日本よりもアメリカの方が貯蓄率が高い状況にあると見られている。

アメリカ人が米国債を買う場合は、一般的には投資信託（MMF）等を通じた間接的な保有となることが多い。FRBの資金循環勘定を見ると、金融危機後に「家計およびNPO」部門の米国債保有が大きく増えている（反対にエージェンシー債を大量に売却している）ことが見てとれるが、これは実際にはヘッジファンドがここに分類されているためであって、普通の個人が国債やMBSを売買しているわけではない。

日本の場合は、デフレ経済下にあって、銀行が新規の貸出先を確保するのが困難な中、資金運用として国債を大量に保有している。それは、民間の資金需要が弱いために、政府が代わりに国債を発行して資金を吸収して、それを公共事業や社会保障費として消費する、という構造にあることの裏返しでもある。BIS規制上、国債のリスク・ウェイトがゼロなのも、銀行の資金運用上、自己資本収益率（ROE）を高めるという観点から、国債投資の合理性を高めている。

しかし、アメリカの銀行は国債の保有を長期的に減らしてきており、総資産に占める国債の比率は一％にも満たない。二〇〇九年末現在で、エージェンシー債は一・二兆ドル保有しているが、米国債は一一七七億ドルに過ぎない。それはエージェンシー債と比較した場合の国債のリターンが低いからである。このルートから見れば、個人の貯蓄率が上がっても、銀行預金を通じて銀行が米国債を買うという流れにはなりそうにない。それでも、オバマ大統

図2-3●国際金融システムのトリレンマ

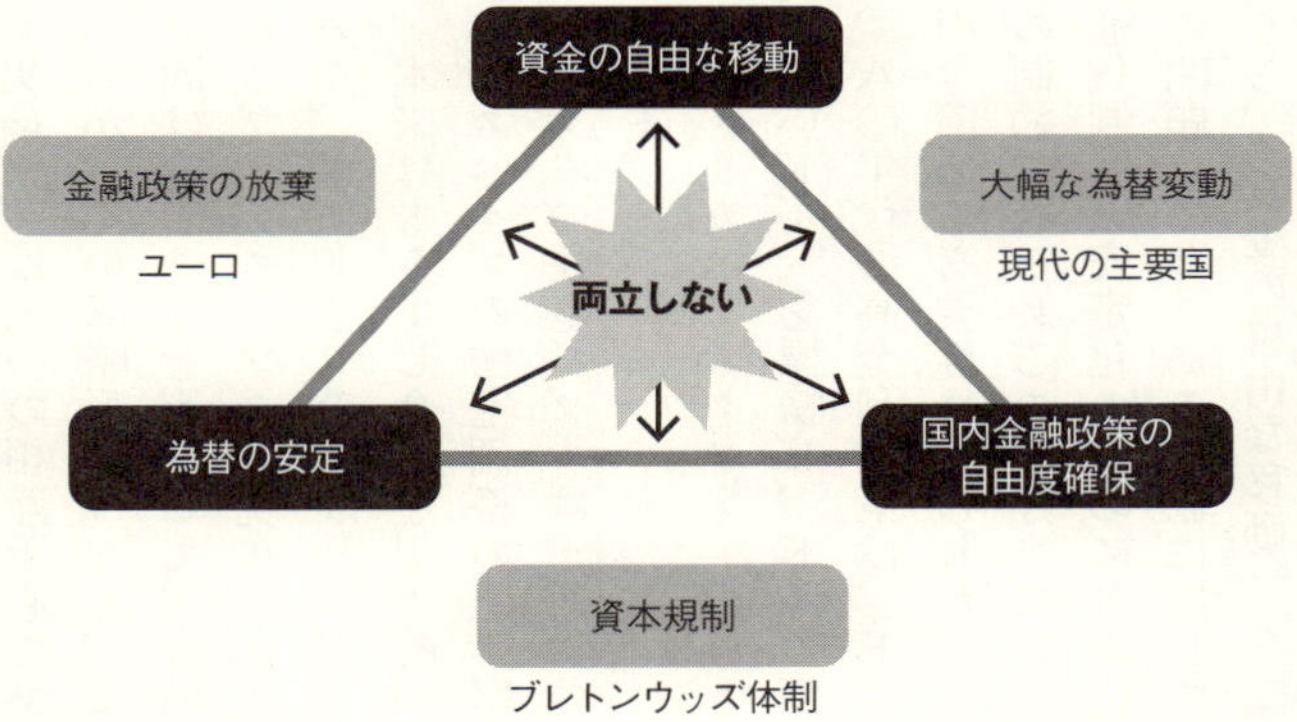

領はアメリカの貯蓄率向上を目指しており、退職に向けた貯蓄奨励等の施策も打ち出している。

米国の家計部門の可処分所得は一〇兆ドル強で、仮に貯蓄率が五％上昇すれば五〇〇〇億ドルの資金量となる。他の投資主体も一定に購入し続けることを前提とすれば、このうちの何割かが米国債に向かえば需給関係を一定に緩和することはありうる。しかし、足下では株価の回復に安心したのか、貯蓄率の回復も頭打ちになりつつあり、決して楽観できる状況にはない。

国際金融のトリレンマ

国際金融システムには、トリレンマ（trilemma）がある、と言われる。「資金の自由な移動」と「為替の安定」、それと「国内金融政策の自由度確保」の三つを同時に満たすのは困難、という意味である（図2—3）。ジレンマ（dilemma）は二つ、トリレンマは三つの相互矛盾である。六三ページで触れた「トリフィンのジレンマ」と似ているが、その省略形ではなく、まったく別の概念である。

ユーロ圏は前者二つを選択して、金融政策をECBに一元化した。たとえばドイツの中央銀行であるブンデスバンクは現在も存在するが、金融政策を決定する権限はない。ただ、今世紀に入り、主にドイツの低成長に引っ張られる形でユーロ圏の政策金利が低めに誘導された結果、本来はもう少し金融を引き締める必要のあった南欧諸国でバブルが発生したとの批判もある。スペインの住宅価格の上昇率はアメリカよりもはるかに高かった。南欧を中心としたヨーロッパの住宅バブルは、通貨の安定のために独自の金融政策を放棄した代償であったとも言える。

一方、アメリカは、ニクソン・ショック後は為替の安定を断念したと言えるが、それでも時には「強いドル」を標榜し、ドルの価値を維持しようとする努力を続けてきた。見方によっては、八〇年代の高金利政策は、ドル安による輸入インフレを防止するために国内の金融政策を引き締める必要性に迫られた、と見ることも可能だ。しかし、基本的にアメリカは他国からの制約で縛られるのを好まない国である。

国際通貨制度の安定化のために金本位制に復帰すべきといった意見もある。金本位制に戻す場合の問題点は多々ある。仮に戻して「為替の安定」を追求した場合にも、前述のトリレンマのうち、「資金の自由な移動」と「国内金融政策の自由度確保」のいずれを放棄するのか、不透明である。また、アメリカは対外純債務国であり、その対外負債超過額は二兆七三七八億ドルに上る。仮に、金を一トロイオンス一一〇〇ドルで計算すると、これはほぼ八万トンに相当する。米財務省によれば、アメリカの外貨準備における金の保有量は二〇〇九年末時点で八一三四トンとなっている（日本の外貨準備に占める金の保有量は七六五トン、中国は一〇五四トン、IMFは三〇〇五トン保有と公表している）。この巨額の金融負債を解消しない限り、ニクソン・ショック前と同様に金兌換請求が来ればアメリカは対応できない。金の現存量という物理的な制約からも金本位制への復帰は現実的ではない。ちなみに、アメリカの外貨準備高は二〇一〇年六月二五日時点で一二四九・七〇億ドルとなっているが、これは金の簿価を一トロイオンス四二・二二ドルで換算しているためである。仮に時価で換算すれば、四〇〇〇億ドル超になるが、それでも日中とは桁が違う。基軸通貨国として、外貨準備を潤沢に保有する必要のないことの裏返しでもあろう。

チャレンジを受けるドル

金はやはり難しいと考えると、当面はドルが基軸通貨として機能し続けるしかない。それにチャレンジしうる存在があるとすれば、ユーロと人民元であろうが、ヨーロッパは今後少子高齢化の進展で経済成長が低下していくと見込まれている。そうでなくても、ギリシャやポルトガル、イタリア、スペイン等の財政問題でユーロの信認そのものが揺れている。

若干脇道にそれるが、「IMFのSDR（特別引出権）を基軸通貨に」という議論が一部にある。しかし、SDRは加盟国間での決済にのみ有効な通貨単位で、民間の国際金融取引には無縁なのが現状である。ある意味、エスペラント語がいつまで経っても国際共通言語には成長しないのと同じ性質をもつものかもしれない。言語で世界の共通の言葉は英語であり、それは現実の世界で使われていくことで、その汎用《はんよう》性が一層高まっている。ドルの地位もそれとのアナロジーで、説明できる。

また、SDRは実際の通貨の比重をかけて算出されるが、その六割程度はドルが占めている。よって、SDRが仮に広まったとしても、それがドルのみを市場から駆逐するような形で広まらない限り、ドルの地位が脅かされることはない。

IMFの世界経済見通しでは、二〇一四年においてもアメリカの世界のGDPに占める比率はたいして変わらないものの、ユーロ圏はやや地盤沈下が進むと見込まれている。それに代わるのは中国であり、向こう五年間の世界の経済成長の四割は中国の寄与分と見込まれている。今回の金融危機に際しても、二〇〇八年秋にいち早く四兆元（当時のレートで約五七兆円）の経済対策を打ち出し、世界経済回復の牽引車となったことで中国の発言力は一層増している。二〇一〇年中にはGDPでも日本を抜いて、世界経済はアメリカと中国のG2体制となる見込みである（購買力平価で換算すれば、二〇〇一年には日本を抜いていたと見られる）。外貨準備も二兆ドルを超えているが、ではその中国の人民元がドルを代替しうるかというと、それはまったく別の問題である。

人民元がドルをすぐには代替できない最大の理由は、人民元が海外ではほとんど流通していない＝流動性がない、という事実である。中国は貿易黒字国なので、外貨を稼ぐことはあっても、海外に人民元で支払う分が少ない（為替管理政策については第4章で触れる）。人民元がドルを代替するためには、中国が内需を拡大してアメリカのように海外から大量の輸入をするような体質に変換していくことが必要となる。ただ、急激にそのような政策変更を行えば、バブルが発生するのは日本の例からも明らかである。また、中国の内需拡大といっても、アメリカへの輸出向けの製造ラインはあくまでアメリカの消費者をターゲットとしており、簡単に中国の個人消費向けに転換できるのか、といった問題もある。

二〇〇九年のアメリカの貿易赤字は三八〇七億ドルと前年の六九五九億ドルから四五％減少したが、そのことが世界経済に大きなマイナスの影響を与えた。逆に言えば、それまでアメリカは自国の市場を開放することで、世界経済に大きな恩恵を与えてきた。この約三〇〇〇億ドルという減少幅は日本や中国にとってはＧＤＰの六％程度に相当する。今のところ、中国は中国であって、いい意味でも悪い意味でも、東洋のアメリカにはなりそうにない。

そもそも、アメリカが国際社会の覇権を中国に譲ろうとする気配はまったくない。中国の経済力が強まるとはいえ、仮に今後、アメリカが三％、中国が八％の成長を続けたとしても、人民元の大幅な切り上げがない限り、二〇三〇年になってもまだアメリカのＧＤＰの方が中国よりも大きい。しかも、中国は一九七九年から導入した「一人っ子政策」で人口構造に歪みがある。知り合いのヨーロッパのエコノミストは、「一人っ子政策の際に、男子が選好されたために、今後は結婚できない成人男性が増えて社会が不安定化する」と見ている。国連のデータによれば、中国の二〇~四四歳の男性超過率は今後さらに上昇していくと見込まれており、あながち無視できない要素かもしれない（図2―4）。生産年齢人口比率についても、国連の推計では二〇一二年にピークアウトすると見られており、一五~六四歳の生産年齢人口がそれ以外の年齢階層に対して高い比率をもつ時期に経済が大きく成長するという「人口ボーナス」の効果も剝落《はくらく》していく。

いずれにしろ、アメリカの覇権が揺らぎつつあるのは事実だが、ドルが基軸通貨としての地位を失うのは近い未来のことではないように思われる。ポンドからドルに基軸通貨が移行するのには、二度の世界大戦をはさんで数十年を要した。プラザ合意のような形で、人民元がドルに対して切り上がることがあれば、それはドルの本格的な凋落を招くかもしれない。その場合、中国はアメリカの同盟国ではないので、プラザ合意後の日本とは違って、切り上げる以上は相応の政治的な対価を要求してくるかもしれない。しかし、日本の失敗を見てきた中国が安易に為替の大幅な切り上げに応じるとは考えにくい。仮に円が二四〇円から一二〇円に切り上がったような大幅な為替調整が起これば、中国のGDPは九兆ドルに跳ね上がる。そのような現象はワシントンも好まないだろう。

図2-4●主要国の20～44歳の男女別人口構成比の差

（資料）United Nations, Department of Economic and Social Affairs, Population Division (2009). World Population Prospects: The 2008 Revision, CD-ROM Edition.
より作成

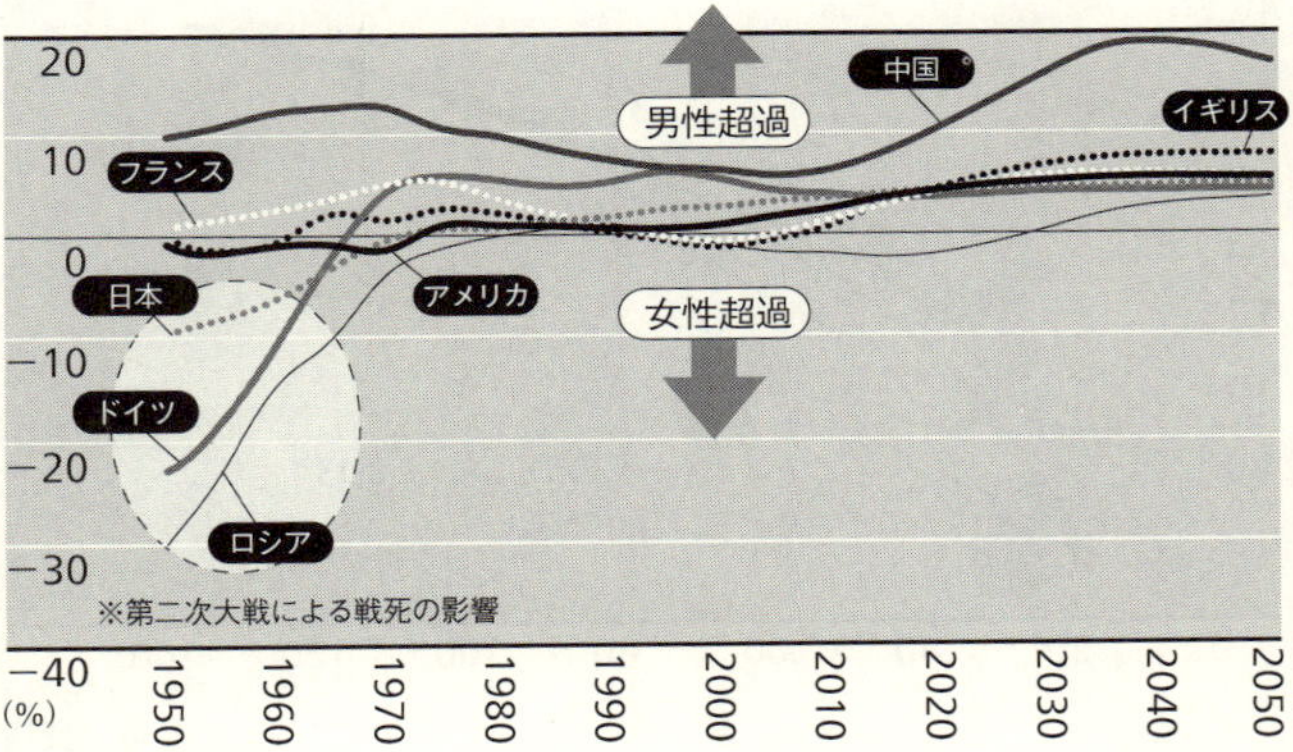

基軸通貨の三要件（交換機能、価格表示機能、価値保蔵機能）のうち、前の二つについては、ドルは若干のチャレンジを受けている。

一部の国では、石油決済の代金をドルからユーロに変更しようという動きもあり、それが本格化すれば交換機能、そして価格表示機能の観点からドルの地位は低下する。しかし、そのような動きに対しては、アメリカは政治的、場合によっては軍事的な圧力で対抗することが想定される。

すでに述べたように、外貨準備に占めるドルの比率は一昔前に比べれば低下しているものの、まだ世界で六割を占めている。ドルが下落する懸念から他の外貨に分散する動きも一定にあるが、価値保蔵としては外貨でなく、金やその他のコモディティー（商品）でも構わない。現に、ドルが売られると金や原油価

図2-5●ドル・ユーロ相場と原油価格（2000年～2010年5月）

（資料）米エネルギー省、FRB

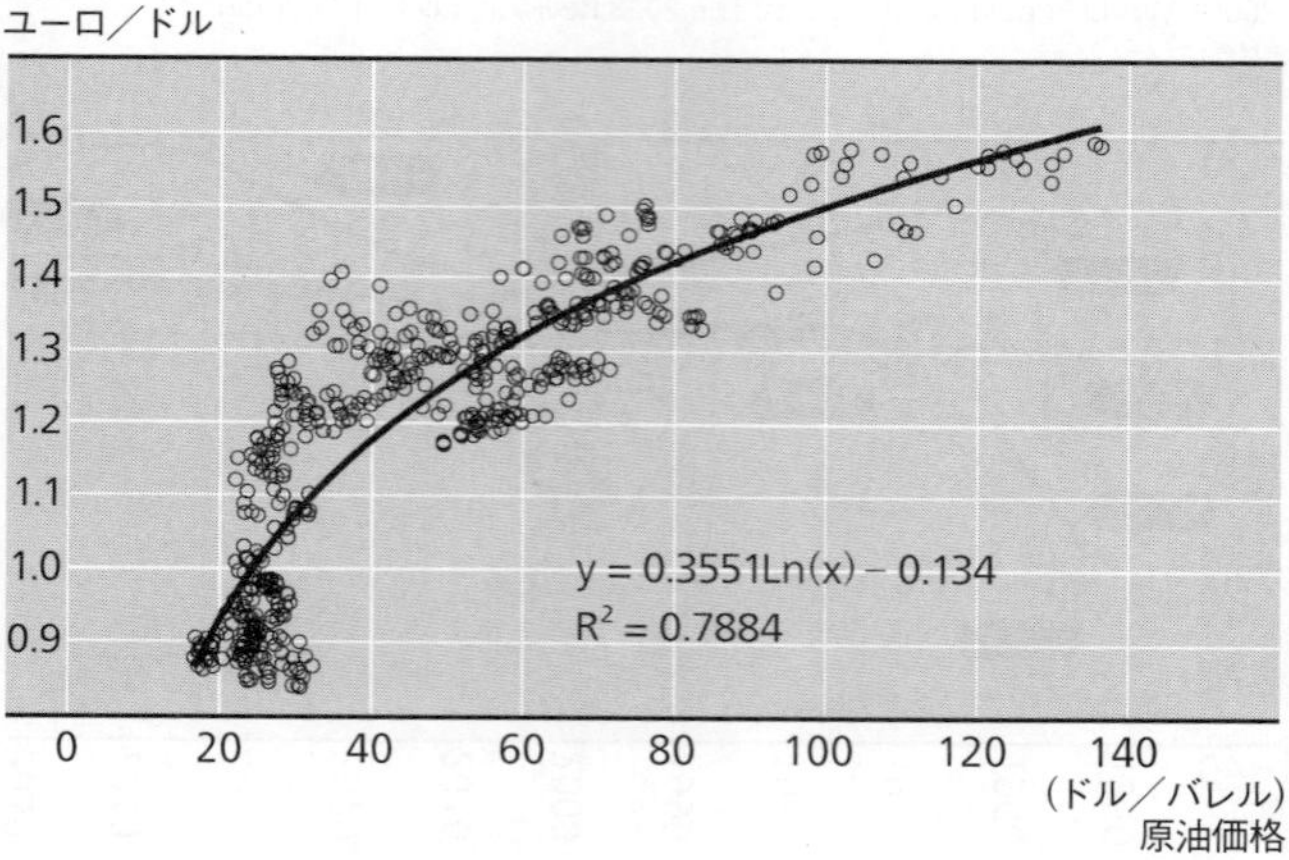

格が上がるという関係が比較的多くの時期に観測される（図2—5）。ただ、そのような一次産品についても、量的な制約があることはすでに述べた通りである。当面は、これまで同様、消去法でドルが選択され続けるしかないということになろう。

しかし、もう一度アメリカを金融危機が襲い、一九三八年不況のような深刻な二番底に陥れば、世界の構図は大きく変わる可能性もないではない。その帰趨《きすう》は、アメリカがバランスシート不況を克服できるか否かにかかっている。

第3章　ユーロの課題と展望

I——ユーロ圏は最適通貨圏か

最適通貨圏とは何か?

ユーロの国際通貨としての実力を測る際に、最適通貨圏の議論が問題となる。最適通貨圏とは、通貨統合のメリットが通貨統合のコストを上回る地域のことである。そもそも国をまたがる通貨統合は個々の国家と国民経済にとってどのような意味をもっているのだろうか。基本的に主権国家はその国の統一を象徴する独自の通貨をもっている。イギリスのポンド紙幣にはエリザベス女王の肖像が印刷されている。

ソ連が崩壊して、多くの独立国家に分かれた時、それぞれの国が独自の通貨を発行した。旧ソ連時代、連邦を構成する各共和国は計画的にコンビナートなどの分業体制を敷いていたので、ソ連崩壊後一つの経済圏内で多くの通貨が乱立するようになって、経済の混乱が助長された。しかし、独自の通貨の発行は、民族の独立を象徴するものであったので、経済的な取引の不便にもかかわらず、独自の通貨が発行されたのだ。こうしてみると、通貨は国家主権と密接に関わっており、その存廃は優れて、政治的な営みである。

一方、歴史的に見ると、封建時代には国内に多くの通貨が乱立していたものが、中央集権国家が形成されるに従い、国内の通貨が統一され、国民経済が成立してきたという経緯がある。通貨圏は経済圏の成立と不可分であり、多くの場合、主権国家の国境で囲まれた範囲が一つの経済圏を構成する。しかし、国境を越えた経済取引が活発な場合には、国境を越えて活発な経済取引が行われる地域で共通の通貨を採用する経済的なメリットがそのデメリットを上回る場合が考えられる。これが、最適通貨圏の議論であり、カナダの経済学者であるロバート・マンデルが一九六〇年代に最初に理論化し、欧州通貨統合の理論的支柱となってきた。

ここで言う経済取引には生産物の取引である貿易に加え、生産要素である労働や資本の移動が含まれる。モノ、ヒト、カネの取引が活発な地域は一つの経済圏を形成し、最適通貨圏となりうるのである。ところで、通貨統合の経済的なデメリットとは何だろうか。一言で言うと、通貨統合に参加する国が、独自の金融政策をとれなくなることである。それでは、金融政策は完全雇用や物価の安定といったマクロ政策の目標とどのような関係があるだろうか。為替レートの調整や金融政策は経済の均衡を維持するための重要な手段である。為替レートが切り下がると、輸出が増え、輸入が減る。経常収支が改善し、国内の生産と雇用は上昇する。中央銀行が政策金利を引き下げると、市場金利が低下し、金利に敏感な消費支出や投資支出が刺激される。

ここで、国際的な資本移動と為替レート、金融政策の三者の関係が問題となる。国際マクロ経済学では、①自由な資本移動、②為替レートの安定（固定相場制）、③独立した金融政策、の三つをすべて同時に満たすことはできないというトリレンマが知られている。自由な資本移動によって、為替レートが影響を受ける時に、金融政策という一つのマクロ政策手段で、為替レートと国内物価の安定という二つの目標を同時に達成することが困難になるためである。通貨統合とは、共通通貨圏内で、前記①と②を選択して、③を犠牲にするという選択である。通貨統合によって、参加国間通貨の交換レートは通貨統合時の交換比率で固定され、一つの通貨になってしまうのだから、究極の固定相場制である。

そのため、共通通貨圏内では、参加国間でマクロ経済状態が異なる場合、それを是正するために、為替調整や各国独自の金融政策を使うことができないという問題が生じる。二つの例で考えてみよう。

〈例1〉スペインで住宅ブームが起こって、他の欧州諸国から資本が流入し、景気が過熱して物価が上昇したとしよう。もし、スペインが通貨統合に参加していなかったとしたら、中央銀行は政策金利を引き上げ、為替レートも強くなったであろう。これによって、景気の過熱が抑えられ、物価が沈静化する。

〈例2〉通貨統合以前に、ドイツとフランスの間でドイツの製品の需要が高まり、フランスの製品の需要が低下するショックが起こったとしよう。放っておくと、ドイツでは雇用が高まり、完全雇用の水準を越えると物価の上昇が起こる。他方、フランスでは、失業が生じ、貿易赤字になる。この場合、ドイツ・マルクの対フランス・フラン為替レートを切り上げれば、両国とも国内の完全雇用と物価の安定を達成し、同時に貿易不均衡も解消できる。

こうした例でわかるように、通貨統合を実施すると、参加国間で異なる経済的ショックが起こった際に、為替調整や独自の金融政策によって個別国の経済状況にあった対処ができなくなる。これは、大きなデメリットである。このデメリットを克服するためには、労働の移動や政治統合による財政移転が必要になる。

〈例2〉の場合、フランスからドイツに労働者が移動すれば、失業や物価上昇などの問題は解決する。また、労働が移動しなくても、政治統合によって、ドイツとフランスより上位の政府のもとで財政を統合できればよい。ドイツ地域で徴収した歳入をフランス地域に移転して、フランス地域で公共事業を行うといった財政移転の仕組みと裁量的な財政政策によって、同じく、マクロ経済上の問題は解決するのである。一九世紀、ドイツが国民国家の統一を進めた際、諸邦間で通貨同盟が形成されたが、こうした通貨同盟が成功したのは、政治同盟と一体であったからである。

欧州通貨統合の歴史的背景

ドイツとフランスの間で繰り返された戦争によって、第二次世界大戦終了時までに、西ヨーロッパはすっかり荒廃してしまった。両国の対立の一因は、国境地帯に眠っている石炭や鉄鉱石といった鉱物資源であった。また、ルール地方やロレーヌ地方の鉄鋼業は戦争遂行能力にも密接に関わっていた。普仏戦争でアルザス・ロレーヌ地方がフランスからドイツに割譲されたことが第一次世界大戦の伏線となった。

第一次世界大戦が終結した際、ベルサイユ条約によってドイツに重い賠償責任を課し、賠償の遅れを理由にフランスがルール地方を占領したことなどが、ドイツ側に恨みを生み、さらに、世界恐慌による世界経済のブロック化がナチスの台頭を招いた。欧州でこうした戦争を二度と繰り返さないために、紛争の火種である石炭鉄鋼業を共同管理することから、欧州の経済統合はスタートした。

その後、関税同盟、共同市場の創設など、経済統合が進んでいったが、これは不戦の誓いという強い政治的意思に支えられた長期的なプロセスであった。

貿易の自由化は、競争力のある輸出産業にとって有利な半面、競争力が弱く、輸入品との競争に晒される産業やそこで働く労働者には不利益をもたらす。国内の産業間で、資本や労働の移動が迅速に行われれば問題ないが、労働市場や産業間の調整には痛みが伴い、時間がかかるのが普通だ。欧州の場合には、前述のような歴史的経緯があり、欧州統合の理念が存在したため、さらに、それを着実に実行に移す欧州委員会とそのための常設の官僚機構が存在したことも、経済統合を推進し、通貨統合を達成する原動力になった。

したがって、欧州の通貨統合は純粋に経済的な事象ではなく、経済的な利便性を越えた、安全保障に関わる、より高次の政治的目的に基づいた出来事だと言えるのである。極論すると、最適通貨圏であろうとなかろうと、欧州統合の行きつく先として、通貨統合は推進されなければならなかったことになる。多くのエコノミストが「欧州は最適通貨圏ではない」として通貨統合に疑問を呈した。実際、数々の困難や危機があったにもかかわらずユーロが導入されたのには、こうした背景がある。

一九九二年の欧州通貨危機

共同市場を創設するためには、加盟国間の為替を安定させ、貿易取引や資本取引がスムーズに行われるようにする必要がある。そこで、欧州通貨制度のもとで為替の安定が図られた。それが、参加国の為替レートを中心レートの上下一定範囲内に固定する制度である。中心レートは参加国通貨のバスケットによって決めるのではなく、任意の通貨の組み合わせごとに決める仕組みになっていた。その結果、参加国通貨は、ドイツのマルクに対して、それぞれ中心レートを定め、その上下一定のパーセント内に固定されることになった。ドイツのマルクは域内の最強通貨であったため、この仕組みによって、マルクが欧州通貨制度のアンカーとなった。

戦前、ハイパーインフレを経験したドイツでは、物価の安定を維持するため、財政規律を堅持し、慎重な金融政策運営を行う傾向が強かった。このため、物価や賃金が安定し、強い技術力と相俟って輸出競争力が高まって、マルクが欧州最強の通貨となっていた。このマルクと為替レートを固定するためには、自国でも物価や賃金を抑制することが必要で、財政規律を維持し、慎重な金融政策をとらなければならなくなる。

しかし、フランスやイタリアなどの国では、物価の抑制が十分ではなく、フランス・フランやイタリア・リラは、ドイツ・マルクに対して、たびたび切り下げ圧力に晒された。こうした不均衡が拡大した場合には、中心レートの切り下げが認められていたが、通貨の切り下げは、輸入物価の上昇や実質賃金の切り下げにつながり、政府の失政と受け取られるため、必要な調整が遅れ、不均衡が拡大する傾向があった。

また、為替レートを維持するための負担は、主として経常赤字国側が負うという調整の非対称性も問題になった。たとえば、フランがマルクに対して弱くなると、フランスがフランの対マルクレートのバンドの下限を下回らないように介入しなければならなかった。フランスがマルク買い介入をするためには、マルクが必要になる。しかし、ドイツはフランスに対して介入に必要なマルクを融資することには慎重であった。こうした調整の非対称性の背景には、「自国通貨の価値を維持するのはその国の責任」という考え方があった。

このルールのもとでは、経常黒字国がデフレ政策によって、価格競争力を高め輸出を伸ばすと、赤字国では、失業が増える。それと同時に為替レート維持のために、デフレ政策をとらざるをえなくなる。こうして赤字国では、黒字国のデフレ誘導の政策運営に対して不満が高まることになる。

図3-1●1992年のポンド相場（対ドルレート）

（資料）FRB

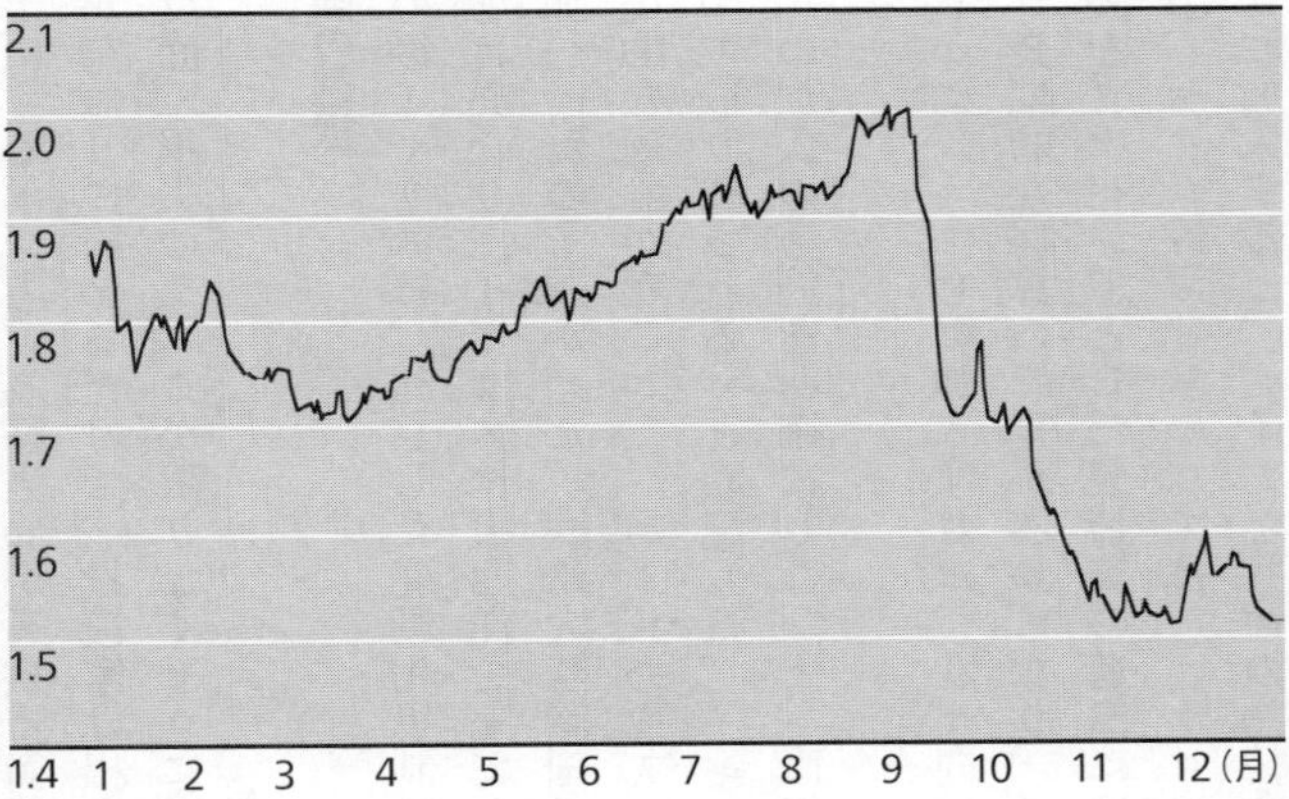

こうした矛盾が劇的に顕在化したのが、一九九二年の欧州通貨危機である。この時、ポンドのマルクに対する切り下げが必至と見たジョージ・ソロスは、ポンドを売り浴びせた（図3－1）。イングランド銀行の必死の介入にもかかわらず、イギリスは欧州通貨制度からの脱退に追い込まれ、ソロスは「イングランド銀行を負かした男」と呼ばれた。このエピソードは、通貨投機を招きやすい固定相場制度の問題点を如実に示している。

調整可能な固定相場制度は投機を招きやすい。そこには「一方的な賭《か》け」と呼ばれる問題がある。経済的な不均衡から切り下げの確率が高いという期待が高まると、切り下げが予想される通貨に売り注文が殺到する。予想通り切り下げが起これば、投機家は売った通貨が安くなったところで、買い戻すことによって大きな為替差益を手にする。一方、為替当局が通貨防衛に成功して、為替が切り下がらなかった場合でも、投機が空振りに終わるだけで、投機家は損を被るわけではない。つまり、予想リターンが大きい反面、損失のリスクが限りなくゼロに近いので、一方的な賭けと呼ばれるのである。

英国の選択

その後イギリスは、独立した変動相場制に移行し、ユーロにも加わらなかった。欧州大陸諸国とは異なり、イギリスは大西洋を隔てたアメリカとの関係が強い。そのため、欧州共同体に加わったのも遅かった。欧州大陸諸国がユーロを導入した際、ユーロに加入するかどうか国民的な議論が起こった。ユーロの導入に積極的な人たちは、「ユーロに参加しないと欧州の中で取り残される」と心配した。イギリスに進出している複数の日系企業からも、「ユーロへの加入の道筋を明確にしないと、直接投資に慎重にならざるをえない」との発言があった。

たしかに、ユーロに加入すれば、欧州向けのビジネスをするうえで為替リスクがなくなるため、長期的な採算の計算が容易になり、長期投資の計画も立てやすくなる。その面で、欧州大陸をターゲットとした製造業の進出には好影響があるであろう。

一方、マクロ政策運営の点では、ユーロに加入しない方がよいという議論も有力である。ユーロに加入すると、ドイツと共通の為替金融政策をとることになる。しかし、イギリスとドイツでは経済構造がかなり異なっている。ドイツでは製造業の比重が大きく、また、金融では銀行の役割が大きく、銀行業も産業金融の性格が強い。

これに対して、イギリスでは、金融業の比重が大きく、金融では、株式市場など資本市場の役割が大きく、国際的な投資銀行が集積する国際金融センターであるシティを有している。その結果、景気循環についても、アメリカなどとの連動性が高い。景気循環のタイミングの一致は、共通の為替金融政策を導入するための重要な条件である。一方の国の景気が過熱している時に他方の国で景気が低迷していると、共通の金融政策としては、引き締めればよいのか、緩和すればよいのか、股裂《またさ》き状態に陥ってしまう。

こうした理由から、イギリスでは現在でも、経済状況が欧州大陸諸国と同調し、景気循環が一致するまでは、独自のフロート制を維持することとしている。しかし、経済構造や国際経済関係が大陸欧州諸国と異なるため、本当に経済状況が同調するのかどうか不明である。ユーロへの非加盟がシティの競争力を下げているという議論も聞かれない。シティの競争力は、イギリス国内向けの金融仲介よりも、国際的な金融仲介や情報生産機能にこそある。英語や都市機能、金融業をサポートする会計、法律や規制の伝統が金融業に有利な環境を作り出しているのであり、イギリスがユーロを導入するか否かは二義的な意味しかもたないようである。一方、EUの一員として、EU諸国との経済取引に支障はない。

ユーロ加入の経済的メリットが不明確な限り、独立した為替金融政策を手放す積極的な理由はない。EUの官僚制に懐疑的で、主権の放棄に慎重な国民性からも、今のところ、イギリスがユーロに加盟する見通しは立っていない。

マーストリヒト条約と安定成長協定

一九九二年の欧州通貨危機直後には、イギリスが欧州通貨制度から脱退し、イタリアなどが通貨の変動幅を大幅に拡大する中で、オランダなどドイツを中心とした強い通貨群とリラなど弱い通貨群に二極化し、欧州通貨統合への歩みが挫折《ざせつ》してしまうのではないかという懸念が持ち上がった。しかし、欧州諸国の立ち直りは早かった。欧州通貨危機の反省に立って、経済ファンダメンタルズの収斂の重要性があらためて認識され、マーストリヒト条約によって、欧州通貨統合への道筋が示された。

物価、為替の安定、長期金利の収斂(収束、同じ水準に近づくこと)に加え、財政規律については、安定成長協定で、財政赤字の対GDP比三%以内、政府債務残高の対GDP比六〇%以下が、ユーロ加入の条件とされた。政府債務残高が六〇%を大きく上回る国では、六〇%に向けて十分速い速度で政府債務残高が減少していればよいこととされた。この規定により、政府債務残高の対GDP比が一〇〇%を越えていたベルギー、イタリアも財政再建を推し進めることによって、ユーロ参加の第一陣に加わることができたのである。

こうして、欧州諸国では財政再建が進み、インフレ率も低下した。期待インフレ率の低下とリスク・プレミアム（デフォルト・リスクを反映した金利の上乗せ幅）の低下により、国債金利が低下し、利払い費用が節約できた。また、金利の低下により、消費や投資が刺激され、財政赤字削減によるデフレ効果を相殺した。いわゆる非ケインズ効果である。財政赤字の拡大が有効需要を拡大するという通常のケインズ効果とは反対に、財政赤字の削減による金利低下や、財政の持続可能性の回復により、民間の経済活動が刺激される効果のことを、非ケインズ効果と呼ぶ。

名目金利は、一般に、リスクフリー資産（デフォルトの可能性のない安全資産）の実質金利と期待インフレ率とリスク・プレミアムの和になる。物価が上昇すると貨幣の購買力が落ちるので、少なくとも、期待インフレ率に見合った金利がないと、債券を購入しても損をしてしまう。名目金利からインフレ率を引いた実質金利が、債券保有の実質的なリターンになる。さらに、デフォルトの可能性がある場合には、それに見合うだけの上乗せ金利を支払わないと債券の買い手がみつからなくなる。

もともと大きな政府で、財政支出の対GDP比が大きかった国では、財政支出の削減によって、民間の経済活動が刺激されるというプラスの効果が働いた。また、ユーロ参加の基準を外圧としてうまく利用することによって、財政再建を進めることができたのである。

II——ユーロの可能性

ユーロの誕生

一九九九年一月一日、ドイツ、フランスなど一一カ国によって、共通通貨ユーロが誕生した。そして二〇〇一年一月一日、二年遅れて、ギリシャがユーロ圏に加盟した。現在、頭文字をとって、PIIGS（ポルトガル、アイルランド、イタリア、ギリシャ、スペイン）と総称されるユーロ圏周辺諸国と、中核を構成するドイツ、フランスとの違いを、経済・通貨統合の収斂条件である、長期金利、インフレ率、財政赤字などで比較すると、次のような特徴が浮かび上がる。

まず、長期金利の推移を見てみよう（図3―2―1）。一九九五年段階では、イタリア、ポルトガル、スペインでは、一二％前後の水準であるのに対し、ドイツ、フランスでは、七％程度水準と、五％程度も差が開いていた。通貨が統合された九九年には、いずれの国の金利も五％水準へと向かって急速に収斂が進んだ。ギリシャにいたっては、九五年段階で、一七％超で、ドイツと比べて一〇％以上金利が高かったが、ユーロに加盟した二〇〇一年までには、他のユーロ参加国と同じ水準へと低下しているのがわかる。

次に、欧州中央銀行（ECB）が金融政策運営の際、重視しているHICP（消費者物価）

図3-2-1●ユーロ圏諸国の長期金利（マーストリヒト基準金利）

（資料）Eurostat

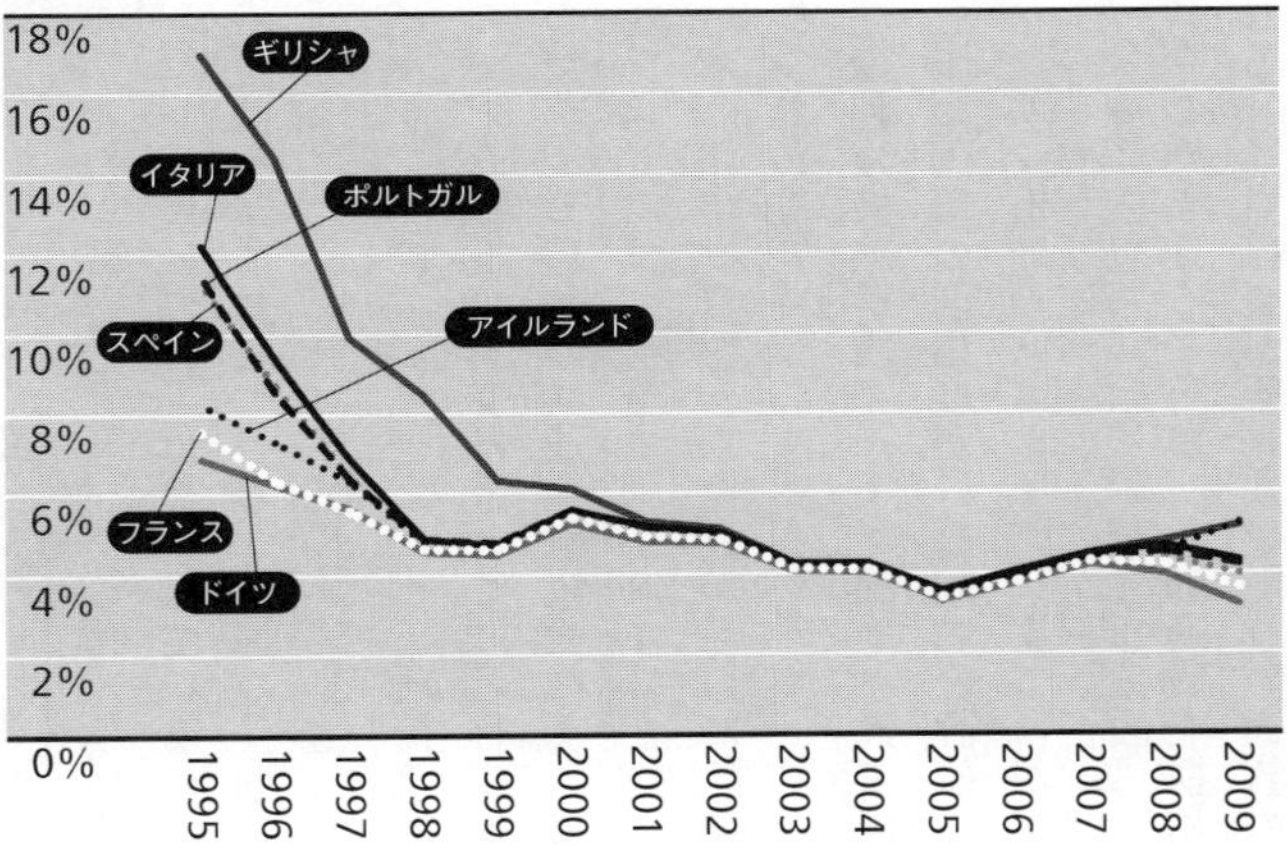

図3-2-2●ユーロ圏諸国のHICPインフレ率

（資料）Eurostat

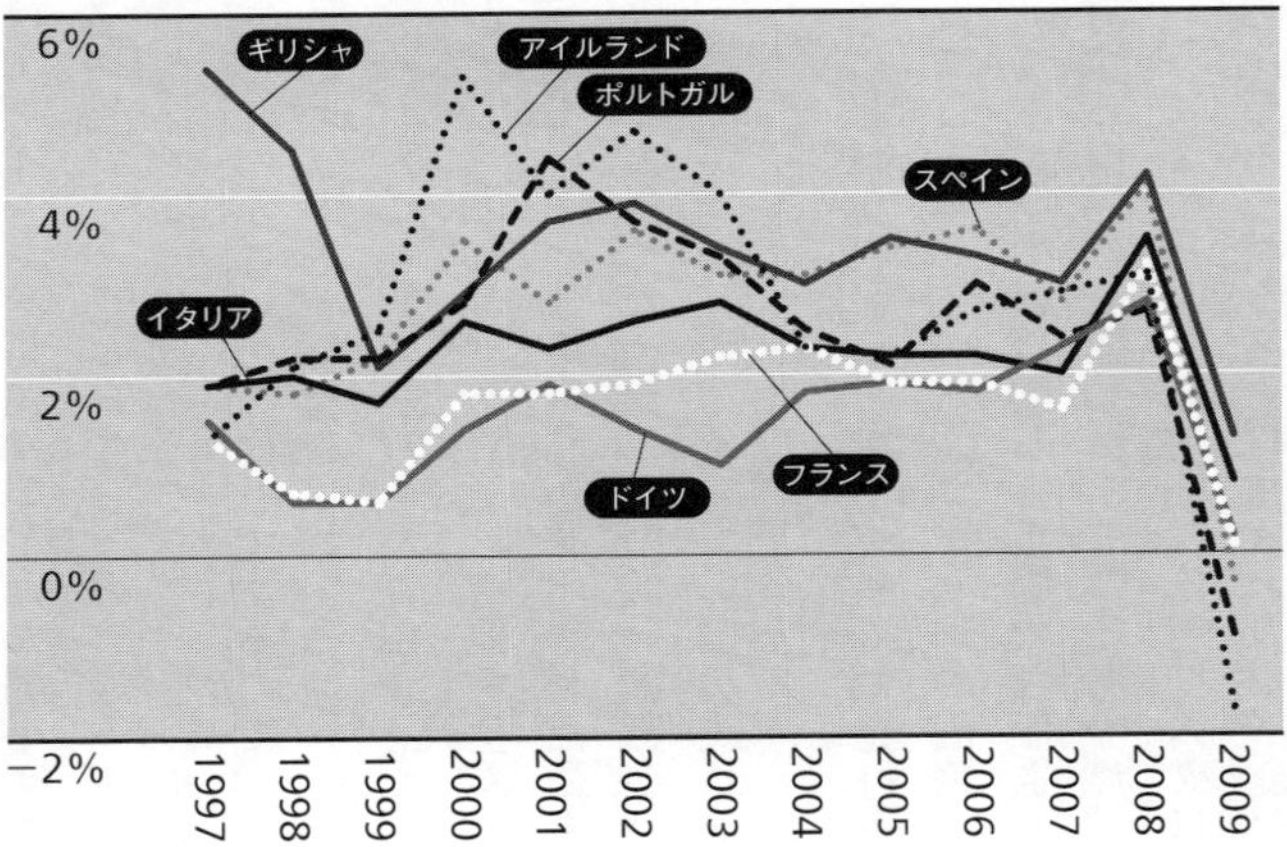

インフレ率を見てみる（図3―2―2）。九九年に向けて、インフレ格差はいったん縮小するものの、それ以降、両グループの格差は拡大している。特に二〇〇〇年に、アイルランドではインフレ率が五％台半ばに達しているのに対し、ドイツでは一％台半ばであり、そのインフレ格差は四％に及んでいる。両国の長期金利は、二〇〇〇年にはほぼ同じであるので、実質金利では、アイルランドがドイツと比べて、四％程度低いこととなってしまう。

アイルランドは、ドイツと比べて所得水準が低く、ドイツにキャッチアップする過程にあったので、直接投資を受け入れて、名目成長率が高かった。これが、インフレ格差を生んでいたのだが、ECBの共通金融政策によって、ユーロ圏で単一の政策金利が採用された結果、アイルランドでは、実質金利がドイツと比べて、四％近くも低くなった。この低い実質金利によって、住宅投資を含む投資がさらに活発になり、景気が過熱して、インフレ率が跳ね上がったのである。

長期金利の格差が両グループ間で、ほぼ同じとなったということは、ユーロ建てで発行された各国の国債の信用度がほぼ同じと評価されていたことを示している。つまり国の債務であるソブリンもののリスク・プレミアムが、ギリシャもドイツもほぼ同じと市場で評価されていたことを示している。これは共通通貨ユーロに対する市場の信認を示すものであった。通貨統合したということは、共通通貨を採用したということであり、両者間に為替リスクはなくなる。通貨統合が壊れない限り、通貨の違いから生じる為替リスクは生まれない。

そうすると国債間の金利差は、主として債務不履行の信用リスクを表すことになる（この他、国債市場の厚みがあるドイツ国債は流動性が高いため、その分金利が低くなるはずである）。国の債務不履行リスクの指標として、市場ではソブリンの格付が参照される。ソブリン格付の中で最も重要な要素は、財政の健全性である。

マクロ経済状況

財政赤字を見ると、高成長を続けていたアイルランドの税収が好調で、二〇〇七年までおおむね財政黒字を計上しているのが目立つ（図3―2―3）。二〇〇六年に住宅市場がピークを迎えるまで、順調に黒字幅を拡大していた。スペインも同じく住宅バブルを経験した国だが、同じく二〇〇七年までの三年間は黒字を計上している。両国は二〇〇七年を境に、世界金融危機の影響を受けて、住宅バブルがはじけると、二〇〇八年、二〇〇九年には財政収支が他国以上に急速に悪化している。山高ければ、谷深しである。

ドイツも二〇〇七年まで財政収支が改善しているが、こちらは、世界経済の順調な拡大を受けて輸出が好調であった。財政収支の振れは比較的小さい。ギリシャについては、景気循環による若干の上下はあるものの、好景気の時でも財政赤字が大きく、世界金融危機が始まってからは、財政収支の悪化が最も激しい。

ギリシャはユーロ圏諸国の中で最も弱い部分として、現在、その財政問題がユーロ安の原因となっている。ドイツとギリシャの日々の金利の動きを見ると、二〇〇七年までは、利回り格差は小さい。ドイツ国債とギリシャ国債の流動性プレミアム（本来、流動性の低いギリシャ国債の方がドイツ国債よりもその分、金利が高くなるはず）も考慮すると、市場では、ギリシャ国債のデフォルト・リスクがまったくと言っていいほど認識されていなかったことになる。国際的に流動性が潤沢で、金融市場が安定していたため、市場で慢心が広がり、リスクに見合った金利形成が行われていなかった疑いがある。二〇〇八年九月にリーマン・ショックが起こり、資本市場におけるリスク志向が強まる中で、スプレッドがじわりと拡大した。しかし、利回り格差が明確に拡大したのは、二〇〇九年に入ってからであった。政権交代後の二〇〇九年一〇月、ギリシャの二〇〇九年の財政赤字見通しは名目GDP比三・七％から一二・五％へと突然大幅に、上方修正されたのである。これによって、年末にはドイツ国債との利回り格差が、一時四％台へと急拡大した。

財政統計に対する市場の信頼を失った代償は大きかった。新政権は、その後、財政緊縮策を発表したが、実効性のある対策の実施は困難であるとの見方を払拭できていない。ギリシャでは退職年金の受給年齢がドイツよりも若いこともあり、ドイツではギリシャ支援に対して批判的な世論が強い。一方、ギリシャでは財政再建策が発表されると、公務員を中心とした労働組合が、労働者に負担を押し付けるものとして、激しい抗議デモを行った。

ドイツでは、好景気の間も企業が労働コストを節約して国際競争力を高めたのに対し、ギ

図3-2-3●ユーロ圏諸国の財政赤字（対GDP比）

（資料）Eurostat

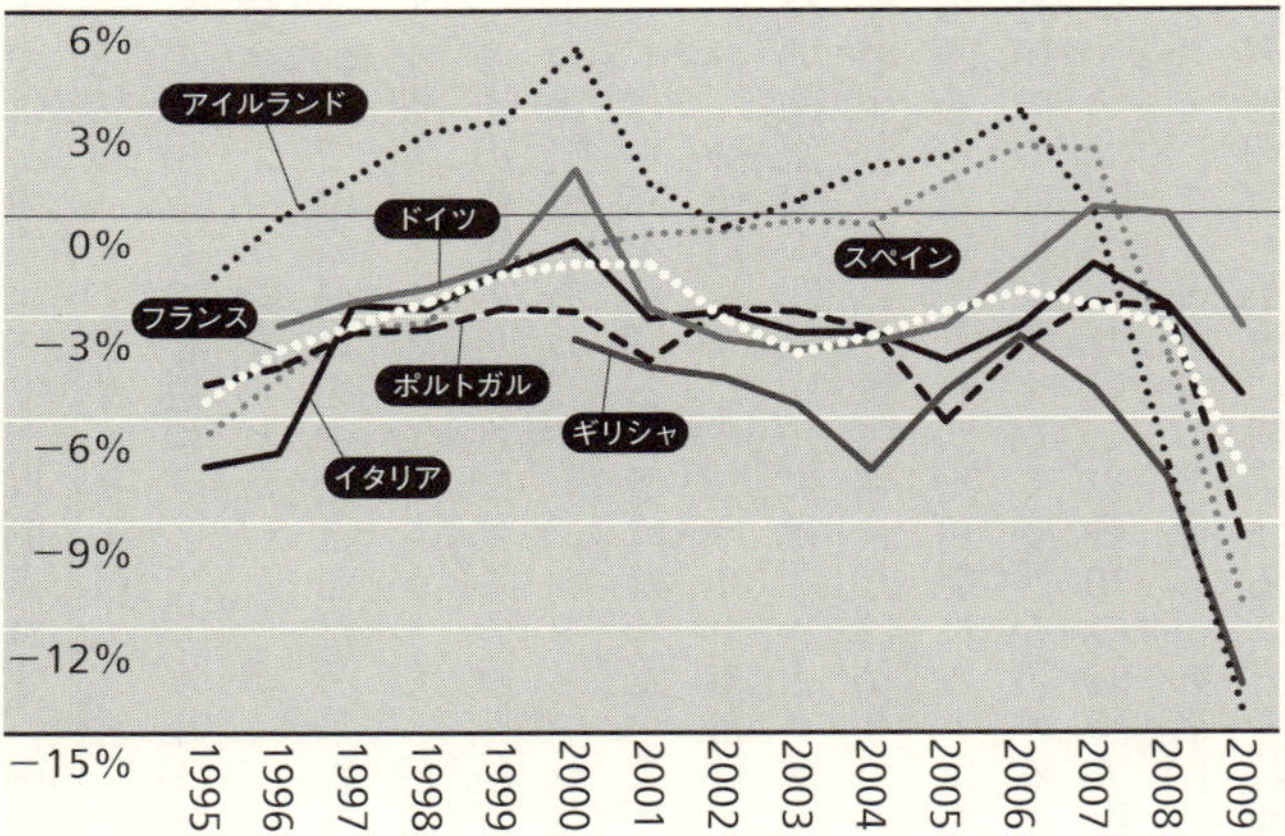

図3-2-4●ユーロ圏諸国の政府債務（対GDP比）

（資料）Eurostat

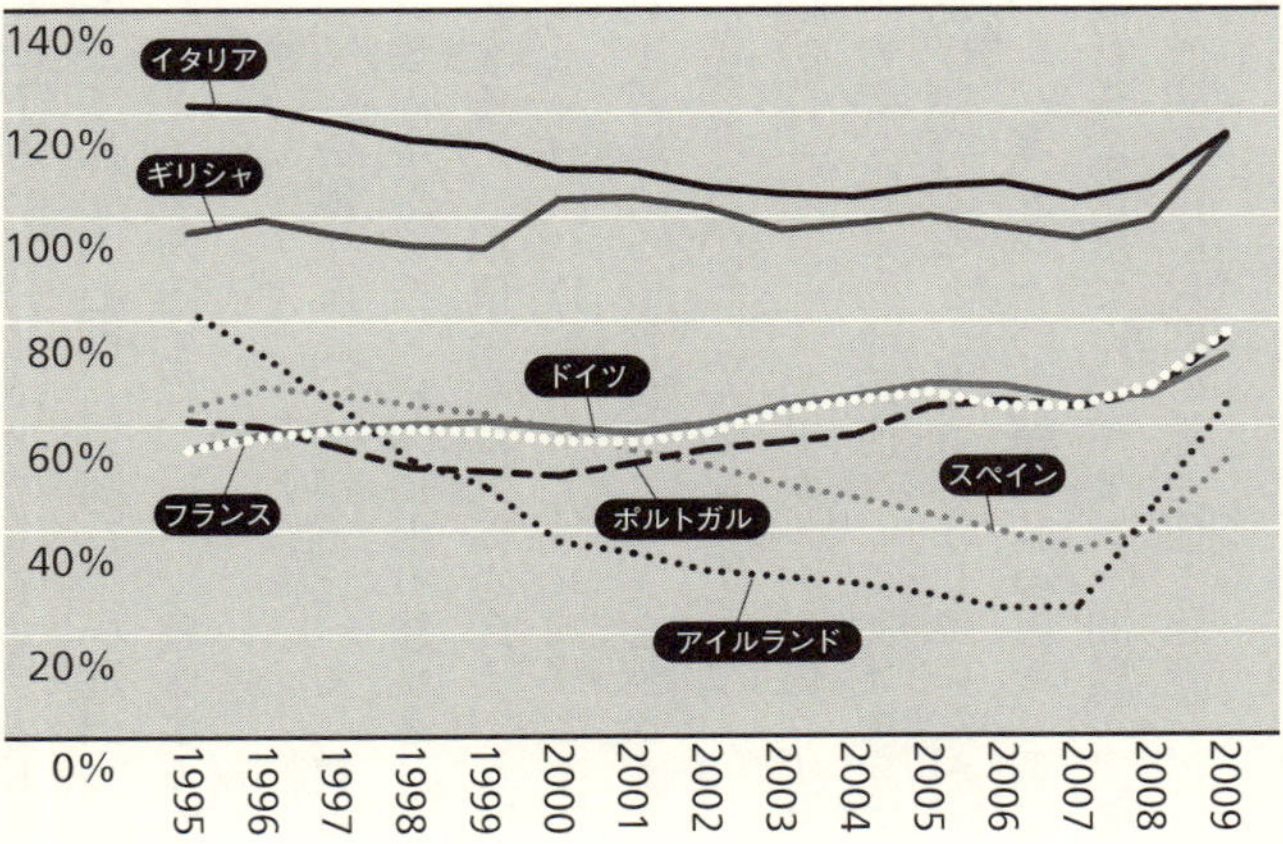

リシャでは、労働コストが抑制されず、国際競争力を低下させた。ドイツの企業は、ユーロ高のもとで域外との競争が激しくなる中、労働集約的な工程を中心に、東欧へ工場進出した。東欧への雇用機会の移動によって、雇用不安に晒されたドイツ国内では、雇用を確保するため、賃金の上昇が抑えられた。

ギリシャでは公務員を中心とした労働組合の力が強く、労働生産性の伸びと比べて、賃金の上昇を抑制することができなかった。四月下旬に財政赤字が一三・六％に上方修正され、さらなる上方修正の可能性があると欧州統計局が発表すると、国債金利は九％を超え、デフォルトの保険料である、クレジット・デフォルト・スワップ（CDS）のドイツ国債とのスプレッドは六％を上回るようになった。こうして金利上昇による債務負担に耐えられなくなったギリシャ政府はついに、ユーロ参加国とIMF（国際通貨基金）へ支援要請を行った。

支援要請直前の四月中旬には、ユーロ参加国が三〇〇億ユーロ、IMFが一五〇億ユーロの支援の用意があると表明されたばかりであった。その際、ギリシャ政府は、あくまで自力で資本調達を行い、それが不可能になった時に限り支援要請するということにしていたが、市場の圧力の前に、あえなく支援要請することとなった。ギリシャの支援要請の直後、週末ワシントンで開かれたG７やG20の財務大臣・中央銀行総裁会議では、ギリシャ問題が主要議題となり、アメリカをはじめ域外の各国も、ギリシャ問題への対応の重要性を強調し、IMFの専務理事も迅速に対応することを約束した。

しかし、翌週の四月二七日に、格付会社のスタンダード・アンド・プアーズ社がギリシャ国債の格付を一気に三段階引き下げて、ＢＢ＋（プラス）の投機的なクラスまで落とした。格付では、最上級のＡＡＡから数えて六段階目のＢＢＢ－（マイナス）までが投資適格であるが、それ以下はデフォルト確率の高いジャンク・ボンドであり、大口の機関投資家は購入を控えるようになる。

ＥＣＢでは金融機関への流動性供給の手段として域内の国債を担保として受け入れているが、担保となるためには、最低でも投資適格の格付を大手の格付会社から得なければならない。ＥＣＢの財務の健全性を確保するため、格付は一定以上でなければならないのだが、ギリシャへの影響にも配慮して、一時的に格付の基準を緩和している状態であったため（その後、ギリシャ危機が深刻化したため、格付基準を停止）、この格下げによりギリシャの資金繰りが一層困難になることが懸念された。

これを受けてギリシャ国債の金利は一時一三％を上回った。同社は同日、ポルトガルの格付も二段階引き下げたため、財政問題がギリシャ以外の他のＰＩＩＧＳ諸国にも広がることが危惧され、ユーロが急落し、世界の株式市場も急落した。さらに翌日、同社はスペインの格付を一段階引き下げてＡＡとした。スペインは経済規模が大きいため、スペインの財政問題が深刻化するとユーロ圏の金融機関に与える影響は小さくなく、ユーロの信認は大きなダメージを受けることになる。

ソブリン・リスクの拡大

ギリシャ危機はこれでもおさまらず、ギリシャ国債金利の高騰とユーロの下落が続いた。五月二日にEUとIMFが最大一一〇〇億ユーロ（EUが八〇〇億ユーロ、IMFが三〇〇億ユーロ）の支援を実施することで合意した。これは、二〇一〇年単年度四五〇億ユーロの支援表明では、市場の不安が沈静化しなかったことから、急遽《きゅうきょ》、向こう三年間の支援額をあわせ非常に大きな支援パッケージをまとめたものである。

一方、支援の条件としてギリシャも財政再建に向け、公務員の給与や年金削減（受給年齢を五三歳から六七歳に引き上げ）、付加価値税の引き上げ（従来一九%だったのを二一%に上げたばかりであったが、今回さらに二三%へ引き上げ）などの緊縮策を打ち出した。しかしギリシャは、緊縮財政に反対するストで混乱し、死傷者が出るなど情勢が緊迫しており、早期に収拾できるか不透明感が強い。ここまで危機が拡大した背景には、選挙を控えたドイツで与党議員からギリシャ支援に否定的な発言が出て、支援の実現が危ぶまれ、ユーロの結束が怪しくなってきたという問題もある。各国の金融市場でもギリシャ以外にも危機が波及するとの懸念が広がり、日本のゴールデンウィーク中に欧米市場で軒並み株価が急落した。

その余波を受けて連休明けの東京市場でも株価とユーロが急落した。世界の連鎖株安を止めるため、ユーロ圏一六カ国は七日夜、緊急首脳会議を開き、ギリシャ向け支援策を正式に承認するとともに、ユーロ導入国が国際金融市場から資金を調達するのが難しくなるのに備え、緊急支援制度創設に合意した。一〇日、総額七五〇〇億ユーロの巨額の支援融資制度（欧州金融安定化メカニズム）をＩＭＦと共同で用意し、ユーロ圏内で危機に直面した国への支援に備えることとした。また、ＥＣＢは市場から国債を買い入れると発表した。従来から、「国債の買い入れは財政規律の低下につながる」との理由から、買い入れを求める市場の声を斥《しりぞ》けてきたが、市場の催促に押し切られる形となった。さらに、欧州の金融機関の経営に対する不安の高まりから、銀行間金利が上昇したため、主要六中央銀行はスワップによるドル資金の供給を再開した。

ソブリン・リスクは広がる気配を示しており、問題がギリシャから南欧諸国へと拡大することを市場は恐れている。また、ギリシャをはじめ、ＰＩＩＧＳ諸国に貸出の多い独仏などの金融機関への影響が懸念される。イギリス総選挙の結果、第一党になった保守党は自由民主党と連立を組み、財政再建に取り組むことを表明しているが、実行力が注目される。

市場では、ＥＵやＩＭＦによる相次ぐ支援策の表明にもかかわらず、ギリシャが債務不履行に陥る可能性は払拭されてはいないと見ている。ギリシャ支援の融資は、ギリシャの財政再建策の着実な実施を条件として、段階的に行われることになっている。しかし、厳しい財政再建策はギリシャの景気を一層悪化させる。そのため、財政再建が進まないと、支援の条件を満たすことができず、支援のための融資の継続が困難になる。すると、ギリシャ国債の償還や借換、新規の資金調達が困難になる。また、緊急支援の期間が終了すると、その債務を返済しなければならない。それまでに経済が回復していないと、債務返済が困難になり、債務の繰り延べや減免が必要になる恐れがある。

六日、ギリシャ議会は歳出削減法案を可決したが、二〇一四年までに財政赤字額をGDPの三％以内に抑えるという厳しい財政緊縮案が実行可能なものかどうか事態の推移を見る必要がある。ユーロ導入国には、単独で通貨を切り下げるオプションがないため、厳しい財政緊縮策のもとでの経済運営は大変厳しくなる。ラトビアは、ユーロを導入はしていないが、ユーロ導入を目指してユーロにペッグしているため通貨の切り下げができず、対外収支危機に対して、EUとIMFの支援を受けている。財政緊縮策のもとで、二〇〇九年、GDPが何と一八％も落ち込んだ。

すでに政府の財政緊縮策に対して激しいデモが起こっているギリシャで、このような激烈なデフレ策が、本当に実行できるかどうかははなはだ疑問である。ユーロやEUの場で、デフレ策の緩和を含めて、政治的に実施可能な支援プログラムについて引き続き検討する必要がある。

ドイツ議会でギリシャ支援の是非が審議される中、五月一八日、ドイツ政府が投機的な空売りの禁止を発表すると、世界の金融市場は大きく動揺した。空売りの禁止によって、リスクヘッジの手段がなくなることから、市場の流動性の低下を懸念した投資家が一斉にリスク資産の圧縮に動いたためである。また、ユーロ圏内の国債の空売りも禁止したことが、かえって、「欧州危機は深刻」との懸念を高めてしまった。こうしたドイツ政府の単独行動に対して、国内の銀行が規制の影響を受けるフランス政府が、ドイツの決定を批判したことも、域内政府の足並みの乱れとして、市場に悪影響を与えた。週末、ドイツ議会でギリシャ支援策などは承認されたので、ドイツ政府としては、その議会通過のために、金融危機の犯人と見なされている投機筋に対して断固とした姿勢を示す必要があったということだろう。ただ、市場の安定のためには、当局と市場との対話が求められている。

また、ECBがギリシャ国債などリスクの高い資産を購入すると、ECBの健全性が低下して、ユーロの信用を押し下げることが懸念される。FRBの信用緩和で損失が生じた場合には、米財務省が損失補塡することになるが、財政統合の進んでいない欧州では、この問題をどう処理するのか。これはユーロの新たな不安要因である。さらに、五月に新政権が誕生したばかりのハンガリーで、六月になって、二〇一〇年の財政赤字の幅が膨らむとの見通しが公表された。こうした中、トロントで六月末に開催されたG20サミットでは、日本を除く先進国において、二〇一三年までに財政赤字を半減することが合意された。ソブリン・リスクによるユーロの信認低下に神経質になったドイツが財政健全化を強く主張した結果であるが、財政的に余裕があるドイツまで、経常赤字国と同時に財政調整を急ぐと景気回復に悪影響を与える恐れがある。週明けの市場ではこれを嫌気してユーロ安となった。一律の財政赤字削減が裏目に出た格好である。ユーロの信認を高めるためには、ギリシャなど南欧諸国が財政健全化を急ぐ反面、ドイツなどが財政刺激策を継続するという政策協調こそ必要である。

欧州通貨統合の成果と問題点

PIIGS諸国の問題を中心に見てきた。今回の世界金融危機を受けて明らかとなった通貨統合の問題点の第一は、共通の金融政策では、各国経済の状況に適合したような政策運営ができないという点である。ユーロ域内で政策金利を一つに決めないといけないため、個別国が独立に金融政策を運営する場合とは異なり、個別国のマクロ経済状況に十分配慮することができない。

域内のインフレ率の平均に対して一つの政策金利を決めると、インフレ率が平均より高い国などにとっては、名目金利からインフレ率を差し引いた実質金利が低くなり過ぎてしまう。すると、景気が過熱し、インフレ率がさらに上昇してしまうだろう。一方、ドイツのように域内でインフレ率が最も低い国にとっては、同じ名目金利でも実質金利が高過ぎてしまうことになる。実際、ユーロが強くなると、実質金利の上昇と相俟って、ドイツにとってはデフレ圧力が働いた。実質金利の上昇で消費や投資が抑制されたうえ、ユーロの上昇によって、ユーロ圏外への輸出が不利になったためである。

ユーロは創設当初は、ドルに対して弱含んでいたが、二〇〇〇年代前半、アメリカのFR

Bがデフレ防止を重視して大幅な金融緩和をすると、ECBの緩和姿勢はFRBほどではなかったため、次第にドルに対して強くなった。ECBではユーロ圏内にインフレ率の高い国があったため、アメリカほど政策金利を思いきって下げることができなかったのである。

財政についても、成長安定協定の三％以内の赤字を守るために、デフレ時に財政出動することも難しい。実質金利が域内で違うため実質金利の低い国では景気が過熱し、実質金利が高い国では景気が悪化し、それが域内で経常収支の不均衡を拡大させる。そして、インフレ格差は高インフレ国の貿易財（輸出入品）の価格を低インフレ国の貿易財の価格より高くし、価格面で国際競争力を削《そ》ぐ。ドイツはギリシャに対して、緊縮政策をとるよう要求しているが、ギリシャの貿易赤字はドイツの貿易黒字の裏返しであり、ギリシャが緊縮政策をとるだけで、ドイツが拡張政策をとらないと、縮小均衡に陥ってしまう。

以上見てきたように、現在、ユーロは大きな試練に直面している。それは一言で言えば政治統合の限界の表れである。財政に関しては、EU加盟国がそれぞれ主権を維持しており、EUとしての財政規模は、共通の農業政策など小規模にとどまっている。多数決による意思決定の迅速化などの改革が行われているが、財政面での政治統合の動きは進んでいない。

ユーロレベルでは、危機に陥った国に対する財政支援の仕組みも本来ない。安易な財政支援の仕組みがあると、ユーロ加盟国の財政規律を弛緩させ、それがユーロの信認を損なう懸念があるためである。そのため、ギリシャ支援のケースでも、救済ではなく、市場ベースの支援とするために、紆余曲折を経ることとなり、原則について合意するまで時間がかかった。しかし、ユーロがこれまでの国際的な通貨統合の中で、最も影響力のある成功例であることも間違いない。今回もし、通貨統合ではなく、より緩やかな固定相場制であったとしたら、ユーロの現参加国の間でもっと激しい通貨投機が起こり、通貨危機に陥っていたのではないかという見方は強い。欧州の金融機関も世界金融危機の影響を強く受けていたにもかかわらず、今回、ギリシャの財政問題が深刻化するまでは、ユーロ参加国で金融市場の信認が比較的よく保たれていたため、それを見たアイスランドなどではユーロへの参加を希望する動きが見られた。

ユーロは国際債の通貨別発行残高に占めるシェアも非常に高く、また、ドルに次いで、外貨準備として多く保有されている。現在、デンマークとエストニア、リトアニア、ラトビアのバルト三国が自国通貨をユーロにペッグし、ユーロ導入を目指している。

ユーロの展望

ユーロ導入を目指しているバルト三国は、今回の世界金融危機によって、それまで大幅に流入していた資本が国外に流出するようになり、特に大きな影響を受けたラトビアについては、IMF支援のもとで、厳しい緊縮政策を強いられている。GDPは大きく低下しており、経済状況が非常に苦しいにもかかわらず、為替の切り下げによって、景気の浮揚を図ることができないでいる。資本流入は北欧諸国の銀行が設立した現地の銀行や支店を通じたものが多かった。為替リスクをあまり認識することなく、現地の企業や家計は外貨建てで安易に借入を増やしてしまったのである。これはアジア危機とまったく同じような構図である。むしろ経常収支の赤字幅は、GDPの一五%にも及んでいたので、アジア危機の発端となったタイよりも資本流入の規模は大きかったことになる。

IMFもさすがに警告を発してはいたが、タイの場合と違って、資本移動は親子間の銀行間取引が主体であったので、借換のリスクは低いと見られていた。しかし、親銀行が世界金融危機の影響を受けて、新興国向けの与信を縮小せざるをえなくなると、親子間の取引でも影響は大きかった。

アジア危機を経験したタイや韓国は、自国通貨の大幅な切り下げによって復活したのだが、バルト三国では、ユーロ加入を目指してユーロ・ペッグを続ける限り、その選択肢はない。東西ドイツ統一の際、旧西ドイツのマルクと旧東ドイツのマルクを一対一の交換比率で統合したことは、旧東ドイツ側に競争力の低下と失業の増大という形で禍根を残した。バルト諸国も、通貨の切り下げなしに競争力を回復するためには、名目賃金をカットする以外に方法はなく、前途多難である。

こうした金融の構造は、同じくIMFの支援を受けたハンガリーなどユーロ非加盟のEU諸国でも共通して見られる。ハンガリーなど東欧のEU加盟国は、公式にユーロにペッグしていたわけではないが、貿易関係や投資関係でユーロ圏と密接に結び付いた地域であるので、事実上、ユーロに対して自国通貨を安定させるペッグ制をとっていた。東欧地域は特にブルガリア、ルーマニアでは賃金水準が低く、ドイツ企業などEU加盟国の企業が今後一層国際展開を進めていくフロンティアである。東欧圏は将来的にユーロ圏に包摂されていく地域であり、その経済の安定がユーロの将来を占う重要な要素となっている。

こうした中、EUの執行機関にあたる欧州委員会は、二〇一〇年五月一二日、報告書をまとめ、二〇一一年一月一日からエストニアがユーロを導入することを認めるべきだと勧告した。エストニアについて、財政赤字やインフレ率の水準が、ユーロ加入の基準を満たしているとしている。今後、二〇一〇年七月のEU蔵相理事会で最終的な結論が出されることになるが、ユーロ圏は二〇一一年にも一七カ国に拡大する見通しとなった。

ユーロ圏はロシアなどと経済的なつながりが強く、また、アメリカとの距離感から、戦略上ユーロを好むイランなどでも外貨準備や貿易取引通貨としての比重を高めていくであろう。実際イランでは、独自の石油市場をユーロ建てで立ちあげるという構想を打ち上げている。従来、石油など一次産品価格の国際取引においてはドルが支配的であった。しかし、ペルシャ湾岸諸国で進む通貨統合の際に、従来湾岸諸国がとっていたドル・ペッグ制に代わってユーロを含むバスケット通貨へのペッグ制がとられると、基軸通貨の力関係に一定程度の影響を及ぼすであろう。ただし、アラブ首長国連邦が通貨統合協定への不参加を表明するなど、通貨統合の動きは停滞気味であり、安全保障をアメリカに頼っている湾岸の首長国で、経済的理由のみからドル・ペッグ制をやめることは難しそうである。

これまでのところユーロは、成功した地域通貨と言えるであろう。ただ、東方に拡大する余地はあるものの、人口で見るとそれほど大きな成長余地はない。今後長期的に見るとアジア地域で人口が増大し、経済規模が拡大してゆくのに比べて、ユーロ圏の経済規模の世界シェアは次第に低下していく見込みである。

共同で国債を発行する仕組み

ユーロが地域通貨を超えて、世界的な基軸通貨となるかどうかはユーロ参加国の意思にもかかっている。ＥＣＢはドイツ連邦銀行の伝統を引き継いでいるが、ドイツ連銀は、マルクの国際化にはそれほど関心を示してこなかった。一つには通貨が国際化し、海外で広く使われるようになると、金融政策の運営が海外資本の動きによって、その分離しくなるといった問題があるからである。ドイツ連銀は国内の物価の安定を何より重視していたので、通貨の国際化によって金融政策が影響を受けるのを警戒していたと考えられる。しかし、主要な国際金融センターをもつ各国の通貨当局の間では、資本移動がこれほど活発になった現代、資本移動による影響というコストよりも、自国の金融業や企業のビジネスチャンスを拡大するという、通貨の国際化のメリットがあらためて認識されるようになっている。

一九九九年のユーロ導入からこれまでの一〇年あまり、ユーロ圏では内部の結束を固めることに集中してきた。今後は、世界に目を向けて、ユーロの基軸通貨化にこれまでよりも積極的になるかもしれない。ただ、その前にもう一度足場固めをする必要に迫られている。欧州では、七月二三日、大手金融機関九一行に対するストレス・テストの結果が公表され、七行が資本不足と認定された。検査の基準自体が甘いといった批判も散見されたが、市場では概ね好意的に評価された。

ユーロの現状はまだ、最適通貨圏の条件を満たしていない。まず、国境を越えた労働移動が限られている。次に、政治統合が不十分で参加国間での財政面での（財源や財政支出の）移転の仕組みが弱い。金融市場の統合は進んでいるが、金融機関の監督は母国主義をとっており、国際的な連携がとれていない。たとえば、預金保険機構の制度がEU加盟国内で不揃《ふぞろ》いのため、国際的な銀行が経営危機に陥った際、預金者保護の点で各国間で対立が起こり、国際的な資金移動にも影響が出た。財政面で政治統合を進めるのが困難な現状で、各国がどのように財政の健全化を図る政策協調を行うことができるかが目下の最大の関心事である。各国の予算をEUが事前審査することなどが議論されている。そのうえで、ユーロ建て国債の市場の厚みを作るためには、各国が共同で国債を発行する仕組みに合意することが、ユーロの基軸通貨としての魅力を高めることになるであろう。

第4章　東アジアの台頭と人民元

I——東アジア経済の発展と危機

ラテンアメリカの債務問題と東アジアの奇跡

一九八〇年代、ラテンアメリカでは、財政赤字によって、輸入が輸出を上回り、対外的な支払いが困難になるという経常収支危機が頻発した。この処方箋《しょほうせん》としては、財政支出を抑制し、増税によって歳入を増やし、総需要を抑制し、経常収支を改善させる財政緊縮策が有効だった。メキシコ、ブラジル、アルゼンチンなどラテンアメリカ諸国では、大土地所有制の下で、少数の地主および資本家と多数の農民、労働者の間の対立が激しい。少数の支配層の抵抗のため、課税が十分できない反面、多数の有権者の支持を得るため、財政支出拡大への圧力は強く、財政が恒常的に赤字体質であった。また、ブラジルなどでは、地方政府の財政赤字が深刻で、中央政府のコントロールが及ばないという問題もあった。

開発戦略としては、国内産業を保護・振興して、輸入に替える輸入代替戦略をとっていた。この戦略は一九七〇年代までの工業化初期においては一定の成果を上げた。しかし、次第に国営企業の肥大化など、非効率や高コスト体質を生じ、国際競争上不利になるという弊害が目立つようになった。

こうした中、輸出振興による経済成長路線で、世界の注目を浴びたのが、台湾、韓国、香港、シンガポールのアジアの新興工業地域である。国により産業政策の形態は異なるものの、先進国から最新の技術を導入して急速に工業化を進める点で、日本の高度成長モデルと似ていた。そして、その後を追うように、フィリピン、タイ、マレーシア、インドネシアなどのASEAN（アセアン：東南アジア諸国連合）諸国が続いた。日本からの政府開発援助や直接投資もこれら諸国の工業化に貢献した。日本の援助は戦後賠償から始まったが、技術協力から次第に、円借款によるインフラ整備へと移った。

また、日本の賃金上昇を受けて、日本企業が工場を新興工業地域に設立し、これら地域の賃金が上昇するとさらにASEAN地域に進出するようになった。こうした東アジアの動きは、日本を先頭に、新興工業地域、ASEANと、雁《がん》の群れのように整然と編隊を組んで工業化が進展していく様子から、雁行的発展形態と呼ばれた。

世界銀行は、一九九三年に出した「東アジアの奇跡」というレポートで、この輸出指向の発展モデルにおいて政府が果たした役割を積極的に評価した。政府の役割として世銀は、財政規律など安定的なマクロ経済運営、初等教育の充実、市場メカニズムの活用を特に重視している。他方、政府が特定の産業を振興する産業政策の効果については、慎重な評価をしている。ただ、韓国などで、産業政策が一定の成果を上げた理由として、政府が産業政策を実施するにあたって、輸出パフォーマンスなど市場からのシグナルを活かしたことに注目している。輸出パフォーマンスは客観的で、市場での評価を反映するものであるので、これに基づいて、どの産業を優先するかを決めれば、間違いが少なかったのである。

産業政策の具体的な手段としては、金融面、外国為替の割当、補助金や税制面での優遇や、関税などによる保護などさまざまな方策がとられたが、硬直的になることなく、柔軟に見直しを行ったことが、成功の鍵だとしている。安定的なマクロ政策運営、教育、市場メカニズムの活用は、正統的な経済学でも政府が果たすべき役割として認めるところであるが、輸出主導の成長モデルとその中で政府の役割を積極的に評価したことは、途上国向けに新しい開発戦略を提示するという意味をもった。

これに対し、ヤングなどの経済学者は成長会計の理論を応用して、東アジアの成長の要因分析を行った。新古典派の成長理論では、成長をもたらすのは、労働や資本の投入といった量的な拡大と、技術革新や経営効率の改善といった質的向上による生産性の上昇の両方がある。しかし、いくつかの実証分析によると、東アジアの成長は、農業から工業への労働移動などや、工場や機械設備などの資本の蓄積によるものであり、経済の効率性の上昇は見られないというものだった。東アジアでは、一国全体の資本設備が、一国全体が一年に生み出す付加価値の何倍であるかを示す資本係数が高く、投資が効率的に行われていないという批判である。

クルーグマンはこのことから、東アジアの成長は、ソ連の経済成長と似ており、その成長は早晩、行き詰まるであろうと予言した。これに対しては、資本設備の量の計測の仕方に問題があり、資本設備の量を過大評価したために、効率が低いという誤った結論になったという反論も出されたが、こうした状況下で起こったのがアジア通貨危機である。

アジア通貨危機とドル・ペッグ制

一九九七年七月にタイ・バーツが切り下げられると、同じようにドル・ペッグ制をとっていた周辺諸国でも切り下げが起こるのではないかという憶測が広がり、フィリピン、マレーシア、インドネシアなど周辺諸国の通貨に対する投機が激しくなった。アジア地域では、ドルが貿易、投資や金融に関する国際取引で支配的な地位をもっていたため、ほとんどの国がドル・ペッグ制により、自国通貨をドルに対して固定していたのである。東アジアでは、輸出主導の経済成長路線をとっていたから、世界最大の消費市場であるアメリカへの輸出を確保するために、ドルに対する為替レートを固定するのが有利であった。

ASEAN諸国では、外資を積極的に導入し、最新の技術と資本設備によって急速な近代化を追求していた。さらにタイでは、金融の自由化、国際化を目指して、バンコクにオフショア金融センターを設立した。こうした、直接投資、証券投資や国際銀行取引を活発にするために、ドルに対する固定レート制は好都合であった。しかし、ドルという一国通貨に対してだけ固定すると、他の主要貿易国の通貨がドルに対して弱くなった場合には、以下のような弊害があり、それが、通貨危機の要因となった。

第一に、円ドルレートの変動によって、国際競争力が影響を受けた。国際競争力は実質の為替レートで決まる。実質の為替レートは、外国の物価水準に為替レート（外国通貨一単位が自国通貨何単位にあたるか）をかけたものと自国の物価水準の比で表される。タイの場合、タイ・バーツの対円為替レートが切り上がるか、タイの物価上昇率が日本の物価上昇率を上回ると、日本に対する価格競争力が低下する。一九九五年にかけて、急激な円高ドル安が進行する中で、ＡＳＥＡＮ諸国に対する日本企業の工場移転が加速し、ＡＳＥＡＮから日本向けへの輸出も増大した。しかし、その後、ドルが反転し、ドル高円安の方向に動くと、ドルに固定していたタイ・バーツは円に対して値上がりし、タイの日本向け輸出品の価格競争力を低下させた。また、固定相場制のもとで、国内の物価上昇率が貿易相手国の物価上昇率を上回ることによっても、国際競争力が低下し、その結果、輸入超過となって経常収支が悪化する。こうした問題を避けるには、貿易相手国との貿易量によるウェイトに基づいた通貨バスケットに対して、為替レートを安定させるとよい。貿易量によるウェイトに基づいて、二国間の実質為替レートの加重平均をとったものを実質実効為替レートと呼ぶ。これが、その国全体の国際的な価格競争力を表す指標である。

第二に、途上国が固定相場制のもとで、性急に資本自由化を行うと、外貨建ての短期借入が急増するというリスクがある。固定相場制をとると為替リスクに対する認識が鈍るため、外貨建ての借入を助長してしまう。また、国外の投資家にとっても、短期の貸出であれば、資金回収リスクが低いので貸しやすい。タイでもオフショアセンターは、本来タイ国外の第三国間の国際金融取引を仲介するものとして設立されたが、実際には、タイ国内向けへの外国からの借入が増加した。そして、タイの高度成長に引き寄せられた国際的な資金が、工場などの生産設備だけではなく、住宅建設や商業施設の開発などにも向けられ、不動産バブルを助長したのである。

通貨危機の伝染

タイでは、一九九六年にバブルが崩壊し、金融会社の経営破綻が起こった。過大な対外借入と競争力の低下により、すでに経常収支は大幅な赤字であったが、バブルの崩壊を見て、海外資本が流入から流出に転じ、深刻な国際収支危機に直面した。国内にバブルを発生させた資本流入が海外に逃げ出すことにより、信用収縮を加速させたのである。発展途上で経済規模がまだ小さく、金融資本市場の厚みのない新興国にとって、大規模な国際資本移動が及ぼす影響は甚大である。

九七年二月になって、タイ・バーツに対する切り下げ圧力が高まった。タイ中央銀行は、固定相場を維持するため、タイ・バーツを買い支える介入を行った。しかし、外貨準備には限りがある。いずれ外貨準備が尽きるという予想が広がると、タイ・バーツが切り下がる前にドルに替えておこうとする動きが止まらなくなる。そして、とうとう七月には外貨準備が底を突き、予想通り、タイ・バーツは切り下げられた（図4―1）。

タイの通貨危機の衝撃は、同じくドル・ペッグ制をとる周辺国に広がった。投機筋はタイ・バーツの次に切り下げられる通貨を探し始めた。タイに次いで深刻な危機に見舞われたのはインドネシアであった。ただ、インドネシアでは、経常収支や財政収支、インフレ率など経済のファンダメンタルズがタイほど悪くはなかったため、当初、危機を乗り越えられると見られていた。

インドネシア政府は、予備的な備えとして、ＩＭＦとの協議を始めたが、財政緊縮策や銀行改革などの構造政策に関する広範な問題について、対立することとなった。インドネシア政府の中にも、米国の大学院で経済学を学んだテクノクラートを中心にして、この際、経済を効率化するため、構造改革を進めようとする動きがあった。インドネシアではスハルト大統領の長期政権のもとで、ファミリー企業と政府の癒着の問題があったのである。

ＩＭＦは、ルピアを防衛するため、財政緊縮策と金利の引き上げを主張した。また、経営危機に陥り、債務超過となった中小銀行を清算することとなった。しかし、預金保険もない状況で、不用意に銀行を清算したため、銀行に対する取付騒ぎが起こり、経済状況は悪化してしまう。その後も、食料やエネルギーに対する補助金の廃止や政府との関係の強い民間企業や銀行の整理をめぐって、ＩＭＦと政府の対立は続き、そのたびにルピアは暴落した。ついに、社会不安から暴動が起こり、スハルト政権は倒れた。

図4-1●タイ・バーツと韓国・ウォンの動き

（資料）FRB

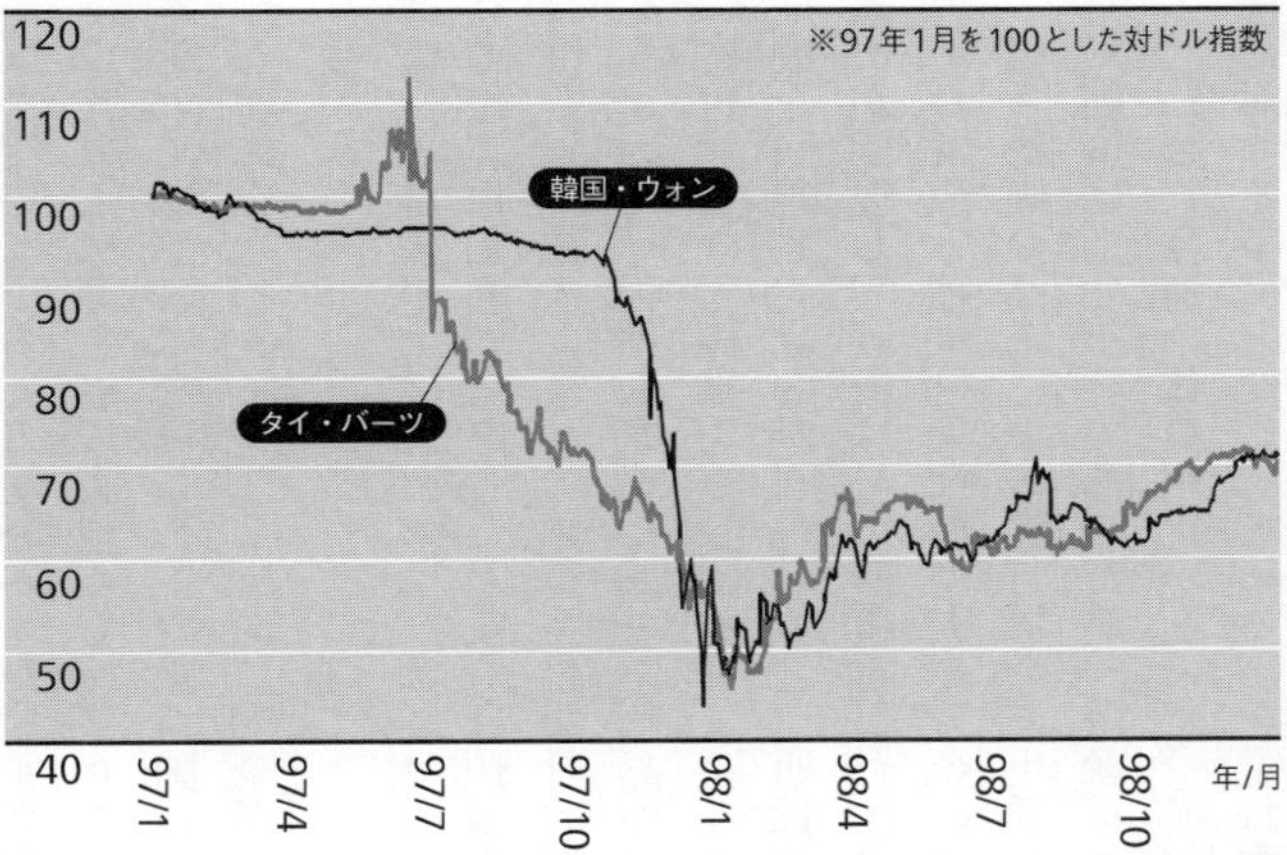

重工業化を順調に進め、先進国クラブであるＯＥＣＤ（経済協力開発機構）にも加盟した韓国にも、通貨投機の津波は及んだ。韓国では、輸出を振興するため、政府主導で財閥に対して銀行を通じた産業金融が盛んに行われていた。これにより多くの財閥が競って設備投資を行ったため、設備過剰になり、経営危機に陥る財閥が出始め、そこに融資を集中させていた銀行にも危機が広がった。また、旺盛《おうせい》な設備投資意欲を満たすため、海外からの短期の借入も多かったのである。アジア通貨危機が波及すると、この短期の借入の更新が危うくなった。

こうした中、韓国中央銀行は民間銀行の対外支払いを支援するため、外貨準備を使用した。ＩＭＦが支援プログラムの協議に入った際、この事実が明らかになり、外貨準備が底を突いていることがわかった。まさに韓国はデフォルトの一歩手間の状況であったが、一二月にＩＭＦ主導で大型の支援プログラムがまとまり、市場の信認が回復する。このプログラムでは、日本をはじめ主要先進国の大口の債権銀行が、貸出の継続をすることになった。在韓米軍を抱えるアメリカも、安全保障上の理由から韓国に対する支援に積極的であった。

折から、政権交代で大統領になった金大中《キムデジュン》政権も旧政権の開発独裁の象徴である財閥と関連銀行の整理に前向きであった。政府は預金を保護したうえ、清算や売却により整理する銀行、合併や資本注入によって体質強化を行う銀行などに分け、外資の導入や、不良債権の切り離しも進めた。国民も家庭にある宝飾品を自発的に持ち寄って、手持ちの金（ゴールド）を国に寄付するなど国難を一致団結して乗り切ろうとする動きもあった。このようにして流動性危機を回避し、金融が安定すると、通貨を大幅に切り下げて国際競争力を強化したことで、輸出が回復し、経済はＶ字回復を果たすのである。

ＩＭＦの財政緊縮策は失業の増大や賃金の切り下げを余儀なくし、また、為替の大幅な下落は、輸入物価の高騰による実質賃金と生活水準の大幅な低下をもたらした。韓国では、こうした緊縮策は大変不評であったが、金融システムの健全化や不採算企業の整理などがうまくいったため、経済の体質強化が進んだ。インドネシアで、スハルトの長期政権が国民の間に政権に対する不満と変化を求める声を生む中、経済の構造改革が政争そして暴動につながり政権崩壊と社会不安が経済の回復を遅らせたのと対照的である。インドネシアでは東西五〇〇〇キロ以上にまたがる二万近い島に二億二〇〇〇万人の人が分散して暮らしている。そのため、外国との取引を把握するのが難しく、危機の際には、外国からどれだけ借りているのかがわからない状況だった。スハルト政権は国内の統一の維持に腐心していたが、財政緊縮策で生活が窮乏した都市の貧民が、裕福な華僑《かきょう》の商店を襲撃するといった事件が各地で起こった。

危機の根本原因

七月にタイで通貨危機が起こると、日本の大蔵省はタイの支援に向けて迅速に動いた。日本とタイの経済的結び付きは強く、邦銀のタイ向けの貸出残高や日系の現地企業の直接投資残高も大きい。それだけに現地の情報も入りやすく、危機意識も強かった。八月にＩＭＦの支援プログラムがまとまった際には、日本はバイ（二国間）で最大の支援を約束した。

これに対し、アメリカはバイの支援には加わらなかった。タイのケースはタイに固有の個別の問題であり、アジア全域に広がる可能性をもつものだという認識に欠けていたこともあろう。とにかく、一九九四年にメキシコが通貨危機に陥った際、アメリカが積極的に動いたのとは対照的であった。その際、米財務省は、メキシコ支援の財政支出に批判的な議会から承認を得る時間的余裕がなかったため、議会の事前承認を要しない為替安定基金を活用して支援を行っていた。これが、メキシコに大量に貸し付けていたウォール・ストリートの銀行に対する救済であるとの批判が強まったため、タイの危機の際には、手を縛られていたという事情もあった。いずれにしろ、アジアの経済的繁栄に大きな利害を有する日本と、当初アジア危機への対応に出遅れたアメリカの対比が鮮明となった。

こうした中、経済危機の際に、アジアにおいても外貨準備を相互に融通しあう互助機関を設立しようとしたのが、アジア通貨基金構想であった。八月に日本の大蔵省がこの構想を発表すると、ASEAN諸国は日本のリーダーシップを強く歓迎した。しかし、中国はこれに賛同せず、また、アメリカはこの動きに強く反発した。

アメリカは、IMFの最大の出資国として一五％を超える出資比率を有しており、重要事項の決定に八五％の賛成を要するIMFの運営において唯一拒否権を有する国である。IMFのアジア危機に対する対応や処方箋にはアメリカの考え方が強くにじんでいる。IMFの対応に対する反発がアジアで強まる中で、日本のこの提案は、アメリカの指導力に対する挑戦であり、IMFを中心とする国際通貨秩序を脅かすものと受け止められたのである。

ただ、日本の提案は文字通り構想の段階にとどまっており、どのようにしてそれを設立するかという具体的な内容に欠けていた。どの参加国がどれだけの外貨準備を提供し、参加国が危機に陥った際にどのような条件で融資を行うか、という青写真が含まれていなかったのである。

効果的な融資を行い、危機の解決を助け、融資資金の返済を確保するためには、日頃から参加国の経済情勢を把握し、危機に対して、正しい処方箋が書ける仕組みが必要になる。そうしたインフラがない限り、構想は絵に描いた餅《もち》になってしまう。アジア通貨基金を設立するためには、国家間の難しい交渉と長い準備が必要になるのである。

タイの通貨危機がインドネシアや韓国にも波及し、国際安全保障上、危機の拡大を放置できなくなったアメリカは日本と協力して危機対応を進める必要に迫られた。そこで、妥協策として、東アジア諸国にアメリカも加わって、経済のサーベイランスを強化することになったのだ。それが、マニラ・フレームワークである。各国間で互いに経済政策を点検しあい、経済状況について理解を深めあうことによって、地域協力の基礎を築こうとした。IMFはこの取り組みが域内の経済政策の向上や構造改革に果たす役割と意義を積極的に評価していたが、東アジア諸国の参加意欲は盛り上がらず、形式的な議論に終始したようである。

アジア危機の根本的な原因について、IMFやアメリカは、東アジア諸国に特有の構造的問題、特に、政府と民間企業、金融機関の間の不透明な関係や金融の規制・監督の脆弱《ぜいじゃく》性が問題であると考える傾向があった。これに対し、東アジア諸国の方では、二一世紀型の資本収支危機と捉え、それに対するIMFの対応がまずかったという批判的な見方が強かった。こうした意見の食い違いが底流にあったため、議論が深まらなかったのも無理はない。また、この枠組みでは、肝心の流動性危機に対処するための資金協力の仕組みとの結び付きがなかったので、域内の資金協力とサーベイランスを組み合わせた仕組みをもつASEAN＋3（日中韓）の場に、議論の舞台が次第に移ることになった。

一方、一九九八年一〇月、日本は単独で新宮澤構想を発表し、アジア諸国への三〇〇億ドルの資金支援を表明した。これは、通貨危機に見舞われたアジア諸国の経済困難の克服を支援し、国際金融資本市場の安定化を図るものだった。アジア諸国の実体経済回復のための中長期の資金支援として一五〇億ドル、これらの諸国が経済改革を推進していく過程で短期の資金需要が生じた場合の備えとして一五〇億ドル、合わせて全体で三〇〇億ドル規模の資金支援スキームを用意するというものであった。

II──東アジアの通貨金融協力

チェンマイ・イニシアティブ（CMI）

こうした、九七〜九八年のアジア通貨危機を契機として、東アジア諸国の間で運命共同体としての連帯感が醸成され、域内金融協力の必要性が認識されるようになった。そこで、二〇〇〇年五月、タイのチェンマイで開催されたASEAN＋3の財務大臣会議において、対外支払いが困難になった国に対して外貨準備を使って短期的に外貨資金を融通する「二国間の通貨スワップ取極（取り決め）」のネットワークを作ることが合意された。チェンマイ・

イニシアティブ（CMI）と呼ばれる。

現在、日中韓とインドネシア、マレーシア、フィリピン、シンガポール、タイの八カ国間で一六本の取極が結ばれている（総額六四〇億ドル）。このスワップ取極の発動は、原則としてIMFからの融資と連動（リンク）しており、IMFの支援プログラムがまとまった段階で発動されることになっている。ただし、総額の二〇％まではIMF融資なしで発動可能（IMFデリンク）となっている。このようにCMIは地域の取り組みとして、グローバルなIMFの仕組みを補完する形になっている。取極の発動にあたって、IMFリンク（IMFのプログラムが融資の条件になること）が必要な理由は、域内経済の相互監視（サーベイランス）機能が発展途上であり、当面、IMFの機能に依存する必要があるためである。

域内の相互支援の仕組みとしてIMFデリンク（IMFの融資プログラムなしでも発動すること）の比率を上げるためには、域内の相互監視の能力を高める必要がある。そのため、独立したサーベイランス・ユニットを設立することが課題となっていたが、二〇一〇年五月二日、ウズベキスタンのタシケントで開かれた財務大臣会合で、二〇一一年のできるだけ早い時期に、シンガポールに設置することで合意された。

また、従来、二国間ベースの取極のネットワークであったものをマルチ化することが課題であったが、ASEAN＋3の全メンバー国が参加する一本の契約に基づく仕組みとする作業が進められた。マルチ化が行われていないと、危機に陥ったメンバー国が参加国から資金

図4-2●CMIのマルチ化における各国の貢献額と買入可能総額

		貢献額（億ドル）				買入乗数	買入可能総額（億ドル）	
				全体に占める割合(%)				うちIMFデリンク買入可能額
日中韓			960		(80)		576	132
日本			384		(32.0)	0.5	192	38.4
中国	香港を除く中国	384	342	(32)	(28.5)	0.5	171	34.2
	香港		42		(3.5)	2.5	21	21
韓国			192		(16.0)	1	192	38.4
ASEAN			240		(20)		631	126.2
インドネシア			45.52		(3.793)	2.5	113.8	22.76
タイ			45.52		(3.793)	2.5	113.8	22.76
マレーシア			45.52		(3.793)	2.5	113.8	22.76
シンガポール			45.52		(3.793)	2.5	113.8	22.76
フィリピン			45.52		(3.793)	2.5	113.8	22.76
ベトナム			10.0		(0.833)	5	50.0	10.0
カンボジア			1.2		(0.100)	5	6.0	1.2
ミャンマー			0.6		(0.50)	5	3.0	0.6
ブルネイ			0.3		(0.025)	5	1.5	0.3
ラオス			0.3		(0.025)	5	1.5	0.3
合計			1200		(100)		1207	258.2

供与を受けようとする場合、二国間取極を発動するため、相手国の数だけ個別に協議しないといけないからである。

二〇〇九年末、マルチ化契約の署名が行われ、二〇一〇年三月二四日に契約が発効した。なお、二〇〇九年二月二二日の財務大臣会合において、CMIマルチ化の総額を一二〇〇億ドルとすることが合意された。全体の八割にあたる九六〇億ドルは日中韓の三国で、日本：中国（香港を含む）：韓国＝2：2：1の比率で分担し、残りの二割にあたる二四〇億ドルをASEAN一〇カ国で分担する（図4―2）。

ASEAN内では、新規に参加す

るベトナム、カンボジア、ミャンマー、ブルネイ、ラオスがそれぞれ自国の外貨準備の五％分の貢献をすることとし、残りを、従来から参加していたインドネシア、マレーシア、シンガポール、タイ、フィリピンの五カ国で均等に分担している。

危機の際には、貢献額に「買入乗数」と呼ばれる倍数をかけた額の資金供与が受けられる。資金ニーズの高いベトナム以下五カ国については、買入乗数が五倍であり、インドネシア以下ASEANの従来メンバーと香港は二・五倍、韓国は一倍、日中は〇・五倍となっている。たとえば、ベトナムの場合、貢献額一〇億ドルの五倍の五〇億ドルの資金供与が受けられる。

今回の金融危機においても、韓国が二〇〇八年末にかけて、資本の流出と為替の大幅な減価に直面する中、日韓や中韓のスワップ枠が一時的に拡大され、韓国の信用補完に役立った。マルチ化されたCMIは、危機時に外貨準備を域内で相互に融通する仕組みであるが、危機の際にそれが有効に機能するようにするためには、日頃から経済の相互監視をしっかりと行うことが重要である。

そして、域内のサーベイランス機能を強化するためには、独立したサーベイランス・ユニットがIMFと協力・連携しながら、そのノウハウを学んでいくことが必要になる。そのうえで、域内各国の実情に根差した経済分析と、意味のある政策勧告を行うためには、域内参加国の協力が不可欠である。

アジア債券市場イニシアティブ

アジア通貨危機以前は、アジア通貨がドルに実質的にペッグされていた。そのため、これらの国で、外貨建てで借り入れた場合、自国通貨が弱くなると返済負担が増えてしまうという為替リスクが十分認識されなくなった。また、成長率やリスクの高さを反映して、現地通貨建ての金利はドル金利より高かった。もちろん、長期金利の方が短期金利より高い。

こうした金利差のため、ドル・ペッグ制は、外貨建てで借り入れた短期の資金を、自国通貨建てで長期の融資に向けて利ザヤを稼ぐという行動を助長した。これによって、外国投資家は比較的低リスクで、国内で貸し出すよりも高い利率で新興国に貸し出すことができた。他方、アジア諸国の借り手も、国内で一般的な高い金利よりも低い金利で海外から借りることができた。こうした銀行貸出における通貨と期間の二重のミスマッチが、アジア通貨危機の大きな要因となった。いったん、為替が切り下がると外貨建ての借入額は自国通貨建てで増加する。また、短期借入の借換が困難になると、長期で運用しているため、資金繰りが行き詰まって、流動性危機に陥るからである。

また、アジアは、貯蓄率が高いにもかかわらず、経済発展に必要な中長期の投資資金が十分に供給されていないという問題を抱えている。こうした背景から、二〇〇三年よりASEAN＋3の各国は、「アジア債券市場イニシアティブ」（ABMI）に取り組んでいる。その最終目標は、アジアの貯蓄をアジアの民間事業者が長期の資本形成・投資に動員できるよう、アジア域内通貨建ての債券の発行を可能とするようなアジア債券市場の整備を目指すことである。そのため、債券発行主体の拡大、アジア通貨建て債券の発行の促進により、市場に厚みをもたせるとともに、保証や格付機関、決済システム等の環境整備を行うことで、債券発行企業、投資家双方にとって使いやすい、流動性の高い債券市場を育成する努力を続けてきた。その具体的な成果として、アジア開発銀行（ADB）等の国際機関や国際協力銀行（JBIC）等の政府系金融機関による現地通貨建て債券の発行や、債券の発行体および種類の多様化が進んでいる。

ASEAN＋3の財務大臣会議は、二〇〇八年五月には新たなロードマップに合意し、現地通貨建て債券の発行や需要の促進、規制枠組みや債券市場インフラの改善等に取り組んでいる。また、二〇〇九年には、アジアの企業等が発行する債券を保証するための「信用保証・投資メカニズム」を設立することについて基本合意し、二〇一〇年五月二日、タシケントで開催された財務大臣会合で、七億ドル（約六六〇億円）の基金の創設に合意した。

こうした努力を受けて、域内の現地通貨建て債券市場は順調に拡大している。従来から債券市場が発達した日本や香港を除くASEAN＋3の市場規模を見ると、二〇〇九年六月段階で、アジア通貨危機の起こった一九九七年比で一一倍、イニシアティブの始まる前年の二〇〇二年比でも、三・三倍の市場規模に達している。今回の危機において、アジア諸国の多くが景気刺激策として財政政策を実施するために必要な資金を、国債発行により円滑に賄うことができたのは、このイニシアティブの一つの成果であると思われる。

域内の為替の安定

アジア通貨危機後、各国の為替制度はおおむね柔軟性を増してきた。これは、危機前はドルに対する事実上のペッグ制が一般的であったが、危機後はバスケットを参照する管理相場制への移行が進んだためである。事実上のドル・ペッグ制は短期の外貨建て借入増大の一因となり、為替投機を招き、通貨危機につながった。為替の柔軟性の増加は、特に、資本の自由化が進んで、資本流入の影響を強く受けた一部のASEAN諸国にとって、通貨危機の大きな原因を取り除くことになった。

なお、これら諸国では、資本規制を一部復活させたり、資本移動に対する統計を整備したりした。こうした動きも金融の規制監督の強化と合わせて、アジア各国が危機にかかわらず、経済パフォーマンスが比較的よかった要因であり、前回、通貨危機からの回復に最も時間のかかったインドネシアでも、今回は内需中心に堅調な経済状況を示した。

韓国については、金融面での経済の開放度が高かったために、貿易面での影響と金融面での影響が重なり、二〇〇八年末にかけてかなりの資本流出圧力を受け、韓国・ウォンの為替レートが大幅に下がった。この時期、円はドルに対して強くなっていたので、ウォンの対円レートは、リーマン・ショック前の高値と比べて、一時五割以上も下落した。そこで一時、日本から韓国への買い物ツアーが非常に人気になった。

韓国については、海外からの短期の借入が依然として大きかったことが問題であり、今後はこれに対して、プルーデンシャルな金融規制・監督（個別の金融機関の財務健全性を確保する政策）を一層強化する必要があるだろう。今回は、FRBからのスワップが韓国やシンガポールに対して供与され、危機の防止や金融の安定に貢献した。韓国でも、アジア通貨危機の反省から、外貨準備を前回よりも充実させていたため、危機を回避することができた。結果的には、為替レートの大幅な下落が競争力の強化につながり、二〇〇九年以降、世界経済の回復とともに、力強い輸出と景気の回復が続いている。シンガポールについては、小国開放経済の典型で、輸出がGDPの二倍程度と非常に大きいことから、危機の影響も非常に大きかった。しかし、金融システムがもともと健全であることから、危機に陥らずに済んだ。

シンガポールでは、円、ドル、ユーロなど貿易相手国の通貨バスケットを参照する実効為替レートの安定によって、物価の安定を図っている。バスケットのウェイトなどは公表していないが、経済情勢に応じて、中心レートの引き上げないし、引き下げ、為替の方向性を上向きにしたり、下向きにすることによって、為替レートを誘導している。実効レートは東アジア各国の中でも安定している方であり、対人民元レートも比較的安定している（図4―4参照）。

中国の人民元が二〇〇五年七月にバスケット制に移行した際、同じく管理相場制に移行したマレーシア・リンギットもシンガポール・ドルと同じような動きをしている。人民元が二〇〇八年八月以降、事実上のドル・ペッグ制に戻ってからは、当初、韓国などのアジア通貨が対人民元レートに対して弱くなった一方、〇九年の春頃から世界貿易が回復するにつれ、人民元に対して強くなっている。当面、東アジア地域での為替レートの相互関係を見るうえで、人民元の動向から目が離せない。

アジアでは域内の貿易比率が五〇%を超える。ユーロ圏ほどではないが、北米自由貿易地域（NAFTA）よりも域内貿易比率が高くなっている。また、世界の成長センターになっており、今後も貿易や投資の伸びが高いと見込まれている。こうした状況なので、域内で為替の安定を深めて、経済の統合をさらに加速させるメリットは大きい。しかし、金融面ではCMIによる資金協力やABMIによる債券市場の育成の面で具体的な進展が見られる一方、域内の為替安定に対する動きは進んでいない。

域内の為替安定策として、当面一番、現実性があるのは、シンガポールやマレーシアなどASEANの一部の国が為替レートを相互に安定させていくことであろう。円、ユーロ、ドルなどバスケット通貨の構成比が相互に似通っていれば、各国がバスケットに連動して為替相場を管理することによって、為替レートは同じような動きをするようになる。そして、その延長線上にバスケットのウェイトを共通化すれば、為替の連動性をさらに高めることができるのである。バスケットを参照して為替レートを管理するという相場制であれば、各国は個別のショックに応じて為替レートを変更する柔軟性を維持することもできる。なお、為替面での協調は経済政策面での協調を伴う必要がある。

一方、日本、ユーロ圏、アメリカの三大経済圏の間で活発に資本が移動する現代においては、金融政策の独立性を確保するため、日本円は、ユーロ、ドルに対して、引き続き独立してフロートしていく必要がある。これら三通貨の間では、為替スワップや先物・先渡し取引など為替リスクをヘッジする手段も発達しているので、為替変動が貿易や投資などの企業活動を妨げる心配も少ない。これら三極の間では、景気循環のタイミングのずれなどファンダメンタルズを反映して、為替レートが変動した方が、それぞれ経済の均衡を図るうえで好都合である。

たとえば、景気のよい方の通貨が強くなれば、どちらの国にとっても都合がいい。アジアで、ドル、円、ユーロを含む共同バスケットができた場合、日本がそれに加わると、円がドルやユーロに縛られてしまうことになる。それは日本経済にとって望ましくないので、共同バスケットに参加することはできない。ただし、域内で経済面での政策協調と為替面での協調に進展があれば、それらの国々と日本との為替レートも結果的に安定するであろう。ドル・ペッグ制の国の通貨に対してよりも円を含む通貨バスケットを参照して為替レートが決められる国の通貨の方が、円との為替レートの変動が小さくなるからである。

アジアの地域協力の方向性

ところで、当面、為替の安定面で先行する可能性のあるASEANであるが、二〇一五年を目標に経済共同体を実現し、モノ、ヒトの域内移動の自由化へ前進することを目指している。ユーロ実現までの道のりでそれに対応する動きを探すと、一九六八年の域内関税同盟完成によるモノの域内移動の自由化や、一九八五年に西独、仏、ベネルクス三国の間で国境管理を撤廃したシェンゲン協定発効によるヒトの域内移動の自由化が挙げられる。

しかし、ASEAN内の経済格差は、前記の西欧各国間の格差と比べてはるかに大きく、国境管理の撤廃もはるかに難しいため、労働者の移動の自由は熟練労働者に限定される。また、関税同盟は域内関税の撤廃に加えて、域外共通関税を導入するものであるのに対し、ASEAN経済共同体では、域外共通関税は設定されない。こうしてみると、共通通貨への道のりはASEAN内に限っても、はるか先の話であることがわかる。日中韓を含むアジア共通通貨はなおその先になる。

ただ、域内で、市場主導で進む経済統合を政府間の協力で後押しする努力は惜しむべきではない。まずは、質の高いFTA（自由貿易協定）を域内に張り巡らせることによって貿易障壁を取り除くことや、前記の金融面での協力を進め、経済の相互監視を前進させることに力を注ぐべきである。また、後発国に対する経済支援によって、経済格差を縮小しながら、ともに成長していくことが必要である。

III――中国の改革開放政策

自力更生から改革開放へ

一九七八年に改革開放政策を開始して以来、三〇年あまりの間に、中国ほど世界経済における存在感を増大させた国はない。一九四九年に共産中国が誕生して以来、朝鮮戦争に義勇軍を派遣してアメリカ軍と交戦し、その後、ソ連とも対立して、自力更生路線を唱えるなど、中国は長らく外部世界との貿易に依存しない経済建設を国是としてきた。ソ連の侵攻を恐れた毛沢東《もうたくとう》は、軍需産業を内陸部に移すよう指示した。

また、農村革命の理論に基づき、人民公社を組織し、農業の集団化を進めた。そうした人海戦術によって灌漑《かんがい》工事などの開発を進めた。その精神主義的な指向は、大躍進運動において、農村工業化の一大大衆運動を巻き起こした。しかし、農村部に乱立した粗悪なレンガを積み上げただけの原始的な溶鉱炉で鍋《なべ》や農機具を溶かしても、まともな鉄が生産できるはずもなく、非現実的な目標のもとで、資源と労力を浪費し、農業生産を崩壊させて、多数の餓死者を出すなど悲惨な結果を招いた。

晩年、権力に陰りが見えると、もう一度、絶対的な権力を回復するため、当時、共産党で経済建設を指導していた幹部を走資派として批判する文化大革命を起こした。これによって社会秩序を徹底的に破壊し、中国の経済建設をさらに遅らせることになった。

こうした状況にあった中国にとって、改革開放路線は一八〇度の路線転換であった。文化大革命で失脚したが、生き延びて復活した鄧小平《とうしょうへい》の指導によるものであった。彼は徹底した現実主義で、資本主義のよいところを取り入れようとした。「黒い猫でも白い猫でもねずみを捕るのが良い猫だ」と述べて、イデオロギーにとらわれることなく経済活動のインセンティブを高めることを提唱し、社会主義市場経済という矛盾するような用語を編み出した。まず、農業の自由化に着手して個別農家の生産意欲をかきたてた。人民公社に代わって、農村に郷鎮《ごうちん》企業（郷〔村〕や鎮〔町〕における中小企業）が起こった。また、沿海部に経済特区を作って外資を導入し、それがうまくいくと、経済特区を徐々に全国に拡大していくという漸進的な改革手法をとった。試行錯誤を繰り返しながら、できるところから徐々に前進していくという改革路線は、旧ソ連諸国の急進的な改革路線と対比される。

中国が改革開放に踏み出した翌年の一九七九年には、OECDはアジアの新興工業国（NICs）のレポートを出して、韓国、台湾、香港、シンガポールを取り上げている。これは一九六〇年代に停滞のアジアと言われていた地域が、国際機関から初めて成長地域として認知されたレポートであった。

一方、中国の開発モデルについては、一九八〇年代を通して注目度は低いままであった。一九九三年に世銀が出したレポート「東アジアの奇跡」でも中国はまだ分析対象に入っておりらず、今後の分析課題とされているに過ぎない。しかし、ヨーロッパで冷戦構造が崩壊し、旧ソ連諸国の市場経済化が急進的に進められ、それらの移行経済諸国で経済が混乱する中で、中国の漸進的な改革路線が成功例として世界の注目を集めるようになっていった。

一九九四年、中国では二重相場制を廃止して、為替相場を一元化した。これにより名目上は管理相場制とされたが、実質的には米ドル・ペッグ制へ移行した。この際、割高な公定レートを市場実勢レートにさや寄せし、実質的には四割程度の切り下げが行われた。この大幅な切り下げは中国の輸出競争力を高める一方、中国の輸出品と競合するASEAN諸国の競争力を弱めることとなった。

一九九七年に起こったアジア危機の際、東アジア諸国の通貨が切り下がる中で、中国はひとり人民元を切り下げないと表明して、その国際的地位を高めた。これにより中国が、アジア危機の中で、通貨の競争的切り下げに走らず、危機の深化を防止するという役割を果たしたのはたしかである。しかし、そもそもそれに先立つ一九九四年の通貨切り下げによって、アジア危機が起こった時、中国は国際競争上有利な状況にあったのである。また、タイや韓国などと違って、中国では厳格な資本規制を敷いており、危機の原因となった外貨建ての短期の銀行借入という問題からも免れていた。

中国経済の光と影

二〇〇一年の世界貿易機関（ＷＴＯ）加盟によって、中国の改革開放政策は新段階を迎えた。ＷＴＯ加盟の条件として、中国は金融をはじめとする分野で、国内産業を外国にも開放する約束を行った。そのため、国有企業の改革、国内金融セクターの体質強化が必要になった。中国では、改革開放以前、計画経済のもと企業は原則すべて国有企業であり、企業への資金配分は政府によって決定され、中国人民銀行が、中央の計画当局の指令に応じて貸付を行っていた。いわゆるモノバンク制度であるが、その後、八〇年代半ばに四つの国家専業銀行を設立し、九四年には政策金融を担う政策銀行を設立した。

こうして、国有銀行の商業銀行化が漸進的に進められたが、国有企業向けの不良債権の問題は未解決であった。そこで、一九九九年から二〇〇〇年にかけて不良債権処理のための資産管理会社を設立して、ＷＴＯ加盟を迎えた。その後、二〇〇三年から二〇〇五年にかけて、外貨準備から資本注入を行ったうえで、二〇〇五年から香港市場等で、国有商業銀行の上場を開始した。

中国は国内の構造改革を進めるとともに、ＷＴＯ加盟後、輸出、輸入をともに大きく伸ばし、世界経済での存在感を急速に高めていった。中国経済の強みは、低賃金でよく働く労働力とよく整備されたインフラで外国資本を引き寄せ、最新の技術を体現した設備で生産するという、第二次産業の国際競争力の高さにある。その貿易構造は、工作機械や製造装置などの資本財と部品などの生産財を輸入し、部品を組み立てて最終製品を輸出するという特徴をもっている。

発電や高速道路などの公益事業を担っているのは、国有企業であり、エネルギー効率は低いうえ、旺盛なインフラ建設も反映して、資源・エネルギー多消費型の経済構造になっている。このため、中国の成長が加速すると、原油や鉄鉱石の輸入が伸びて、一次産品価格が上昇し、資源輸出国に恩恵をもたらす。日本も工作機械や輸送機械、電子部品の輸出が増えて企業収益が改善する。

一方で、中国の高い輸出競争力はそれと競合する産業にとっては脅威である。二〇〇五年に、多国間繊維協定が廃止されて、北米やEU向けの繊維品輸出が自由化された際には、中国が世界市場を文字通り席巻《せっけん》した。

また、中国の市場経済化、銀行による資金配分の効率化は、いまだに発展途上である。それゆえ、特定の業種に過剰投資が起こり、余剰生産物が集中豪雨的に輸出に向かうと、それは、失業の輸出となり（輸出先の国で失業が起こり）、世界経済にデフレ圧力を及ぼすことになる。それが貿易摩擦を引き起こし、人民元の切り上げ圧力につながる。

他方、中国は国内に、成長とともに貧富の差が拡大するという問題、政府と企業の癒着の問題、環境問題など多くの矛盾を抱えている。中国はいろいろな顔をもっており、そのどれに注目するかによって、まったく異なる評価につながる。中国は地理的に広大で地域間の所得格差は大きく、統計の信頼度も含めて、その解釈は難しいが、ここでは、人民元の将来像に関連すると思われる、最近の中国経済の動きをいくつか取り上げて議論してみたい。

WTO加盟と輸出の急増

一九九七年夏以降、アジア危機の影響で、東アジア諸国が相次いで不況に陥る中、一九九八年には、中国でも実質GDP成長率が、七・八%に減速した。中国では、毎年労働市場に参入する新卒者に雇用を提供するためには、最低、八%の成長を維持する必要があると言われている。しかし、九九年にかけて、成長率はさらに七・六%へと減速した。この間、積極的な財政政策がとられ、財政赤字は、九八年対GDP比一・一%から一・九%へと拡大した。アメリカなど先進国でのITブームによる世界的な景気拡大を受けて、二〇〇〇年には輸出が三六%伸び、成長率も八・四%と再び八%を上回った。しかし、翌年にはITバブルの崩壊を受けて、輸出の伸びが七%に減速し、成長率も八・三%と停滞した。

ITバブルの崩壊によって、一九九〇年代の日本のようなデフレに陥ることを恐れたアメリカの連邦準備制度理事会は、政策金利を大胆に引き下げ、これが、住宅投資を刺激し始めた。二〇〇二年には世界経済の水準はまだ低いながら、方向性としては景気が上向きだした。前年の二〇〇一年にWTOに加盟していた中国では、こうした動きを受けて、輸出の対前年伸び率が、二〇〇二年に二二%、二〇〇三年に四〇%となり、輸出のV字回復を果たした。

二〇〇三年になると、不動産、鉄鋼、自動車、セメント、アルミ、繊維で投資過熱が始まった。*

一方、アメリカでは中国からの住宅資材や住宅関連の消費財の輸入が急増した。アメリカでは、景気が上向いても雇用が増えないことから、中国からの輸入の急増に不満が高まり、二〇〇三年夏から人民元の切り上げ要求が強まった。これを受け、人民元切り上げを見越したホットマネーの流入が二〇〇三年末から始まった。二〇〇四年末には生産能力過剰問題が深刻化したが、二〇〇五年になると輸出が急増し、問題は緩和された。他方、貿易黒字が急増して、一〇〇〇億ドルを超え、アメリカとの貿易摩擦はますます深刻になった。

＊　二〇〇三年から二〇〇八年の中国経済の動きとマクロ政策については、田中修「二〇〇八年における中国のマクロ政策の転換——引き締めから緩和への政治過程」、『フィナンシャル・レビュー』財務省財務総合政策研究所、平成二一年第四号、五一—三〇頁参照。

IV——中国の為替政策と人民元の国際化

二〇〇五年七月の為替レート制度改革

当時、東アジアの新興国には、ホットマネーを含む資本の流入が増大していた。特に、マレーシアなどドル・ペッグ制をとる国へは、通貨の切り上げ期待に基づく投機資金の流入が激しくなり、経済を不安定化する要因として国際的に懸念が高まっていた。

中国は一九九六年にIMF八条国(経常取引の自由化が義務付けられる)に移行し、輸出入などの経常取引については、自由化していた。しかし、資本取引には広範な規制を敷いていた。直接投資は認可制であり、証券投資は、海外適格機関投資家(QFII)制度に基づくものに限定されていた。また、銀行の国際取引についてもその資産、負債について外貨管理局が厳格にコントロールしていた。ただ、それでも輸出代金など実需を装うなどして、資本規制を回避する資金流入を完全に止めることはできない。

前述のように、固定相場制のもとで為替の切り上げ予想が強くなると投機的な資金の流入を止めることが難しくなる。その際に有効なのは、変動相場制にして、市場の勢いに任せて為替をいったん切り上げたうえで、それ以上は、為替が強くなるか弱くなるかわからないという状態にすることである。

こうした中、二〇〇五年七月二一日、中国人民銀行は、「通貨バスケットを参照しつつ、市場の需給に基づく管理変動相場制に移行する」と発表した。同日、人民元の対ドルレートを一ドル八・二八元から八・一一元へと約二%切り上げた。また、一日あたりの変動幅を対米ドルは±〇・三%に(二〇〇七年五月からは±〇・五%に拡大)、そのほかの通貨に対しては±一・五%とした。

その後、図4—3に見るように人民元の対ドルレートは緩やかに上昇した。上昇幅は、二

図4-3●人民元の為替相場推移

（資料）FRB

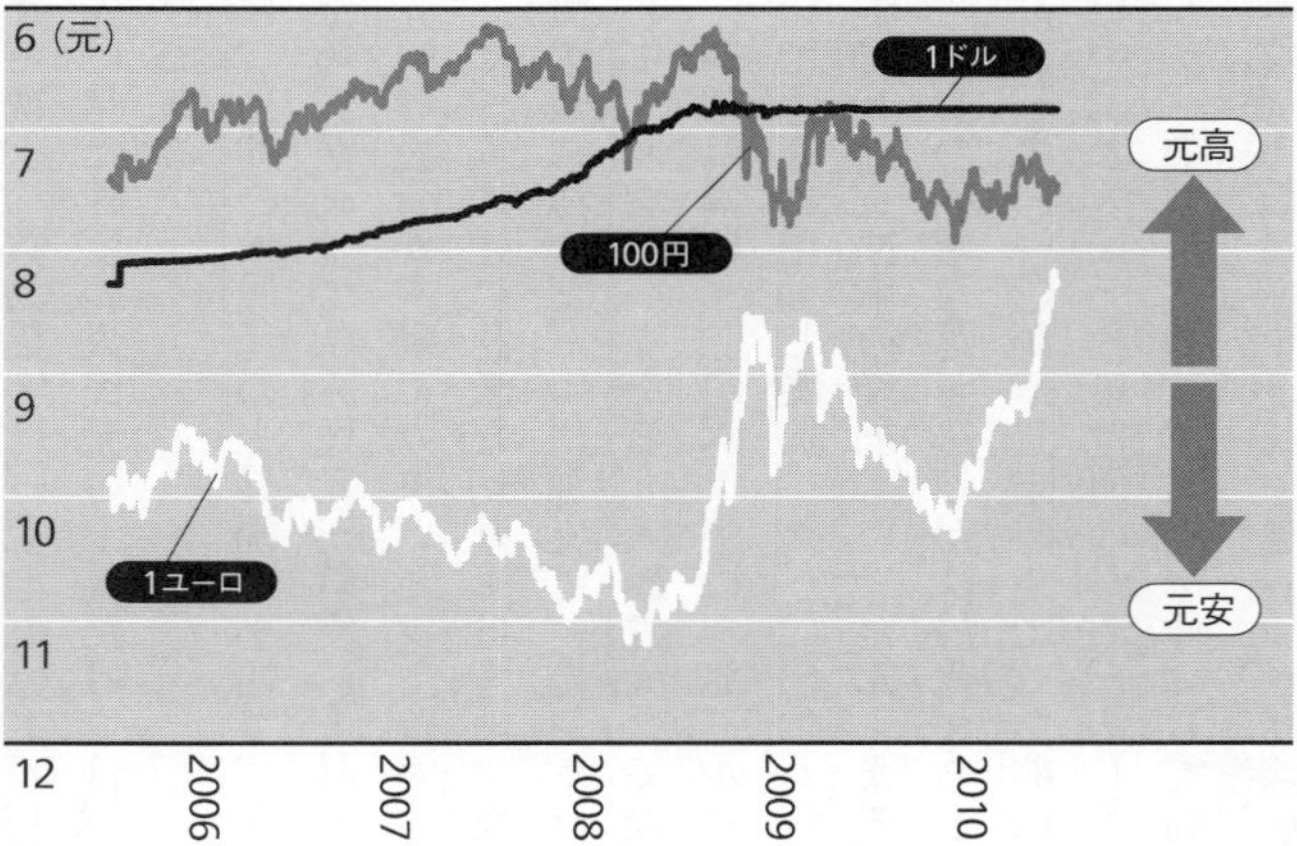

〇〇六年中が三・三%、二〇〇七年中が六・四%、二〇〇八年七月までが、六・五%と、後になるにしたがってペースが速まった。しかし、二〇〇八年八月以降は、一ドル六・八二元の水準でほぼ横ばいとなり、二〇〇五年七月二一日の切り上げ開始前からは、通算で約二一%の切り上げとなった。

　中国が貿易摩擦の解消や貿易黒字から生じていた過剰流動性の解消を目的としていたのだとしたら、この緩やかな相場上昇はよく言って中途半端、悪く言うと逆効果と言うべき措置であった。

　まず、輸出は二〇〇五年に二八%と高い伸びを維持した一方、輸入の方は、国内の投資過熱の抑制措置の影響もあって、一八%へと伸びが鈍化し、年間の貿易黒字が一〇二〇億ドルに急増した。輸出の高い伸びは、二〇〇八年まで続き、貿易黒字は一七七五億ドル、二六四〇億ドル、二九八一億ドルと増加し続けた。先に見た程度の人民元の上昇だけでは、とうてい貿易黒字を減少させることはできなかったのである。

次に、当初の人民元の上昇幅が小幅で、その後も緩やかな管理されたペースでの上昇が続いたため、かえって、人民元が着実に上昇していくという予想が強まったのである。その分、人民元への投資が有利になり、ホットマネーの流入が止まらなかった。

第三に、人民元の急激な切り上げを防ぐため、ドル買い介入を続けなければならなかった。輸出で大量に稼いだドルに加えて、ホットマネーの流入も増加したので、これらのドル売りに対してドルを買い支える介入額は大きくなり、その分、人民元の過剰流動性がさらに激化した。外貨準備は二〇〇六年中に一兆ドルを突破し、二〇〇八年八月にかけて二兆ドルに迫る勢いで急速に増加していった。二〇〇八年九月のリーマン・ショック後、世界貿易が収縮する中で、外貨準備の増加もいったん止まるが、二〇〇九年の第1四半期までには、欧米における消費の極端な落ち込みが沈静化すると、欧米向け輸出は力強くリバウンドした。外貨準備高は、二〇一〇年一月末時点で、二兆四〇〇〇億ドルを超えた。

では中国の人民元政策は何のため、そしてどういう効果を期待してとられた措置だったのだろうか。中国にとって、輸出を伸ばして高成長を続けることは、新卒者や農村から都市に流入する農民工と呼ばれる労働者に、毎年、必要とされる一定規模の雇用機会の拡大を確保し、社会の安定を維持するために不可欠な開発戦略である。当時、米議会では、「人民元のドルへのペッグは為替を人為的に低く抑えることによって、不当に競争力を高める不公正な貿易慣行であり、中国に対して対抗措置をとるべきである」という強硬論が高まっていた。中国としては全面的な貿易戦争を回避するため、人民元の為替レートを柔軟化する必要に迫られたのである。

この措置は、外圧に屈したというよりは、中国の貿易の利益を守るためにとられた措置であると言える。中国は日本のように安全保障をアメリカに依存しているわけではなく、良好な対米関係の維持よりも、国内の経済的要請が優先される度合いが一層強いと思われる。一九八〇年代後半のバブル期の日本では、対米配慮から、過度の政策協調がとられた。たとえば、貿易不均衡の解消を目的として、公共事業を六三〇兆円も実施する計画を立ててみたり、金融政策の超緩和措置を必要以上に長引かせたりした。しかし、二〇〇五年の中国の措置は、それと比べるとかなり限定的であり、国内経済の過熱を防ぐために、最低限必要なものであった。

投資過熱問題

国内のマクロ経済上の問題は、二〇〇三年から始まった投資過熱である。中国の中央銀行である中国人民銀行はこれに対処するために、引き締め策をとった。二〇〇四年から、預金準備率の引き上げや預金・貸付基準金利の引き上げを開始した。預金準備率の引き上げは、銀行が預金で調達した資金を貸出に回す割合を下げ、貸出を抑制する効果がある。

また、預金と貸出金利は規制金利であるが、この基準金利を直接引き上げることにより、消費や投資を抑制して貯蓄を増加させる効果がある。ちなみに、中国人民銀行は、日本の内閣にあたる国務院を構成する一行政機関と位置付けられており、金融政策の独立性は認められていない。マクロ政策上の重要な方針は、中国共産党の指導のもとに、党の重要会議で決定される。

金融政策の具体的な手段としては、法定準備率操作、窓口指導、預金・貸付基準金利の設定という三つの直接的なコントロールが中心であり、公開市場操作はまだ副次的な役割しか担ってはいない。これは、短期金融市場が十分整備されていないこと、銀行の資金調達の大部分が預金によること、規制金利であることなどの理由からだが、二〇〇三年四月からは、市場に放出される人民元を為替介入により吸収するため、人民銀行手形を発行し、公開市場操作の対象としている。

したがって、投資過熱を抑えるために、不動産開発や鉄鋼、繊維など投資が過熱した業種への融資を直接制限するような窓口指導も行われた。投資の過熱は、投資が行われている間は建設資材などの需要を押し上げて、インフレ圧力を生じさせ、投資が完成してしまうと、過剰な生産設備や不動産のストックが残ってしまうという二重の問題を引き起こしかねない。

輸出は過剰な生産設備のはけ口であるとともに、過剰な投資の要因でもあったので、人民元の切り上げによって、輸出にブレーキをかけることは、投資過熱を抑え、マクロ経済の安定を維持するためにも望ましい政策である。ただ、これまでの人民元の切り上げが緩やか過ぎたため、輸出にブレーキをかける効果は限定的であったが、ブレーキをかけ過ぎると雇用に悪影響を与え、社会不安をかきたてることになってしまうので、政策運営は難しい。

中国の輸出企業の競争力は一見、大変強いように見えるが、国内の競争が激しく、過剰生産設備の圧力もあるので、収益力は高くない。こうした状況で為替が大幅に切り上がると、とたんに採算がとれなくなり、大量解雇が行われたり、倒産が起きたりする。薄利多売の外資系企業では、より低コストの国に工場を移転することもある。

投資過熱を抑え、物価の安定を維持するという金融引き締めとの関連で特に重要なのは、人民元の切り上げによる輸入インフレの防止という効果である。中国の消費者物価は食品価格のウェイトが高い。中・低所得者は消費者物価上昇の影響を受けやすく、急激な物価上昇は社会不安の要因ともなる。*

中国自体が資源・エネルギー多消費型の経済成長パターンによって、国際的な一次産品価格の上昇を招いたのだが、これが国内にはねかえって、消費者物価の上昇を引き起こせば、社会不安を引き起こしかねないのである。特に世界金融危機の影響で、二〇〇八年夏にかけて、石油価格やとうもろこしなどの穀物価格が上昇する中で、人民元の切り上げペースが加速したのは、輸入インフレを防止する意味がこめられていた。

二〇〇五年七月からの人民元の切り上げは、同年中の金融引き締め策として特筆されるものである。その後、二〇〇六年に二度目の利上げを行った後、二〇〇七年に金融引き締めは本格化し、一〇月、第一七回党大会が無事に終了した頃から、食品価格とりわけ豚肉を中心にインフレ懸念が顕在化すると、金融政策はさらに「引き締め気味」に修正された。

ちなみに、中国でも所得の向上につれて食肉の消費が伸びており、豚肉の生産増に応じて、アメリカからのとうもろこしの輸入量が増えている。ブッシュ政権のエタノール生産がとうもろこし価格の高騰を引き起こしたという指摘に対して、ブッシュ大統領が新興国での食生活向上による穀物輸入の増加という要因を挙げて反論したことは記憶に新しい。

＊ 田中修「中国経済の強靭性と脆弱性」、『国際問題』日本国際問題研究所、二〇一〇年四月号No.590電子版（http//www.jiia.or.jp/）、六頁参照。

中国の景気対策とバブルの危険性

二〇〇七年夏、欧米でサブプライム問題が金融市場を揺るがすようになると、八月には、世界的に株価が暴落した。ＦＲＢやＥＣＢが積極的に流動性を供給したことから、一〇月にかけてニューヨーク株式市場のダウ平均株価は再び高値をつけたが、銀行財務の傷みが明らかになると、本格的に株価が下落した。中国の株価は二〇〇五年を底に上昇に転じていたが、過剰流動性が株式市場に向かうことによって、二〇〇七年一〇月にピークをつけた。

中国の株式は、国内の投資家向けのA株と外国投資家向けのB株に分かれており、資金の大半は国内向けのA株である。したがって、インドなど他の新興国で見られたように、先進国からの証券投資が一気に流出に転ずることによって、株価が急落したとは言えず、世界的なリスク回避の影響を受けた市場心理の変化にとどまるであろう。

むしろ、二〇〇七年に一〇度、預金準備率の引き上げ、六度、貸出基準金利の引き上げおよび窓口指導の強化を実施したことが、株価を反転させ、不動産取引を沈静化させた、と見るべきだろう。中国では二〇〇三年以来、経済の二桁成長が続き、二〇〇七年には一三%の成長を記録したが、景気拡大局面は転換点を迎えた。

消費者物価上昇率は二〇〇七年中急上昇を続け、二〇〇八年前半には八%を上回った。このため、中国人民銀行は二〇〇八年に入って、五度の預金準備率の引き上げを実施し、金融の引き締め姿勢を堅持した。しかし、インフレが加速する中で、成長率は低下し、早くも二月には、エコノミストの間からは、スタグフレーションを懸念する声が聞かれ始めた。世界市場での需要の減退やコストの上昇により、一部の中小企業、とりわけ輸出を主とした企業の生産経営へのプレッシャーが増加した。

二〇〇八年九月のリーマン・ショックによって、こうした問題は決定的になり、輸出企業の倒産が増え、農民工の解雇と帰郷が大問題となった。中国では、金融機関の対外的な資産・負債は外貨管理当局によって規制されていたため、サブプライム問題に関連する投資はほとんどなかったし、海外資本の流出が金融システムに及ぼす悪影響も問題にならなかった。外貨準備は潤沢であり、国際収支危機も起こりえなかった。前述のように、中国への影響は主として、欧米への輸出の下落によるものであり、リーマン・ショック後の世界貿易の収縮によって生産が大きく落ち込むことになったのである。

九月一五日リーマン・ブラザーズが破綻し、その衝撃が世界の金融市場を揺るがすと、人民銀行は同日、翌日から貸出基準金利を引き下げると発表した。これは、中小企業に配慮した微調整の性格が強かった。さらに、一〇月八日、人民銀行は預金・貸出基準金利の翌日からの引き下げなどの金融緩和策を発表した。これは世界の中央銀行が一斉に利下げを行うタイミングに合わせた、政策協調の一環として行われた。

もし世界が利下げを行う中で預金金利水準を維持すれば、ホットマネーが中国に集中し、過剰流動性問題を激化させる恐れがあった。実際、一～九月の貿易黒字額は一八〇九億ドルと前年同期比微減で、なお巨額だったうえ、直接投資に至っては、前年同期比四〇〇%増の七四四億ドルに上っており、過剰流動性の危険が残っていたのである。

しかし、人民銀行の引き締め路線に対しては党内部でもかなり反発があり、一部には周小川総裁解任説も飛び交っていた。ここに至って、党主導でマクロ政策の転換が図られ、一一月九日、中国政府は二〇一〇年末までに四兆元（約五六兆円）規模の景気対策を実施すると発表した。これにより、経済成長の維持がマクロ経済政策の目標となり、「積極的な財政政策・適度に緩和した金融政策」の実行が決定されたのである。

四兆元の景気対策の中身

中央・地方・その他（金融機関の融資）合わせて総額四兆元の事業規模のうち、中央財政の財政出動の数字が一・一八兆元で、二〇〇八年GDP比三・八％の規模となっている。投資の実施主体の内訳は、中央：地方：その他（民間企業等）＝約1：1：2となり、その他の大部分は、国有銀行等の融資によりファイナンスされる、との見方が一般的である。

主な施策としては、①低廉住宅建設の促進、②農村インフラ建設の促進、③鉄道、道路、空港等の重要インフラ建設、④医療衛生、教育文化事業の発展の加速化、⑤環境、省エネの強化、⑥イノベーションとリストラクチャリングの加速、⑦地震地区の災害復興のための各プロジェクトの加速、⑧都市・農村住民の収入向上、⑨増値税（付加価値税）改革（一二〇〇億元の減税）、⑩経済成長に対する金融の支援強化（商業銀行の貸出制限の撤廃等）が挙げられている。

以上の他、最近の施策として、①住宅ローン抑制策見直し等、不動産市場へのてこ入れ、②三年間で八五〇〇億元に及ぶ医療制度改革等の社会保障拡充、③春節前の七四〇〇万人に対する一時金支給、④家電・自動車の購入に対する補助金支給、等を実施している。〇九年度予算案では、公共投資に九〇八〇億元（前年比＋一一六％）計上するなど、九五〇〇億元の財政赤字（ＧＤＰの約三％）となる積極財政型としている。

経済政策の転換により、二〇〇八年の第４四半期に大きく減速した経済成長率は、〇九年の第１四半期から早くも回復を見せた。直近では、経済の潜在成長率を上回るペースまで加速し、再び、景気の過熱とインフレの懸念が生じている。マネーサプライＭ２（現金＋流動性預金＋定期預金）の伸びは、二〇〇八年の一一月に前年同期比一四・八％、前年比の消費者物価指数は二〇〇九年二月から一〇月まで連続してマイナスとなり、年間ではマイナス〇・七％となった（目標は四％前後の上昇）。

マネーサプライはその後、〇八年末から〇九年初めにかけて伸び率を急上昇させ、一一月には前年同期比二九・七％の伸びに達した。その後は伸び率が低下し、二〇一〇年三月には、二二・五％と、二〇〇九年二月以来の低い伸びとなった。しかし、目標値の一七％前後の伸びに比べると、まだ過大である。

人民元貸出残高は、二〇〇八年中は年初から一一月まで低下傾向を辿《たど》っていたが、一一月の四兆元の景気対策を受けて、それ以後、急増を続けた。二〇〇九年の人民元の新規貸出増は、九・五九兆元となった。当初は新規貸出増を五兆元程度と想定していたのだが、景気対策を当て込んだ金融機関の過剰な貸出により倍増している。

不動産市場に目を転じると、二〇〇八年一二月以降、全国七〇都市家屋販売価格指数の伸び率は、前年同期比マイナスになった。これに対し、政府は二年以上住んだ住宅を売却する場合、不動産譲渡益課税を免除する等の不動産取引活性化策を導入。その結果、同価格指数の伸び率は二〇〇九年六月以降プラスに転じ、その後も伸び率が上昇して、二〇一〇年四月には、一二・八%と、二〇〇五年七月以来の高い伸びとなった。また、統計が示す以上に、実勢取引は過熱しているとの指摘もあり、不動産バブルが懸念される。

これに対し、国務院では、不動産譲渡益課税の免税期間を二〇〇九年一二月に、五年以上に戻した。二〇一〇年三月に開催された全国人民代表大会における温家宝《おんかほう》首相の「政府活動報告」でも、「一部の都市の不動産価格の速過ぎる上昇の勢いを断固として食い止めねばならない」とされている。さらに、四月には住宅ローンを抑制する措置をとった。

こうした中、中国人民銀行では、二〇一〇年一月一八日、預金準備率を〇・五%引き上げ、一六・〇%とした。市場が金融引き締め策への転換の時期に注目する中、二月一一日には、二〇〇九年第4四半期の貨幣政策執行報告を発表した。「適度に緩和された金融政策」の継続を確認する一方で、「物価動向に注意を払い、金融リスクの予防を強化しなければならない」とし、インフレ警戒の姿勢も見せた。その後、二月二五日、五月二日にもそれぞれ預金準備率を〇・五%ずつ引き上げた。

中国の為替政策の行方

二〇〇八年一一月の四兆元の景気対策によって、中国は先進諸国に先駆けて景気を回復させ、世界経済の牽引役になっている。二〇〇九年には、輸出額でドイツを抜いて、世界一位になった。二〇一〇年中には、GDPでも日本を抜いて世界第二位になることが確実である。世界経済の動向を左右する米中をあわせG2と呼ぶことも多くなってきた。そこで人民元とドルの関係が注目される。

中国が世界経済第二位の経済大国として、アメリカと肩を並べる存在になれば、人民元レートの水準を管理する自由度は制限されざるをえない。アメリカに対して巨額の貿易黒字を出し、人民元レートを維持するために巨額の介入を続けていれば、アメリカから切り上げ要求が出るのは当然である。

人民元の均衡レートについては、さまざまな試算がある。たとえば、中国にとってノーマルな経常収支の水準はどのくらいか、為替レートは経常収支にどのような影響を及ぼすかというパラメータを用いて計算した場合、四〇%以上も過小評価されているという声もある。一方、現状レベルでおおむね均衡レートであるという声もある。これだけ見方に幅があるので、両国の協議は、均衡レートに関する経済理論で決着がつくものではなく、政治的な色彩の強いものになる。つまり、アメリカ議会の動向にかかっているのである。

三月には、超党派の一三〇人の議員がガイトナー財務長官とロック商務長官あてに書簡を送り、中国の為替操作が米国の中小企業や製造業の雇用創出能力を損なっているとして、オバマ政権に抜本的な対応を求めた。書簡の中で、為替操作を行っている国に対して相殺関税を課すことや、財務省に対し中国を為替操作国として認定することを求めた。

こうした中、四月三日、財務省は四月一五日に予定されていた報告書の議会への提出を三カ月間延長すると発表した。年初から、ダライラマの訪米や台湾への武器輸出問題、グーグルの撤退などによって、米中関係は緊張していたが、中国側に一定の配慮と時間的余裕を与えた形である。

アメリカではこれまで、中国製タイヤや鋼管などごく一部の品目に対し、ダンピングだとして報復関税を課しているが、貿易摩擦がエスカレートするのは慎重に避けている。ハイテク産業から自動車に至るまで、中国への輸出と現地生産で大きな利益を上げている。中国は市場としても、また生産基地としても重要であり、今後ますます重要性が増していくだろう。実際、中国からの安い輸入品は米国の消費者の利益になっており、中国の米国債購入によって、金利も低くなっている。米中は強い相互依存関係にあり、米中の戦略的パートナーシップにおいてもその点は十分認識されていると思われる。

アジア通貨の対人民元レートを二〇〇五年七月＝一〇〇としてグラフにしてみると、シンガポール・ドル、マレーシア・リンギット、タイ・バーツについては、ほぼ一〇〇近辺にある（図4－4）。米ドルと完全に連動している香港ドルは人民元に対して二一％安い水準で

図4-4●アジア通貨の対人民元レート（2005年7月1日＝100）

（資料）FRB

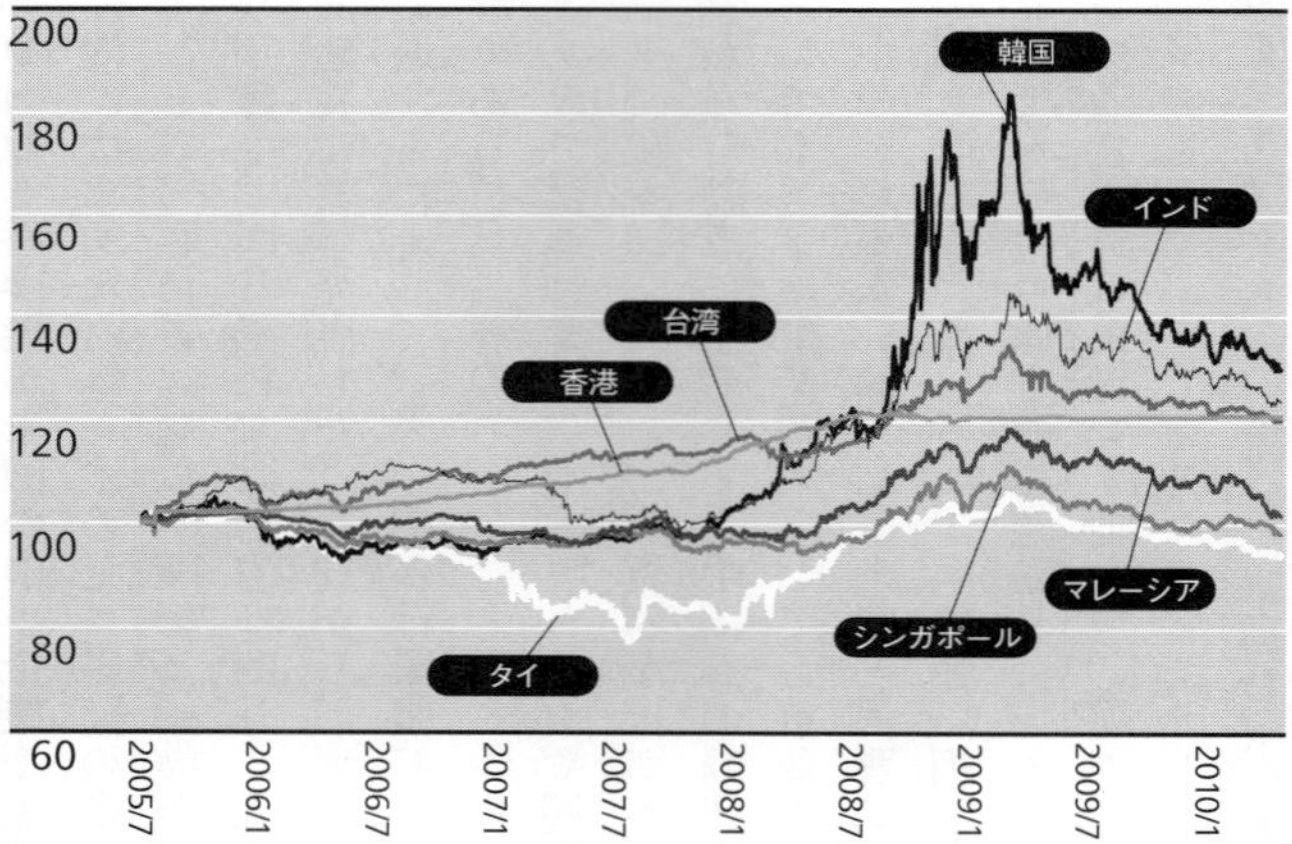

ある。世界金融危機以降、円を除いてアジアの諸通貨は安くなったが、二〇〇九年初頭から反転している。韓国・ウォンは〇八年中最も減価が激しかったが、インド・ルピーなどとともに、最近は、人民元に対して強くなっており、インド、韓国やASEAN諸国からも、人民元の切り上げを求める声が聞かれるようになっている。

為替レート調整の三原則

中国が米ドル・ペッグ制を維持するために管理相場制をとっているからといって、それだけで為替操作をしていることにはならない。ただ、それによって中国企業が、米国企業に対して著しく高い競争力をもってしまっているとしたら問題となる。その意味で、二〇一〇年三月、中国の貿易収支が六年ぶりに赤字になったのはニュースなのである。ただし、これは、原油、自動車などの輸入増による一時的なもので、四月には小幅の黒字に戻った。

中国は米国からの人民元切り上げ圧力に対して、為替政策はあくまで中国自身が決定するとして、圧力には屈しないとの姿勢を貫いている。二〇〇五年七月に人民元を切り上げる為替相場制度改革が行われた際にも、あくまで、①自主的に、②コントロールされた形で、③漸進的に、為替レート調整が行われた。

したがって、今回もこの三原則は堅持されるのではないかと考えられる。米側も中国にあまり露骨に圧力をかけると、かえって逆効果になることは認識しているようである。そのため、人民元の切り上げが中国経済にとってプラスになるかどうかが、中国当局の判断のポイントになる。中国の投資過熱や過剰流動性の問題は、どの程度深刻で、人民元の切り上げがどの程度必要とされているのか。

二〇〇五年七月から二〇〇八年七月までの状況と、現在の国内状況を比較すると、いくつか類似点が見られる。四兆元の景気対策とその後の銀行貸出の増加は、投資の質に対する懸念を生む。また、一部地域の不動産価格にはバブルの兆候が見られる。住宅価格の高騰は低、中所得者の生活を脅かすし、過剰生産能力は将来、深刻なデフレ圧力をもたらす。一方で人民元の切り上げによって、輸出や投資から、消費に需要をシフトさせ、資源配分を効率化することができる。

二〇一〇年の消費者物価指数は三％前後上昇するとの見方が有力だが、目標は四％前後の上昇であり、インフレ懸念はまだそれほど高まっていない。二〇〇八年に金融引き締めから緩和への転換が遅れたことに対しては、人民銀行に対する批判も強かった。世界金融危機の影響を最も強く受けた沿海部では、為替の切り上げに対する警戒感が強く、中国商務省は、切り上げに反対の姿勢を崩していない。また、最近のユーロ安によって、欧州向けの輸出も影響を受けている。為替の切り上げが貿易黒字の減少に及ぼす影響にも否定的であり、アメリカに対しては、中国に対する戦略物資の輸出制限を緩和する方が効果的であるとして、輸出禁止品目の解禁を求めている。

こうした中、G20サミットを一週間後に控えた六月一九日、中国人民銀行は、人民元レートの弾力化を発表した。これにより二年ぶりに、非常に緩やかなペースで対ドルレートの切り上げを再開した。オバマ大統領は、サミット後、中国の対応を歓迎しつつも、より大きな調整を期待するとの声明を発表している。最近のユーロ安を受けて、中国当局は、二〇〇五年のとき以上に切り上げに慎重になる可能性もある。しかし、そうした小幅で緩やかな切り上げでは、為替介入からくる過剰流動性の問題を解消する効果は限定的であろう。中国はこれに対しては、外需から内需へのシフトを進めることによって対処しようとするだろう。

中国はマクロ的に見て、極端に投資の比率が高く、消費の比率が低い。消費が低い要因としては、社会保障が不十分なことである。特に、農村部で年金制度を整えると、消費を拡大する効果が大きい。また、ホットマネーの流入に対しては、引き続き資本流入に対する為替管理を維持してこれを制限するとともに、監視を怠らないであろう。

人民元の国際化

前述のように、中国では、経常取引のための外貨と人民元との交換は自由である一方、資本取引については、登録制または許可制となっている。特に、対内・対外証券投資は、当局から認定を受けた適格外国機関投資家、適格国内機関投資家しか行えない。このため、人民元は原則として中国国内でしか使用されておらず、人民元の外為市場における取引高は米ドル、ユーロ、日本円、英ポンドに比べると、極めて小さいものにとどまっている。

一方、最近、以下のように人民元の国際的使用を試行的に認める動きが見られる。

- 人民元による貿易決済の試行的解禁（広東《カントン》・長江《ちょうこう》デルタ地域〔上海《シャンハイ》、広州《こうしゅう》など〕と香港・マカオ間、広西《こうせい》・雲南《うんなん》とＡＳＥＡＮの間。利用額は一〇年三月までに約二二〇億元〔三〇六六億円〕）
- 香港における人民元建て国債の発行（〇九年九月）
- 中国金融機関・香港企業の香港での人民元建て債券の発行（各々〇七年〜、〇九年〜）
- 国際金融機関の人民元建て債券（パンダ債）の発行（〇五年〜）

こうした動きについて、中国当局者は、資本取引に制限がかかっている人民元が国際通貨となるためにはかなり長い時間が必要である旨の発言をしている。

なお、中国を旅行する外国人は、一昔前は、外貨兌換券を使用しなければならなかった。外国人専用の紙幣はあまり使用されていないため、妙にピカピカではあり、外貨兌換券用の公定為替レートと市場の為替レートとのあまりの格差に啞然《あぜん》としたものである。二重相場制と外貨兌換券は一九九四年には廃止された。

近年は、二〇〇八年の北京オリンピックの開催や、二〇一〇年五～一〇月開催の上海万博の影響もあって、一般の旅行者にとって、両替事情は随分便利になった。出発前に成田空港で円を人民元に両替することもできる。ただ、人民元の海外からの持ち込みと海外への持ち出しはともにそれぞれ二万元に制限されているので、それ以上は申告が必要である。申告を忘れてみつかった場合は没収されてしまうので、注意が必要である。

現地に着いてからも、空港内の銀行出張所などで両替ができる。使い残した人民元は、上海など出国する空港で円に再両替できるが、その際、両替した時の控え（両替証明書）が必要になるので捨てずにもっておかなければならない。原則として、二万元を超える分は税関に預けておき、次回の渡航時に受け取りに行くことになる。

第5章　円高と日本経済

I――円の国際化の挫折

日米円ドル委員会

一九七一年のニクソン・ショック後、円ドルレートは一ドル三六〇円の固定レートから切り上げられ、スミソニアン合意等を経て、最終的には一九七三年に変動相場制に移行した。一九七三年の第一次石油危機で日本の経常収支が赤字に転落し、地政学的リスクも意識されるようになる中、円ドルレートは一九七五～七六年にかけておおむね三〇〇円前後の水準で推移した。日本の経常収支は一九七六年には黒字に戻った。アメリカの経常収支は一九七七年に赤字に転落し、さらにそれが拡大したため、円ドルレートは急激な円高方向に進み、一九七八年には一七〇円台に突入した。しかし、一九七九年の第二次石油危機で日本の経常収支が再び赤字に転落するとともに、アメリカがインフレ対策として高金利政策をとったため、これがドル防衛の役割も果たし、一九七九年末には再び二五〇円近辺までドルが買い戻された。

一九八〇年代前半の円ドルレートは、大きく振れる局面はあったものの、総じてアメリカの高金利が維持されたために(名目金利だけでなく、物価上昇率を控除した実質金利も歴史的な高水準にあった)、おおむね二〇〇～二五〇円のレンジで推移した。しかし、高金利の副作用

図5-1●日米公定歩合の金利差と円ドルレート

（資料）FRB、日本銀行

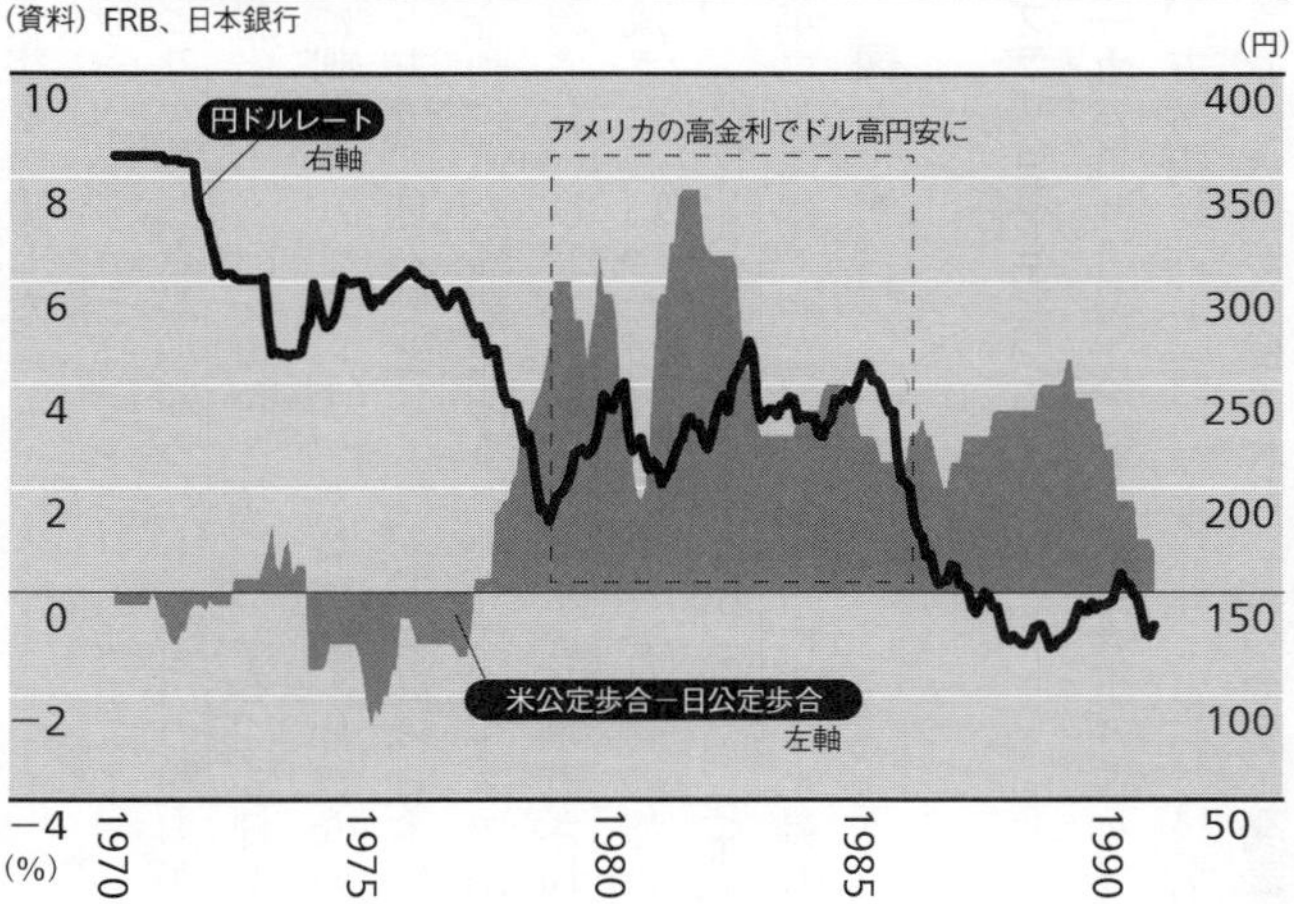

としてアメリカの輸出競争力が低下し、アメリカの経常収支は一九八三年以降急速に悪化していった。一九七〇年代後半と異なり、アメリカの経常収支の赤字が拡大する一方であるにもかかわらず、為替レートは円高ドル安方向には進まなかった。このことが日米貿易摩擦を悪化させると同時に、日本の金融市場開放と円の国際化に向けたアメリカからの圧力を増幅させた。なお、この間、日本では一九八〇年に外国為替管理法が改正されているが、実質的な規制は残った。そこで、これも含め、日米の為替問題と金融自由化を総合的に協議する場として、日米円ドル委員会（「日米共同円・ドル・レート金融・資本市場問題特別会合」）が設置された。一九八三年一一月のレーガン大統領訪日の際に設置が決定された同委員会は、翌一九八四年五月三〇日に

報告書を公表した。

アメリカ側が円ドルレートの是正に加え、円の国際化と日本の金融市場改革を要求した背景には次の二点が挙げられる。①円の魅力が海外に十分認知されておらず、円に対する需要が弱いため、円安傾向となっている、②日本の金融市場が非効率であるがゆえに、内需が十分に刺激されておらず、対日輸出も伸びない。

一方で、日本側としては、ドル高は日本の貿易政策の問題ではなく、ひとえにアメリカの高金利政策の帰結であるというスタンスであったが、日本製自動車がアメリカ人労働者に叩き壊され、ひっくり返される光景が報道される中、為替調整はやむなしという空気が徐々に醸成されていった。日米円ドル委員会の報告書においては、ドル高是正は明言されていないが、「金融市場改革等を通じて円高方向に進むことが期待される」、とした。しかし、一九八五年二月にはドルは二六〇円台にまで上昇し、もはやアメリカが容認できる状態ではなかった（図5―1）。

プラザ合意と円高不況

一九八五年九月二二日、過度なドル高の是正のため、ニューヨークのセントラルパークの南、五番街に面したプラザホテルにG５（日・米・英・西独・仏）の蔵相・中央銀行総裁が集まり、会議が開催された。この会議で発表されたドル高是正に向けたG５各国の協調行動への合意が「プラザ合意」である。プラザ合意の狙いは、ドル安によってアメリカの輸出競争力を高め、対外不均衡を是正することにあった。

当時の政治情勢としては、まだ米ソ冷戦の最中でもあり、日米同盟の強化の観点からも対米協調は当然でもあった。円高によりアメリカ経済が多少なりとも潤ったことで冷戦を貫徹する余力をアメリカに与え、冷戦の終結に役立った、という解釈も可能だろう。アメリカから見れば、ソ連との冷戦と日本との経済戦争に同時に勝つことができたわけで、ここに九〇年代のアメリカ復活の基盤が整ったとも言える。

プラザ合意前は二四〇円前後で取引されていた円ドルレートは、翌週末には二二〇円程度まで円高が進み、年末には二〇〇円の大台割れをうかがう展開となった。年明け早々、一九八六年には二〇〇円を突破し、八六年内は一五〇円の攻防戦となった。一九八七年末には一二一・二五円と一二〇円割れ寸前のところまで進んだ。つまり、二年余で円はドルに対して二倍に高騰し、ドルは円に対して半値に暴落するに至ったのである。このような急激な円高の進行により、日本では一九八六年にはＧＤＰ成長率がマイナスに転落し、「円高不況」となった。

バブルの発生

円高不況を懸念した日本銀行は、一九八六年一月三〇日に、公定歩合を五％から四・五％

に引き下げた。それを皮切りに、段階的に引き下げを実行し、一九八七年二月二三日には二・五％にまで引き下げられた。そして、この水準は一九八九年五月三一日まで二年以上継続することとなった。円高不況対策として、経済対策も三年にわたり実施された。

また、一九八六年四月七日に「内需拡大と市場開放」を謳った報告書、いわゆる「前川リポート」がとりまとめられた。前川氏とは、一九八四年まで日本銀行の総裁を務めた前川春雄氏である。「前川リポート」においては、日本の経済政策の目標として、経常収支の不均衡を解決して国民生活の質の向上を目指すとしており、内需拡大、市場開放、金融自由化などがその後の日本の経済政策の基本方針となった。しかしその後、低金利局面と金融機関による過度の貸出が過剰流動性を招き、不動産・株式などの資産価格が高騰して、いわゆるバブル景気が起こることとなった。

一九八七年には日本のＧＤＰはプラス成長に転じており、その原動力となったのは民需であった（図５―２）。たしかに、輸出は円高で影響を受け、外需のＧＤＰへの寄与度は一九八六年から一九八九年まで四年間マイナスとなったが、それを補ってあまりある内需の強さがあった（内需が強く、輸入が多いために外需が相対的に弱かった面もある）。これを、原油価格の急落による交易条件の改善が後押しした。

一九八七年にはニューヨーク株式市場の大暴落（ブラック・マンデー）による世界的な株価の下落があり、金融システムの安定化の観点からも、日本に金融緩和が期待された側面も

図5-2●日本の実質GDP成長率の寄与度

（資料）内閣府より

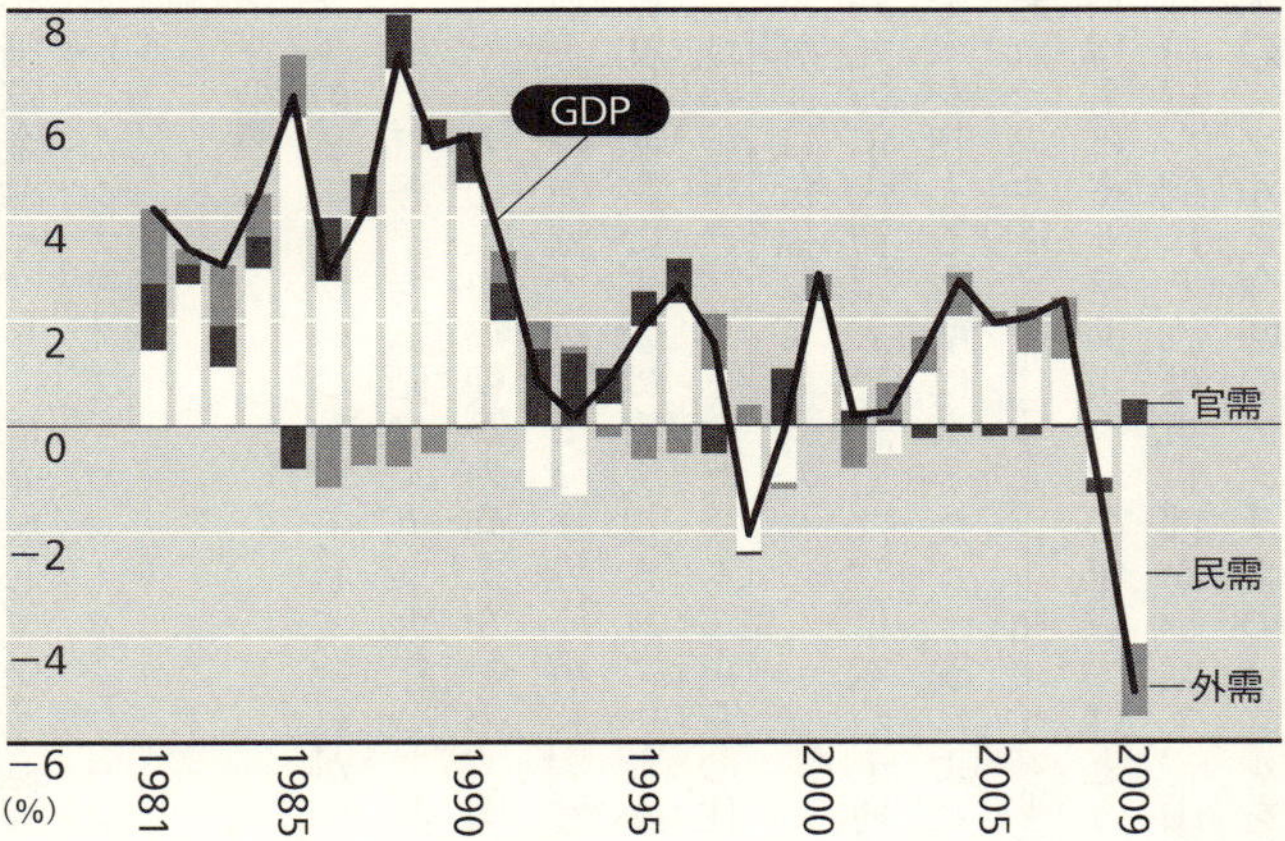

ある。また、金融緩和によって円高を回避しようという認識もあったものと推察されるが、円高不況対策での財政出動と相俟って、景気を過熱させてしまった感は否めない。

また、国民の間でもＮＴＴ株に代表される財テク志向が強まり、これが資産価格の上昇に拍車をかけた。中曽根民活（民間活力導入）で日本電信電話公社が民営化されＮＴＴとなった。その株式の第一次売り出し価格は一一〇万円弱で決まったが、一九八七年二月に上場されると、初日は買い気配で値がつかず、翌日に一六〇万円で寄り付き、五月には三一八万円の上場来高値を記録した。

株価収益比率（ＰＥＲ）では説明できないほど株価が高騰すると、今度は株価純資産倍率（ＰＢＲ）で見ればまだ割安、といった論調が出てきた。東京湾岸に倉庫をもつ企業は、東京が国際金融センターに発展していく過程でオフィスビル需要が増加し、それに転用される、といったシナリオで「ウォーターフロント銘柄」と呼ばれて推奨されたりした。

バブル崩壊

バブルのピークがいつか、そしてそれがいつ崩壊したのかを特定することは難しい。株については、日経平均株価は一九八九年一二月の大納会で三万八九一五円の史上最高値をつけた後、一九九〇年の年初から暴落を始め、同年末には二万三〇〇〇円台へと一年間で四割近く下げた。それまでの急ピッチな上昇に対する警戒感の高まりが引き金になったが、この時点では株価暴落の影響は重大視されていなかった。一方、地価はその後も高騰を続け、東京の商業地がピークアウトした後も、東京の住宅地、そして関西や地方の商業地、住宅地へと土地バブルは伝播《でんぱ》していった。

一九九〇年代初頭、統計上は、日本の土地の時価はアメリカの四倍あり、東京都二三区だけで全米を超える水準にあった。一説によれば、皇居だけでカリフォルニア州が買える、とも言われた（カリフォルニア州は一州でイタリアのGDPに匹敵する経済規模がある）。東京の住宅価格はもはやサラリーマンの年収ではとうてい手が届かず、年収の五倍で買える住宅は、中央線沿線を例にとれば東京都を越えて、山梨県にまで遠のいてしまった。

日本のバブルと今回のアメリカのバブルを比較してみると、構図が酷似している（図5—

図5-3●日米のバブル比較

（資料）S&P、米商務省、内閣府、国土交通省より作成

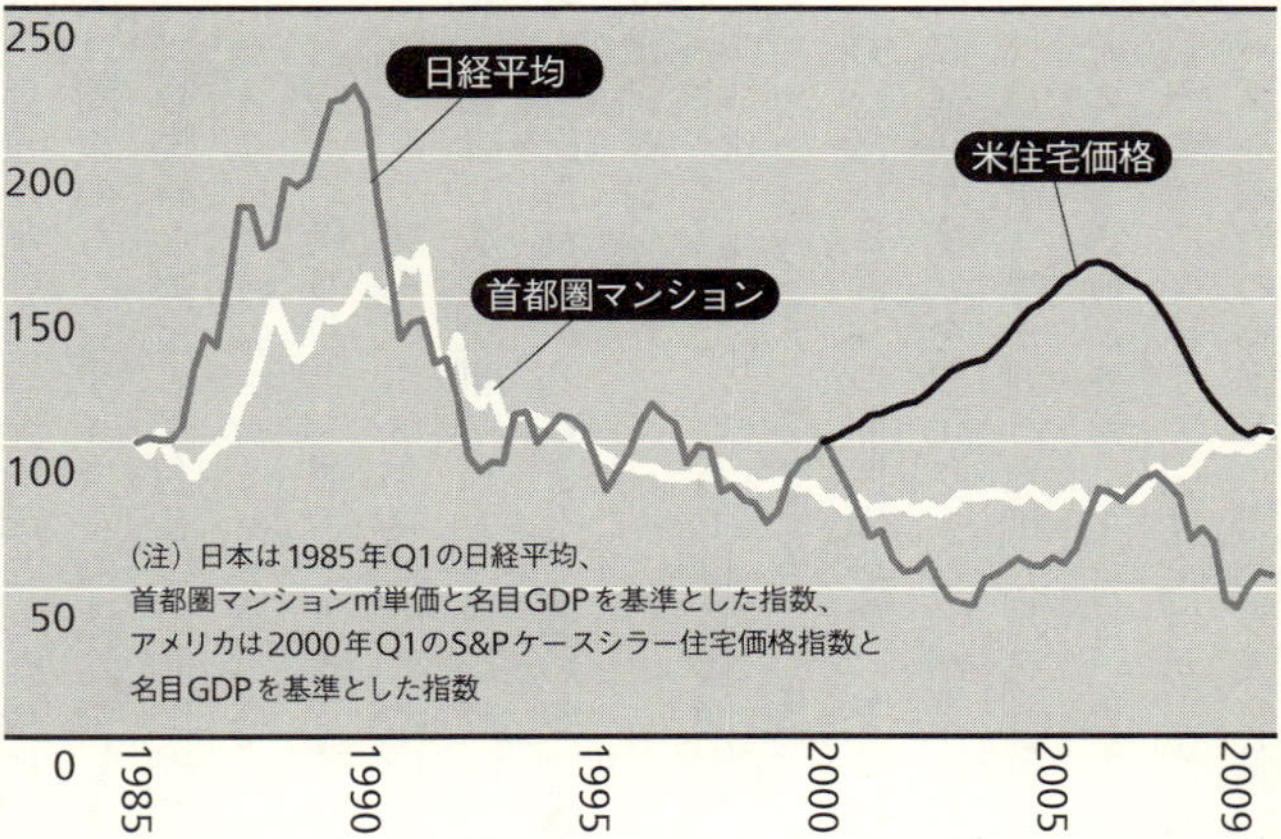

3)。日本の場合は円高不況、アメリカはITバブル崩壊と二〇〇一年九月一一日の同時多発テロによる景気の冷え込みという、いずれも実体経済の悪化懸念から、金融緩和と財政刺激策がとられたところ、過剰流動性による担保価値上昇で金融機関が楽観して融資審査基準を緩和し、個人の投機熱も加わって、資産価格の上昇に火がついた。そして、資産価格が一般庶民の手の届かない範囲にまで上昇し切ったところでバブルが崩壊した。金融機関が手のひらを返したように審査を厳格化することで負債の圧縮というデレバレッジが進行する中、売りが売りを呼ぶ展開に陥った。その結果、資産価格の下落に歯止めがかからず、それが金融機関のバランスシートを傷めてさらに金融機関が融資を絞るという負の連鎖にはまってしまった。バブルの膨張と破裂

は、赤色巨星が超新星爆発を起こした後に、自らの引力で収縮してブラックホールと化して、ついには周辺のものをすべて呑《の》み込んでしまうのにも似ている。

バブルの規模を国富の対名目GDP比率で見てみると、日本は八倍近くまで拡大したのに対し、アメリカでは五倍台にとどまっていた（図5―4）。日本の資産価格は九〇年代、そして二〇〇〇年代の前半を通じて下落し続けたが、日米の倍率が逆転するのは二〇〇五年になってのことである。あまり「五倍」という数字自体に意味はないが、国富の対GDP比が長期的に五倍の水準に回帰していることは、たとえば住宅価格は年収の五倍までが適正水準であると考えられていることと、偶然の一致ではあるものの、フローとストックの関係を見るうえで興味深い。

バブルは行き過ぎたところで自然に崩壊したとも言える。崩壊しなければそれはファンダメンタルズに基づくものと言え、ゆえにバーナンキ氏が、「バブルは振り返れば（in retrospect）明白だ」と言うのも理にかなってはいる。ただ、バブルが崩壊していく過程で、政策対応の間違いが症状を悪化させたのが日本の特徴である。

まず、日本銀行は一九八九年五月三一日に公定歩合を〇・七五％引き上げて三・二五％とした。その後も株価が暴落していく一九九〇年においても、金融の引き締めを継続し、同年八月三〇日には六％にまで引き上げた。当時の日本銀行総裁は三重野康《みえのやすし》氏であったが、マスコミはバブル退治の英雄として「平成の鬼平」と持ち上げ、日銀の金融引き締めを擁護した。

図5-4●日米の国富の対GDP比

（資料）米商務省、内閣府より

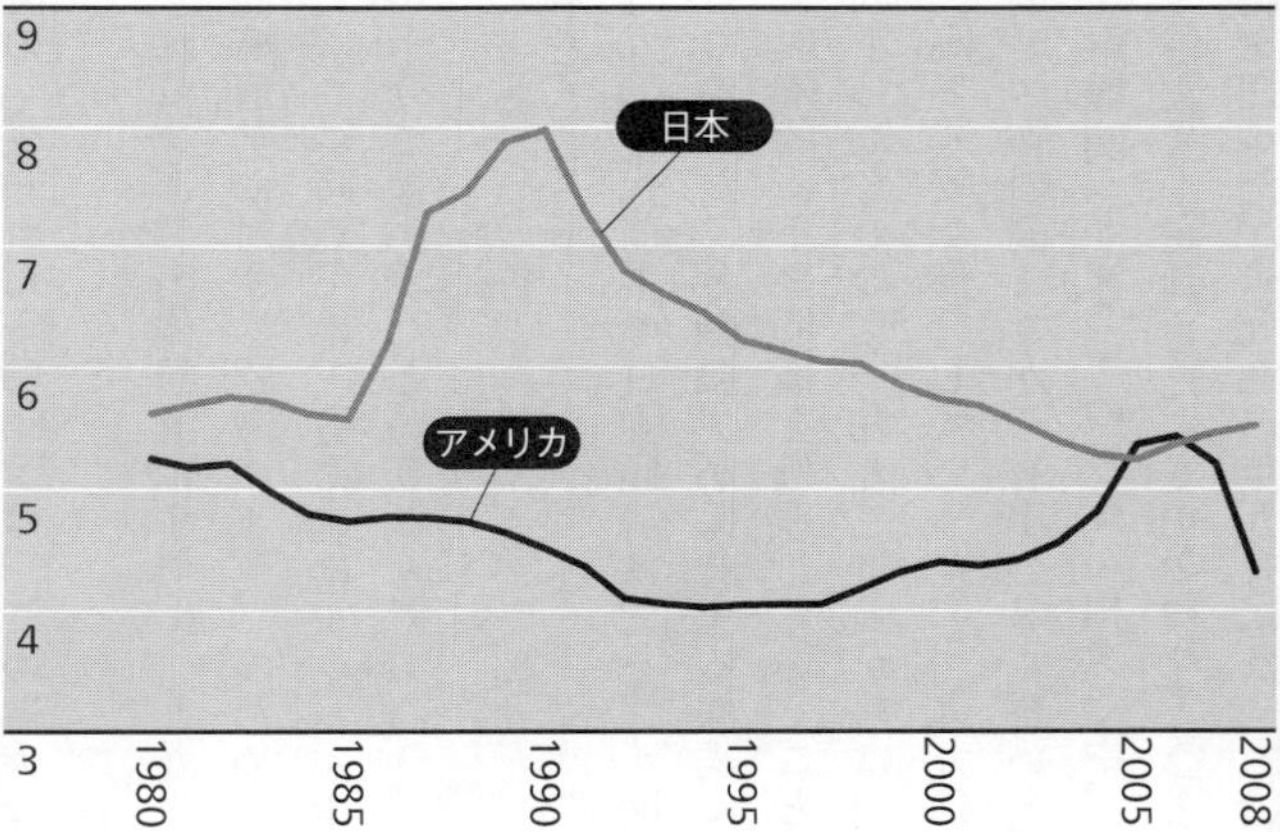

当時、株価は下落に転じたものの、地価は上昇を続けており、一般国民が家をもてないという状況を打破するのは正しい行為と評価されたのであろう。この六％という公定歩合は翌一九九一年七月一日まで、一年近く維持された。

　また、一九九〇年三月には「土地関連融資の抑制について」という通達（総量規制）が出され、建設・不動産業向けの融資が大幅に圧縮されることとなった。SNA（国民経済計算）ベース、すなわち日本経済全体で見た場合の借入（国債等の証券発行による負債は含まない）の総額のGDP比は、一九八〇年には一九五％であったが、一九九〇年には三一六％へと、一二一％ポイントも上昇していた。この比率は二〇〇八年には二六四％まで低下してきているが、ある意味では、一九九〇年代以降の「失われた一〇年」は、この過大なレバレッジを低下させていく過程であったとも言える。

いずれにせよ、実体経済はすでに一九九一年頃から急速に失速し始めていたにもかかわらず、経済情勢に対する認識ギャップのために政策的には緩和ではなく逆方向に舵を切ってしまった。この時点では、資産価格デフレが実体経済に与える影響（逆資産効果）についての考察が十分でなかったということであろう。

円高とデフレ

一九九〇年代前半の日本経済は、バブル崩壊の影響を受けつつも、まだそれほどひどい状況ではなかった。金融機関が保有する株式にはまだかなりの含み益があったし、業務純益の範囲で段階的に不良債権を処理していくことができると考えられていた。GDP成長率は大きく低下したものの、一九九三年頃からは回復基調となったが、一方で外国為替市場においては円高ドル安が進行していった。一九九〇年八月、イラクのクウェート侵攻があった。地政学的リスクの高まりから有事のドル買いもあり、一ドル一五〇円前後で推移していたが、貯蓄金融機関（S&L）の破綻が相次ぐ中、アメリカ経済は大きく傾くこととなり（それが原因で湾岸戦争に勝利したにもかかわらず父ブッシュ大統領は再選を果たせなかった）、ドルは低下基調を辿った。一九九二年九月には一二〇円を割り、一九九四年六月には一〇〇円を割った。そして、ドルは一九九五年四月一九日に史上最安値の七九円七五銭を記録した。

この間、日本の経済成長率はプラスを維持したものの、外需はさすがにこの強烈な円高の影響で落ち込んだ。円高不況回避のために累次の経済対策が措置され、徐々に財政赤字が拡大していった。同時に、金融機関の不良債権問題もクローズアップされ始めた。金融危機については次節で触れるが、日本経済を蝕《むしば》む病魔は意外なところで進行していた。デフレである。

円高による輸入物価の下落や、湾岸戦争終結後の原油価格の低迷、あるいは東西冷戦の終結により旧共産圏諸国が自由主義経済に統合されることで廉価な労働力市場が開放され、それら諸国との交易が拡大することで輸入物価の下落に拍車がかかった。これら供給側（サプライサイド）の要因もあった一方で、デフレにはバブル崩壊による心理的な影響で個人消費が低迷するという需要側（ディマンドサイド）の要因も大きく影響した。

一九九五年頃から消費者物価指数はマイナスに転じ始め、一九九七年頃は三％から五％への消費税率引き上げによる一時的な上昇があったものの、こうした傾向は二〇〇〇年代前半まで続いた。二〇〇八年七月には原油価格が一バレル一四七ドルを記録するなど、資源高の影響で二％台のプラスに上昇したが、二〇〇九年にはその反動も出てマイナス二％を超えるデフレとなった。価格変動の激しいエネルギーや食料品を除いたコアの消費者物価指数で見ると、日米の差がより顕著に見てとれる。アメリカはこの間、二〜三％の物価上昇を記録しており、日米の物価上昇率は一貫して二〜四%の開きがあるという構図にあった。グローバルな経済環境の変化は日米両方に影響を及ぼしていることを考えれば、サプライサイドの要因だけでは日本のデフレは説明できない。やはり、バブル崩壊に伴うデレバレッジ、バランスシート調整圧力が大きかったことを示唆している。最近の研究では、九〇年代の日本経済の低迷は時短の進行による労働投入量の減少という供給サイドに原因があったとする説が有力となってきているようにも見受けられる。しかし、単に労働投入量が減少しただけなら、雇用を拡大して失業率を低下させれば問題は解決していたはずである。いまだに需要サイドを重視しない論調が多いのには、「就職氷河期」世代からは強い反発があるだろう。

円高で輸入物価が下落してデフレが進行するというのは単純で明快だが、輸入物価の下落でデフレをすべて説明できるわけではない。むしろ、国内の需要が弱いために、輸出に依存することで貿易収支の黒字が拡大し、それが円高を招くという、デフレ発の円高も指摘されている。また、購買力平価説によれば、国際的に一物一価の法則が成立するためには、国内物価の上昇率が海外の物価上昇率より低ければ、その分、名目の為替レートが強くなる。たとえば、ある年、マクドナルドのハンバーガーが、アメリカで一ドル、日本で一〇〇円なら、購買力平価は一ドル一〇〇円となる。アメリカの物価上昇率が五%なら、翌年はハンバーガーが一・〇五ドルになる。日本の物価上昇率がマイナス一%なら、日本では約九九円になるだろう。この時、一物一価の法則では、一ドル約九四円になる。つまり、インフレ格差の六

％分、円の対ドルレートが上昇するのである。

インフレ格差を上回る実質的な円高の進行により、輸出企業は価格競争力を維持しようとして、生産拠点を労働コストの低い海外に移転した。いわゆる産業の空洞化である。このことは、本来は国内で行われるべきであった設備投資が海外で行われることにより、ＧＤＰの構成要素の一つである設備投資の減少を招くと同時に、国内での雇用機会が喪失されることで、個人消費も下押しすることとなった。個々の企業の合理的選択が、国全体としてマクロで見ると「合成の誤謬《ごびゅう》」に陥っていた、とも言える。あえて、プラスの面を挙げれば、日本の企業が海外展開することで、東南アジア諸国の発展を後押しして、それが「アジアの奇跡」につながった。それが、今回の金融危機後の世界経済の回復の牽引役になり、日本の輸出企業にも再び恩恵がめぐってきた、というところであろうか（アジア通貨危機の際は、このことが日本の金融危機をさらに深刻化したが）。

国内の金融システム不安

バブル崩壊後の日本の政策対応は、「Too little, too late」（規模が小さ過ぎて、タイミングも遅過ぎる）と諸外国、特にアメリカから批判された。バーナンキ氏も、当時はプリンストン大学の教授として、特に日銀の対応を強烈に批判している。政策対応の遅れとしては、日銀の利下げのスピードが遅かったことと、財政支出が小出しとなったことがよく指摘されるが、特に対応が後手に回ったのは金融機関の不良債権処理対応であった。

今回の金融危機では、アメリカのサブプライム・ローンが証券化されて、それを購入した世界中の投資家に原債権の焦げ付きが移転する仕組となった。一方、一九九〇年代の日本ではバブル期に行われた過剰融資は銀行のバランスシートにそのまま計上されていた。特に不動産関連融資は、地価下落により担保価値が下がり、不良債権化が著しかった。ただ、証券化商品とは異なり、このような融資債権は時価会計の対象ではない（導入もされていなかった）ため、銀行は発生する不良債権を毎期の期間損益で順次処理していくこととなった。しかし、地価の下落が続く中、不良債権の額は雪だるま式に膨らんでいき、日本の不良債権の実態がどうなっているのか、海外からは不透明に見えた。このことから、日本は不良債権を時価評価して損失を一気に処理し、金融システムの機能を回復するというアプローチをとらなかった、と批判される要因になったと見る向きが多い。特に、同じ時期に北欧で同様の金融危機が発生した際、北欧諸国では不良債権を迅速に処理して金融機関の与信機能を早期に回復させ、景気回復も迅速で力強いものになったと、対比されて論じられることが多い（同時に金融危機によって為替が大幅に弱くなったので、外需主導で景気回復ができた。小国であったので、為替の切り下げが貿易摩擦につながらなかった）。

ただ、今回のアメリカの対応を見ると、結果的には時価会計を一部修正して損失処理を先送りせざるをえなかったように、日本やアメリカのような大国経済におけるバブル崩壊においては、不良債権を一気に処理するというのは現実問題としては困難なことが明らかになったとも言える。超新星爆発がブラックホールと化すには一定の質量が必要で、それに満たない場合は白色矮星《わいせい》になるだけである。北欧の金融危機やアジア通貨危機は、日本やアメリカのバブル崩壊とは絶対的な規模が違う。なお、スウェーデンの場合は、一九九二年から一九九三年にかけてクローネが対ドルで七割近く減価しており、通貨の下落による輸出ドライブがかかった点は、円高の進行に苦しんだ同時期の日本とは対極にあった。

とはいえ、金融システム安定化のための政策対応という意味においては、日本の公的資金注入が迅速ではなかったのは否定しがたい。一九九六年の「住専国会」では、ノンバンクである住宅金融専門会社に六八五〇億円の公的資金を注入することが厳しい批判の嵐に晒された。このことにも表れているように、当時の日本では金融システム不安解消のための包括的な対応の必要性が十分に認知されてはいなかった。それは、今回の金融危機に際し、二〇〇八年九月に七〇〇〇億ドルの不良債権買取プログラム（TARP）を柱とする緊急経済安定化法の審議において、アメリカの連邦議会下院が納税者の反発を恐れて一度は否決してしまったことでデジャビュ（どこかで見た光景）となったが、高額報酬を受けている銀行を税金で救済するということはどこの国でも政治的には抵抗感があるということだろう。

当時はまだ金融機関の破綻処理スキーム（方式）が確立しておらず、相次ぐ金融機関の経営危機に対して個別に対処していった。しかし、一九九七年のアジア通貨危機、翌一九九八年のロシア危機とそれに伴うLTCM（アメリカの大手ヘッジファンド）危機と、海外の金融市場の混乱の余波も受け、日本の金融システムも一九九七年から一九九八年にかけて深刻な危機を迎えることとなった。

金融危機から輸出主導の回復へ

日本の金融危機と比較すると、今回のアメリカの金融危機は短期間に収束し、二〇〇九年第4四半期にはゴールドマン・サックスが過去最高益を記録するなど、回復が著しい。しかし、業績が回復しているのはトレーディング部門を中心とした投資銀行業務であり、商業銀行部門は増加を続ける貸出債権の焦げ付きで収益を圧迫されている。地方の中小金融機関は商業用不動産価格の下落でさらに苦境に立っている。

この構図を当時の日本にあてはめると、日本は投資銀行部門のように稼ぐ原動力がなかった。よって、不良債権を期間損益で処理できる範囲で処理していったのはやむをえない面もある。しかし、本邦金融機関の低収益性はその後も日本の金融システムの課題として残り続けている。日本の金融機関は堅実な経営をしていたから今回の金融危機では傷が浅かったと前向きに評価する声もあるが、金融機関が安定していても国の経済全体が沈没したのでは本末転倒であろう。問題は日本の金融システムが経済の発展に寄与できていないという点にあると見るべきではないだろうか。

この時期の日本の対応が残した教訓の一つが、拙速な出口戦略の問題である。日本では一九九七年四月に消費税率の引き上げによる駆け込み需要の反動から第2四半期に消費が落ち込んだ後、七月にタイで始まったアジア危機の深刻化による外需の落ち込みや邦銀への影響に対する懸念が景気を悪化させた。そして、年末には山一証券や北海道拓殖銀行の破綻による金融システム不安が起こった。このことは、金融システムが脆弱で、景気回復が十分に自律的でない段階で財政再建を急ぐと、景気が二番底に転落して、結果的に税収が落ち込んで所期の財政再建という目的が果たせなくなることを実証した。

アメリカでも、拙速な出口戦略の代表例として「一九三八年不況」があった。その歴史の教訓は忘れかけられていたが、日本の失敗が記憶を呼び覚まし、今回は出口戦略について慎重な合意ができている。皮肉な見方をすれば、日本の経験は無駄ではなかったが、デフレ脱却については、日本自身がもがき苦しんでいる状況にあり、世界に明確な処方箋を示せるに至っていない。

金融危機はさらに深刻化し、金融二法（「金融再生法」と「早期健全化法」）が成立した一九九八年には日本長期信用銀行、日本債券信用銀行が国の特別公的管理下に入った。このような金融危機を踏まえて、国際金融市場では「ジャパン・プレミアム」が邦銀に上乗せされることとなった。同時に、円も大きく下落し、一ドル一五〇円に迫る局面もあった。

その後、不良債権処理の進展等により日本の金融システムは安定を取り戻したかに見えたが、二〇〇三年春先には再び大手銀行株が急落した。この際、りそな銀行への政府の対応が大きな転換点となった。一九九八年の日本長期信用銀行、日本債券信用銀行と異なり、りそな銀行への公的資金注入に際しては、株主責任が問われなかった。このことで株式市場の不安心理を後退させ（モラルハザードを招いたとの批判もあるが）、日経平均株価は七六〇七円を底に反転に転じた。対中国を中心とした輸出の増加で実体経済はすでに二〇〇二年には回復基調についていたが、株価という資産価格が上昇することで、景気の回復が底上げされた。しかし、「いざなぎ越え」と言われた景気回復も、実はアメリカの住宅バブルに牽引されたものであった。そのため、アメリカの住宅バブル崩壊による今回の世界金融危機で、日本経済は震源地のアメリカ以上に大きな打撃を受けることになった。

日本の二〇一〇年第1四半期のGDP成長率（速報値）は、名実ともに四・九％（年率）と、アメリカの名目四・一％、実質三・二％を大きく上回った。しかし、アメリカの名目GDPはすでにリーマン・ショック前のピークを上回っているのに対し、日本はピークからボトムまでの六分の一を回復したに過ぎない（実質ベースでも、四五％のリカバリーである）。

日本の国際金融政策の独自性

前述のように、円の国際化は、米国の要求に応える形で、一九八四年の日米円ドル委員会を契機として始まった。当時は、レーガン政権の財政赤字と高金利政策のもとで、ドル高円安状態にあったが、製造業の輸出競争力の低下を問題視したアメリカは、日本が金融の自由化、国際化を進めれば、円高になると考えた。これによって、円の魅力を高めれば、円の需要が高まるという論理である。また、金融の自由化によって、資源配分が効率化されるという効果もあると考えられた。これにより、輸出企業を優遇する産業金融から、リスク・リターンに基づいた金融システムに進化すると、内需産業にもプラスになり、金融商品のリターンの向上によって消費そして輸入にもプラスになるという論理である。もちろん、ウォールストリートの金融機関のビジネスがしやすくなるという狙いがあった。

これに対して、日本側でも受動的に円の国際化を進めるだけではなく、アジアで金融ビジネスを拡大するために円の国際化を進めようという積極的な発想もあった。一九八〇年代後半は東京が世界の金融センターになるということが盛んに言われ、外資系金融機関が次々に進出した時代であった。また、産業界も一九八五年九月のプラザ合意後の急速な円高の中で、アジアへの直接投資を大きく増やしていった。こうして、円建てで投資や貿易を行うニーズが高まったのである。アジアを円圏にしようという野心的な意見まで一部にあった。そのため、金融の規制緩和や源泉徴収税に関する税制改正などの措置がとられた。

日米の政治学者の研究によれば、円の国際化を、国際金融の分野で、日本の政策担当者が、アメリカに対して自己主張した動きの一環として捉える見方がある。一九八〇年代後半には、ラテンアメリカの債務問題が国際金融上の大問題であったが、当時、日本は、アメリカのブレイディ提案に先駆けて、債務の株式化を提案し、また、大規模な黒字還流による資金協力を打ち出した。

また、一九九〇年には日本の海外経済協力基金（ＯＥＣＦ）が、世銀の政策に対して反論を公表した。これは、世銀で市場主義が徹底され、産業政策としての政策金融を全否定されたために起こった出来事である。当時、ＯＥＣＦの途上国向けツーステップ・ローンに対し、世銀がクレームをつけた。政策金融は一部の事業者に対して人為的に金利を下げるもので、これは、市場を歪め、金融と産業の発展を妨げるのでやめるべきであるというのである。

しかし、これは、日本の経済発展モデルを否定するものであるため、日本としては譲れない一線であった。市場を重視するあまり政府の関与をできるだけ排除しようとする古典的なワシントン・コンセンサスに対して、市場原理の活用を重視しつつも、市場が未発達な発展段階では、政府が産業政策によって、積極的に補完的役割を果たすべきであるという経済発展観の主張である。

途上国の経済発展において政府の役割を重視する日本の国際金融政策担当者は、世銀に働きかけ、「東アジアの奇跡」のレポート作成を財政的に支援した。戦後、アジアの経済発展が雁行的発展形態と呼ばれることがあることはすでに紹介した。日本がまず経済発展して、韓国や台湾に投資することによって、これら新興工業国が発展し、さらに、韓国や台湾がＡＳＥＡＮ諸国に投資することによって、経済発展が次第に波及していく様子を表現したものである。これには、円借款がアジア諸国のインフラ整備を通じて、産業基盤の整備に貢献し、日本など外資系企業からの投資の呼び水になったという事実が加わる。

こうした日本のアジア地域の経済発展に対する貢献の自覚と責任感は、アジア通貨危機の際に、アジア通貨基金構想や新宮澤構想につながっていく。国際金融政策において日本がリーダーシップをとろうとする動きの文脈の中で、円の国際化を捉えると、それはドルへの挑戦ということになる。国際金融システムにおけるリーダーであるアメリカと挑戦者である日本の、対立と妥協のゲームであるという見方である。

アメリカの政治学者マイケル・グリーンは、日本のこうした理論武装や規制緩和の努力にもかかわらず、円の国際化が本格的には進まなかった要因として、国内の市場開放が不十分であったとの見方をとっている。アメリカはアジア諸国から大量に輸入し、ドルをばら撒《ま》くことによって、ドルをアジア地域で支配的な通貨にすることができたという見方である。

九〇年代は、経済が概して好調だったアメリカは、旺盛な需要によってアジアに大きな国内市場を提供し、成長を助けた。それに対し、バブル崩壊後の九〇年代、失われた一〇年と言われた日本では、アジア諸国にアメリカに匹敵するほど魅力的な市場を提供できなかった。このため、アジア通貨危機の際も、日本の国際金融面での積極的な行動にもかかわらず、日本自身の経済の不振と金融システムの弱さのために、日本は危機の解決策であるというよりは、原因であるという見方をアメリカの政権はもったのである。

結局、円を、アジアを基盤として世界の基軸通貨の一角に押し上げようとする野心的な動きは、日本の国内金融システムの脆弱性と日本経済の低迷によって挫折することとなった。また、円の国際化をビジネスとして実際に進めるべき金融機関が、国内の不良債権問題の処理に追われて、海外業務を次々に縮小・撤退したことも致命的であった。

II――デフレ脱却と為替介入、円キャリートレード

デフレと金融政策

金融政策の基本は政策金利の変更である。しかし、金利は基本的にプラスの領域で推移するものであり、マイナス金利というのは通常はありえない。金利による金融調整は、金利がゼロになったところで行き詰まる。従来はあまり意識されなかったこの金融政策の非対称性の問題（ゼロ金利制約）がクローズアップされたのは、日本の深刻化したデフレが残した一つの遺産であるとも言える。

理論上はマイナスの金利というのはありえる。実際、スウェーデンの中央銀行は二〇〇九年に銀行の準備金に対してマイナス金利を適用した。しかし、一般的なケースとして、たとえば銀行預金がマイナス一％となったら、預金者は預金を銀行から引き出して、現金としてタンス預金にしてしまう。資金が秘蔵されてしまい、銀行の信用創造機能が麻痺してしまう

図5-5●量的緩和と消費者物価指数

（資料）日本銀行、FRB、総務省、米労働省

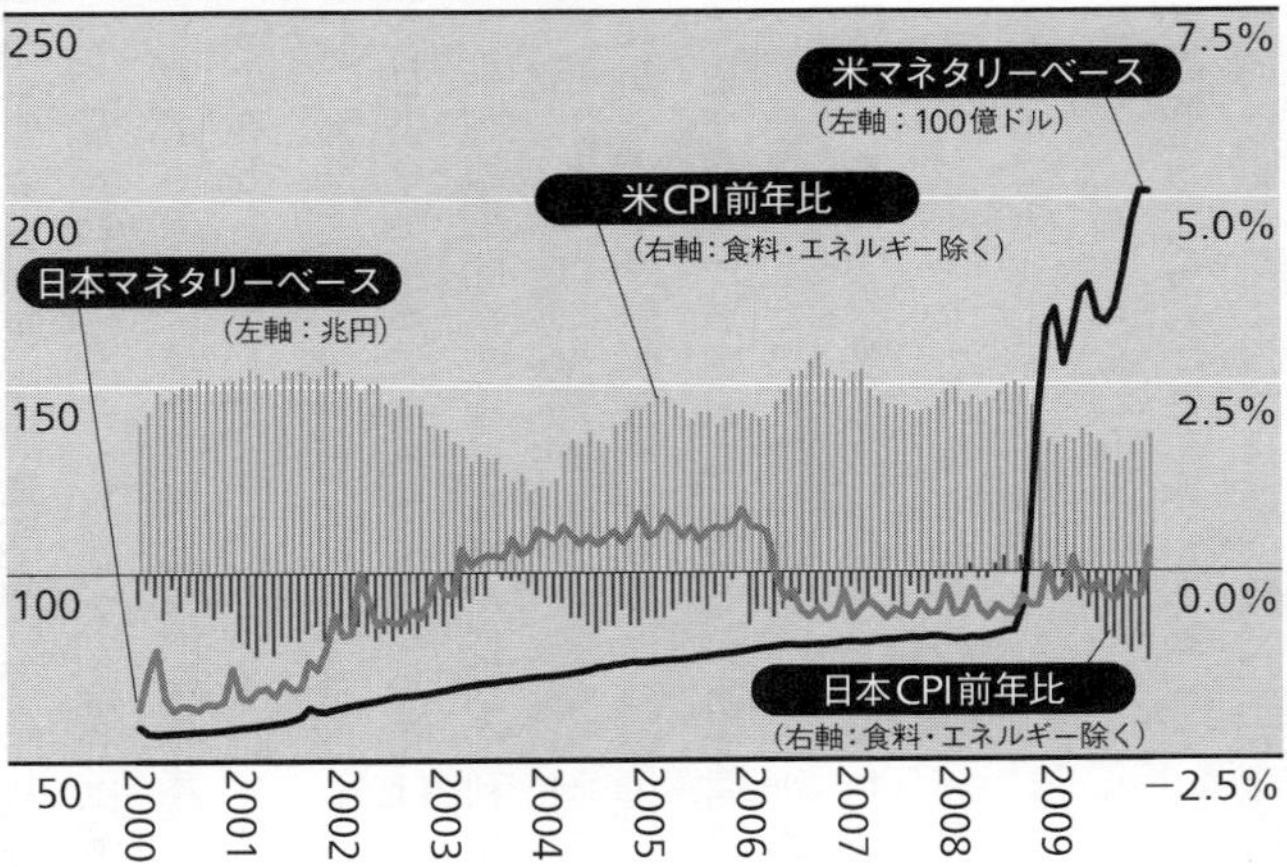

だろう。もちろん、家にお金を置いておくのは危険だからと、金庫代わりに保険料を払う感覚で銀行預金を続ける人もいるかもしれない。スウェーデンの準備金のケースはまさにこの例であるが、一般化できるような現象ではない。

日銀が一九九九年二月にゼロ金利政策を導入して以降、ゼロ金利制約下でもとりうる金融政策は何かが議論となった。特に、日銀が二〇〇〇年八月に景気回復を確信してゼロ金利政策を解除した後に、アメリカのITバブル崩壊で景気回復が腰折れしたため、日銀の利上げ判断に対して批判が高まり、二〇〇一年三月には量的緩和政策を導入する状況に追い込まれた。

量的緩和政策は、①金融政策の操作目標を従来の「価格」＝金利（無担保コール翌日物）

から、「量」＝日銀当座預金残高に変更し、必要準備を上回る資金を供給する、②その政策運営を消費者物価指数の上昇率が安定的にゼロ％以上となるまで続ける、という二つの基本軸から構成された。後者は、「時間軸効果」とも呼ばれ、中央銀行が長期間にわたり低金利を維持するとコミットすることで、長期金利も引き下げようとするものである。

①は、政策金利がゼロ近傍にまで低下した場合でも、資金量を増やすことで実質的な金融緩和を目指したものであるのに対し、②は、政策金利が短期金利を目標としている現状において、金利の期間構造を通じて、長期金利にまで影響を及ぼそうとしたものと言える。このうち、②については効果があったというコンセンサスがあるように見受けられるが、①の効果、なかんずく景気刺激への効果については、否定的な評価が多い。金融システムの崩壊を防ぐことで景気の底割れを回避したとも言えるが、経済を浮揚させる力強さには欠けた。

デフレとの関連で、消費者物価指数の動きを見ても、量的緩和政策を採用していた期間のコアCPI（価格変動の激しい食料品とエネルギーを除いた消費者物価指数）の前年比は、二〇〇三年七月にゼロまで回復したものの、再びマイナスに転じて、量的緩和政策によりプラスに浮上することはなかった（図5―5）。

量的緩和とインフレ・ターゲット論

日銀のマネタリーベースは、最大三五兆円の追加で一一〇兆円前後まで膨らんだが、それが不十分だったのか、そもそも効果がなかったのかは議論が分かれている。FRBは今回、マネタリーベースをリーマン・ショック前の八〇〇〇億ドル台から二・三兆ドル台にまで拡大し、デフレへの転落を防止しているが、それが量的緩和が十分だったためなのか、信用緩和と別名で呼ばれるリスク資産の買取要因によるのかはまだ検証されていない。

もともと、ゼロ金利政策を導入せざるをえないような景気の低迷期には、民間の資金需要が弱く、緩和的な金融政策を実施しても資金需要は増えず、景気回復には役立たない、という議論がケインズの時代からあった。「流動性の罠《わな》」である。ケインズ学派は、だから財政出動により需要を喚起する必要がある、とするわけだ。一方、デフレを金融的現象と見る立場からは、デフレ脱却の方策として、インフレ・ターゲット論が援用された。

インフレ・ターゲットは、本来、金融政策運営の一方式であり、中期的に低いインフレ目標を明示的に設定して公表し、中央銀行がその達成にコミットすることにより、インフレに対する期待を低位に安定させようというものであるが、日本のデフレ脱却の文脈では、クルーグマン教授やバーナンキ氏が強く日本に採用を勧めた調整インフレ的な性格（やや高いインフレを意図的に起こすことにより景気をよくしようとする政策）が強かった。デフレ下で中央銀行がプラスのインフレ目標を掲げ、その達成のためにあらゆる手段を使って通貨供給を増やすことで期待インフレ率を高め、実質金利をマイナスに誘導しようというのである。ヘリコプターからお金をばら撒くのにも似たこの政策から、バーナンキ氏は「ヘリコプター・ベン」（「ベン」はバーナンキ氏の名前）とも呼ばれた。日本国内でも激しい議論があったものの、日銀は採用しなかった。

二〇一〇年に入り、デフレ傾向がより鮮明になる中、インフレ・ターゲットの導入を期待する声が政府から出たが、日銀の白川方明《しらかわまさあき》総裁は、「現在の金融政策の枠組みを議論するうえで、意味のある論点あるいは切り口ではなくなってきている」と二月一八日の記者会見で否定的見解を繰り返した。今回の金融危機で、バーナンキ氏率いるFRBは米国債を三〇〇〇億ドル購入したが、当のバーナンキ氏自身、金融政策の限界を悟ったのか、財政出動の有効性を認めるに至っている。ただ、そうした手詰まり感のあるデフレ対策において、一つ有効だったと考えられる政策もあった。為替介入である。

金融緩和策としてのドル買い介入

第1章で述べたように、二〇〇三年六月から約一年間、FRBはFF金利を一％に据え置いた。これがアメリカの住宅バブルを膨張させ、金融危機の火種となったが、副作用として、アメリカの金利が低下したために日米の金利差が縮小し、円高圧力が生じることとなった。そこで日本は史上空前のドル買い・円売り介入を実施し、その結果として日本の外貨準備も膨張することとなった。二〇〇三年から二〇〇四年三月にかけての一五カ月で、三五兆円を超えるドル買い・円売り介入を実施している。これは日銀が実施した量的緩和の目標額と同水準であった点は第2章で触れた通りである。

この時期の円高は、金利や物価上昇率、マネタリーベース等の差を説明変数として回帰分析した水準からは大きく乖離していた。これらだけでは為替水準の妥当性を判断するのには不十分であるが、一般的に認知されるファンダメンタルズから乖離した円高であったのは間違いない。

二〇〇三〜〇四年にかけての円売り・ドル買い介入は、ある意味ではアメリカの超金融緩和政策に対する日本としての正当防衛であったと言えなくもない。また、為替介入で円安になれば、輸入物価は上昇するので、多少なりともデフレを緩和する効果もある。もちろん、二〇〇八年夏の原油高のような状況に円安が重なれば、一方的に交易条件が悪化するだけで、国内景気にプラスにはならないが、短期的には円安によってデフレが緩和されれば実質金利を低下させる効果がある。ゼロ金利制約のある中での政策効果を考えるうえで、開放経済であることのメリットが発揮された局面であったとも言える。

しかし、アメリカからの反発もあり、二〇〇四年三月を最後に、その後日本政府による為替介入は行われていない。今回の金融危機で、多くの通貨は対ドルで減価したが、円は日本の金融システムの安定性が評価されて円高が進行することとなった。二〇〇九年には八五円を割り込む水準まで円が買い進まれる局面もあった。しかし、このまま一本調子で円高が進むのであろうか。

足下の円高は持続可能なものか?

足下、まだ円高を懸念する声は根強い。円高で輸出産業が影響を受けることによるマイナスの影響の方が大きいためであるが、アメリカの景気回復の持続性が確認され、アメリカの早期利上げ観測が強まれば、一気に円安に転じる可能性もある。

過去の統計を見ると、一九八〇年代後半は円高にもかかわらず日経平均が上昇したのに対し、一九九〇年代は円高で日経平均は下落する一方、ダウは上昇を続け、米国株の動きとは逆行していた。これが二〇〇〇年代に入り、日経平均のドルおよびダウとの連動性が強まり、特に二〇〇五年以降はその傾向が一層顕著となってきている。二〇〇五年から二〇一〇年二月までの日経平均をダウの前日終値と円・ドルレートで回帰分析すると、決定係数は〇・九一三七、絶対値で二以上あれば統計的に有意とされるt値はそれぞれ五〇・二三と三七・三一と、極めて強い相関が出ている。八〇年代後半には、円高が金融緩和による金利の低下と内需拡大につながり、それが行き過ぎてバブルにつながったわけだが、近年は金利の低下余地はなくバブル期ほどの不動産ブームが起こることもないため、外需への依存度が一層強まっていることがここにも見てとれる。

八〇年代後半と異なり、日本の輸出のGDPに占める比率は、二〇〇〇年代に入って為替水準と関係なく上昇を続けている。二〇〇八年から二〇〇九年にかけては、金融危機の影響

図5-6●人口構造の変化とGDP

（資料）内閣府、総務省より作成

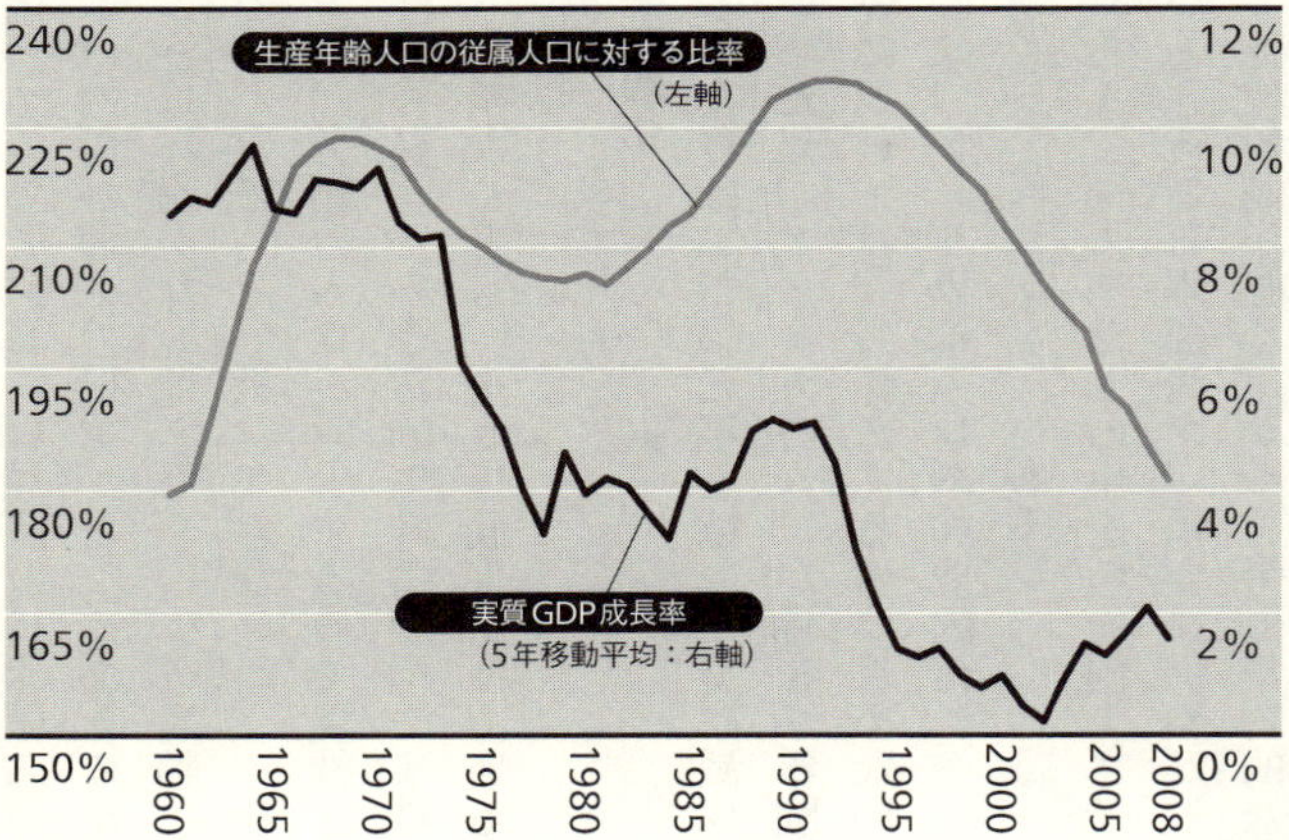

で世界的に貿易が縮小したため日本の輸出も減少したが、基調的には輸出は増加傾向にある。一つには、円高と言っても物価水準を考慮した実質レートではまだ一三〇円前後の円安水準に相当することもあるが、内需が弱い一方で生産設備や労働力の過剰は十分に解消されていないので輸出ドライブをかけざるをえない、というのがより大きな要因であろう。

バブルの後遺症として、「設備」「雇用」「負債」の三つの過剰が日本企業の重石《おもし》として指摘され続けたことも、「リストラ」の大義の下にこれらを圧縮する誘因であり続けた。しかし、内需が弱いから輸出に依存し、外貨を稼ぐとそれが円高圧力となり、国際競争力を強化しようとして海外に生産を移管するとさらに内需が弱くなる。こうした悪循環はどこかで断たなければならない。この十数年を振り返ってみると、日本は頑張れば頑張るほど自分を追い詰めていったようにも感じられる。日本の内需の弱さの根源がどこにあるのかは議論があるが、少子高齢化が有力な切り口であることは異論がないであろう。少子高齢化社会における経済運営については先行モデルがないので、実証的な分析はできないが、一般的な認識としては、社会保障関連給付が増加する一方で、労働力人口が減少するので現役世代の負担感が増え、また、社会保障制度の持続可能性への疑念から予防的に貯蓄を増やす結果、現在の需要が低迷する、といったところであろう。少なくとも、そう思う人が多くいることで、内需は縮小し続ける（図5―6）。

少子高齢化

日本の人口は二〇〇五年を境にすでに減少に転じている。少子高齢化は日本だけの問題ではない。ただ、アメリカの人口が現在も年間二〇〇万～三〇〇万人増加し続けていることとの比較においては、劣勢にあるのは否めない。一人あたりの生産性が同じであるという前提を置けば、アメリカは人口増加要因だけで一％の潜在成長力があることになる（日本はそれがないどころか、マイナスである）。

もちろん、一人あたりの生産性を向上させればよいのであるが、そう簡単ではない。内需が弱いとされる日本経済で、需要に供給が追いついていない分野は医療や介護、育児に教育といった、規制が強く、かつ、労働集約的な産業である。実際、移民を受け入れようにも、移民が日本語を喋《しゃべ》れなければ満足のいくサービスは提供できない。逆に、日本人が英語でサービスを受けるというのも非現実的であろう。この点はアメリカと比較して不利な点である。アメリカはこれらの分野で高付加価値を生み出す移民を受け入れる素地があり、生産性の向上が日本よりも期待できる。

少子高齢化の進行により、人口構成としては労働力人口が減少していくことになる。生産年齢人口が減少したとしても、女性の労働参加率の向上や、定年年齢の引き上げ、あるいは労働時間の延長等で、労働投入量を維持することは可能である。しかし、そのような対策が社会厚生的に望ましいかは、まったく別の議論である。アメリカは「威厳ある退職」により、早期に高齢者が労働市場から退出することで、より生産性の高い若年労働者を市場に呼び込んで経済を活性化させる、という選択肢を選んできた（ギリシャも退職年齢が早いが、これはドイツの猛烈な反発の大きな要素となっている）。

少子高齢化は、貯蓄する世代が減少して、消費する世代が増加することを意味する。すでに指摘したように、日米の貯蓄率は逆転しているが、日本の貯蓄率低下の一つの要因はこの人口構成の変化にある（もう一つは若年層の非正規雇用等が増えることで収入自体が減っていることである）。

フランスは少子化に歯止めをかけたが、政策転換により目に見える形で人口を増加トレンドに転じさせるのは時間がかかる。その間に個人金融資産が取り崩され続けることで、国債の消化能力が低下していけば、日本でもインフレ懸念が再燃する可能性がないわけではない。幸か不幸か日本人は生活を切り詰めることへの適応性は高いようだが、それにも限界があろう。これまでデフレが続いてきたので、今後もずっとそうだろうと仮定するのは楽観的過ぎるかもしれない。団塊の世代の大量退職後は、日本の資金循環に大きな変動が生じる可能性がある。日本の人口問題は、国債管理政策にとっても時限爆弾のようなものとも言える。しかし日本では、国を支えるために子供を作ろうなどという発想は受け入れられにくいようだ。

一般論としては、生産年齢人口（一五～六四歳）が増加する基調にある間は、高い経済成長を達成しやすい環境にある（「人口ボーナス」と呼ばれる）。日本の場合は、一九六〇年代の高度成長期と、八〇年代のバブル期がこれに該当した。今後は、高齢化の進展により従属人口（一五歳未満と六五歳以上）の比率が高まるので、潜在的成長力は低下していく。この傾向は多くの先進国で共通の現象だが、日本のスピードは他国と比較しても際立っている。まだ日本の少子高齢化が反転可能かどうか予断を許さないが、このまま日本経済が天寿に向かうように基礎体温が低下していくとしたら、そのような国の通貨が上がり続けると考えるのは自然ではないようにも思われる。

一方で、物価上昇率の差で購買力平価を算定すると、日本のようにデフレ圧力の強い国は、相対的に円高方向に振れやすいことになってしまう。日米の国際収支が均衡していたと考えられる時点を基準として、日米の物価指数（ここではGDPデフレーター）の比率を乗じて相

図5-7●相対的購買力平価に基づく円・ドルレート

（資料）米商務省、FRB、内閣府

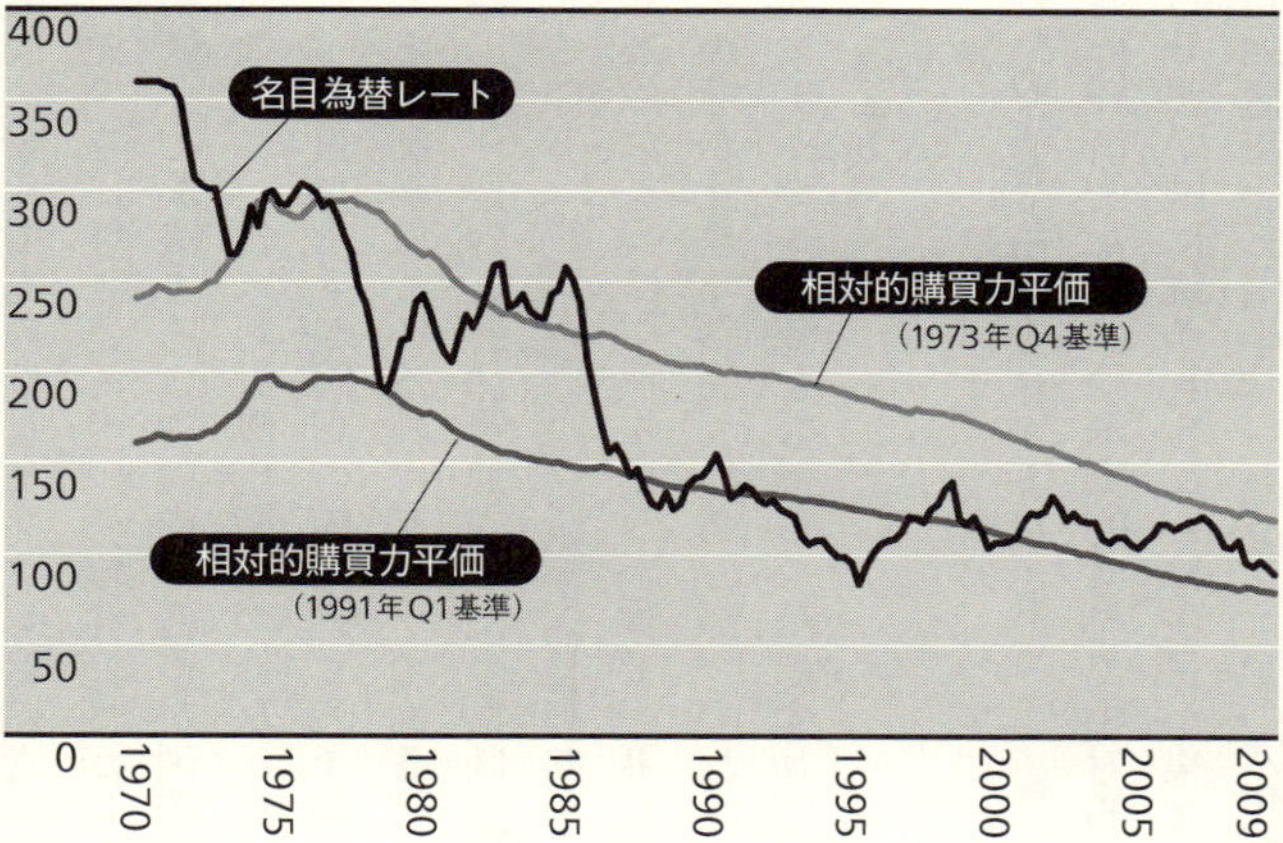

対的購買力平価を算出したのが図5―7である。一九七三年第4四半期を基準点とすると、プラザ合意後は一貫して相対的購買力平価よりも実勢の方が円高となるが、当時は外国為替管理法もあり、金融の自由化が進展していなかったことに鑑《かんが》みれば、基準点をもう少し遅い時期から選んだ方がよさそうである。そこで、プラザ合意後で最もアメリカの対日経常収支赤字が小さかった一九九一年第1四半期（二四・八八億ドル）を基準とすると、足下ではほぼ相対的購買力平価に実勢が近づいてきている形となっている。

日本の人口減少が総需要以上に総供給を減らすなら、日本はインフレ体質に変わり、それを反映して名目レートは円安方向に動くと予想される。一方、総供給以上に総需要が減るなら、デフレ体質は継続し、名目レートは円高方向に動くであろう。インフレ格差を修正した実質レートは、長期的には国際競争力に沿った動きを示すであろう。労働生産性が賃金上昇率を上回る率（単位労働コストの低下率）で価格競争力が決まる。この内外格差が国際競争力を決める。たとえば、内外で賃金上昇率が同じなのに、日本の労働生産性の伸びが海外より高ければ、その分、日本の国際競争力が高まり、実質レートが円高方向に動くと予想される。

日本と状況が似ているのはドイツである。ドイツも少子高齢化で人口減に転じており、かつ、輸出依存型の経済体質で、国内の物価上昇圧力が極めて弱く、さらに、為替が強含みで推移している（韓国も似ているが、為替動向が違う）。日本とドイツはともに敗戦国で、図2―4にもあったように、戦死者の影響で、第二次大戦後しばらくの期間、人口構造に歪みがあった。かなり乱暴な議論ではあるが、それが次の世代において、八〇年代から九〇年代にかけて人口ボーナス急減をもたらしたとすれば、今の両国の低迷は第二次大戦からの因縁ということになる。

海外への投資と円キャリートレード

日本の経済的な地位は国際的に見て相対的に地盤沈下している。巷《ちまた》では二〇一〇年、日本のGDPが中国に抜かれることに注目が集まっているが、一人あたりGDPではすでに、OECD加盟三〇ヵ国中、一七位〔二〇〇八年〕にまで転落している。アジアの中でも、マカオやシンガポールに抜かれている。ドル換算での日本の一人あたりGDPが八〇年代に急上昇したのはプラザ合意による円高の影響も大きいが、九〇年代もまだ主要国並みの成長は続けていた。日本が大きく失速したのは二〇〇〇年代に入ってからのことである。

比較の対象が名目GDPであるため、デフレ下にある日本が大きく見劣りするという側面もあるにせよ、それを割り引いても日本の凋落は顕著である。「失われた一〇年」は九〇年代のことを指すと一般的には解されているが、九〇年代の政策対応は間違っていて、二〇〇〇年代の政策対応は正しかったという評価も、今後の検証いかんでは変わってくるかもしれない。

こうした中、一四〇〇兆円に上る個人金融資産を活用すべきといった声が根強い。日本人は元本保証を重視する傾向にあり、欧米諸国と比較すると株等のリスク資産への資金配分が少ない。第1章で見たように、アメリカはリスク資産への投資が多いために、対外資産ポジションは債務超過でありながら、リターンの差により、プラスの収益を上げている。国内での収益機会が少ないのであれば、対外投資を増やすべきというのは自然な発想であるが、外為リスクがあることから躊躇《ちゅうちょ》する人も多い。

一方で、日本が超低金利だった二〇〇〇年代前半に、円で資金を調達して、相対的に名目金利の高いドルやユーロ等の外貨に投資する「円キャリートレード」も流行した。これにレバレッジをかけたFX（外国為替証拠金取引）に一般の主婦までのめりこむ「ミセス・ワタナベ」と呼ばれる現象が欧米でも報じられた。ただ、いつまでも円安が続くわけではなかった。仮に円の調達コストが一％、ドルの運用利率が五％で、四％の利回りの差が稼げたとしても、この程度の利回り格差はちょっと円高に振れればすぐに吹っ飛んでしまう。

一ドル一二〇円の時に、一二〇万円を借りて一万ドルに投資したとして、これが円高ドル安で一〇〇円に振れれば為替差損で二〇万円の損失となる。これを四％の金利差で回収するには五年間必要だが（再運用等は考慮しない場合）、借金をして投資した場合は、貸し手から追加証拠金を要求されるなどして五年間持ち堪《こた》えることができない場合もある。また、金利差自体、不変とは限らない。最近は逆にドル金利が低いのでドルを借りて他通貨に投資する「ドル・キャリートレード」が活発化しているとも言われるが、FRBが利上げに踏み切るタイミングと利上げのスピードが損益に大きく影響するだろう。

円キャリートレードについて、日本銀行が興味深い報告書を出している。二〇一〇年一月に公表した「金融市場レポート」で、本来的には金利が高い国の通貨は減価するという「カバーなし金利裁定」のため、超過利潤は発生しないとしながらも、経験則としてはキャリートレードのリターンが高い原因として、為替リスクをあえて引き受けることでリスク・プレミアムが乗っていると分析している。これは株と債券の投資リターンについても同じことが言えると思われるが、日本人はリターンを追求するよりは、リスクを極小化したがる国民性なのかもしれない。これは狩猟民族と農耕民族の違いだと言ってしまうと身も蓋《ふた》もないが、最近のリスク・マネーの動きを見ていると、欧米は「咽元《のどもと》過ぎれば熱さ忘れる」のに対し、日本人は「羹《あつもの》に懲《こ》りて膾《なます》を吹く」だと感じる。

日本は回復が「自律性に乏しい」と政府が認め、日銀の白川総裁も「輸出に依存せざるをえないのが現状」と率直に認めている。一方のアメリカは、オバマ大統領が一般教書演説で今後五年間で輸出を二倍に増やすと打ち出すなど、こちらも輸出主導に切り替えそうな勢いである。国際協調の結束がどこまで実効性をもちうるのか、これから試練が待っているのかもしれない。対外投資については、政治的な思惑により為替レートが急変動することもありうるので、アメリカの為替戦略についての慎重な分析が欠かせない。

財政刺激策（景気対策）の是非

デフレ脱却でもう一つ大きな議論となっているのは、財政支出の是非である。日本の失われた一〇年に対し、海外から「小さ過ぎて遅過ぎる」と批判されたのは主に金融危機対応であり、公共事業を中心とした景気対策については、むしろ無駄な公共事業を実施してゾンビ企業を存続させ続けたことで構造調整が遅れた、という批判が多い。そもそも、公共投資をしても、将来の増税を見込んだ家計は消費を抑制するので財政出動の景気刺激効果はない、という考えもある（「リカードの中立命題」）。

一方で、国富は一九九〇年の三五三一兆円から二〇〇五年の二六二六兆円へ九〇〇兆円以上減少しており、これだけの富の喪失がありながら、GDPがバブルのピーク時を下回ることがなかったのは公共事業による景気下支え効果があったからだ、とする議論もある。

デフレ経済の問題点の一つに、資産価格、企業の売上や名目成長率が低下する一方で、負債は名目値で据え置かれるため、実質債務や金利の負担が重くなる、という指摘がある（デット・デフレーション）。デフレ経済下では、政府を除く経済主体はレバレッジ比率を下げようとして、新たな資金需要が生まれず、金融緩和を実施しても効果がない、よって政府が公債を発行してでも有効需要を創出する必要がある、というロジックである。これはケインジアンの発想であるが、一方で、日本は短期的な景気循環に対応するため無駄な公共事業を実施し過ぎて財政バランスを悪化させた結果、本当に財政出動が必要な構造的変化に対応する能力が損なわれてしまった、といった反論があった。

日米の部門別負債の対GDP比を見てみると（図5―8）、日本はバブル期に民間部門の負債が急拡大し、バブル崩壊後にデレバレッジでその比率が低下してきている。そして、これを補う形で、政府の負債が拡大している。アメリカは、巨額の財政赤字が報じられつつも、今回の金融危機発生までは、政府部門（地方を含む）の負債の対GDP比はおおむね六〇％程度で推移してきた。レバレッジを拡大してきたのはもっぱら民間部門、特に家計部門と金融機関であった。

ただし、アメリカが借金漬けというイメージにもかかわらず、アメリカの民間部門の負債

図5-8●日米の部門別負債のGDP比

（資料）米商務省、内閣府

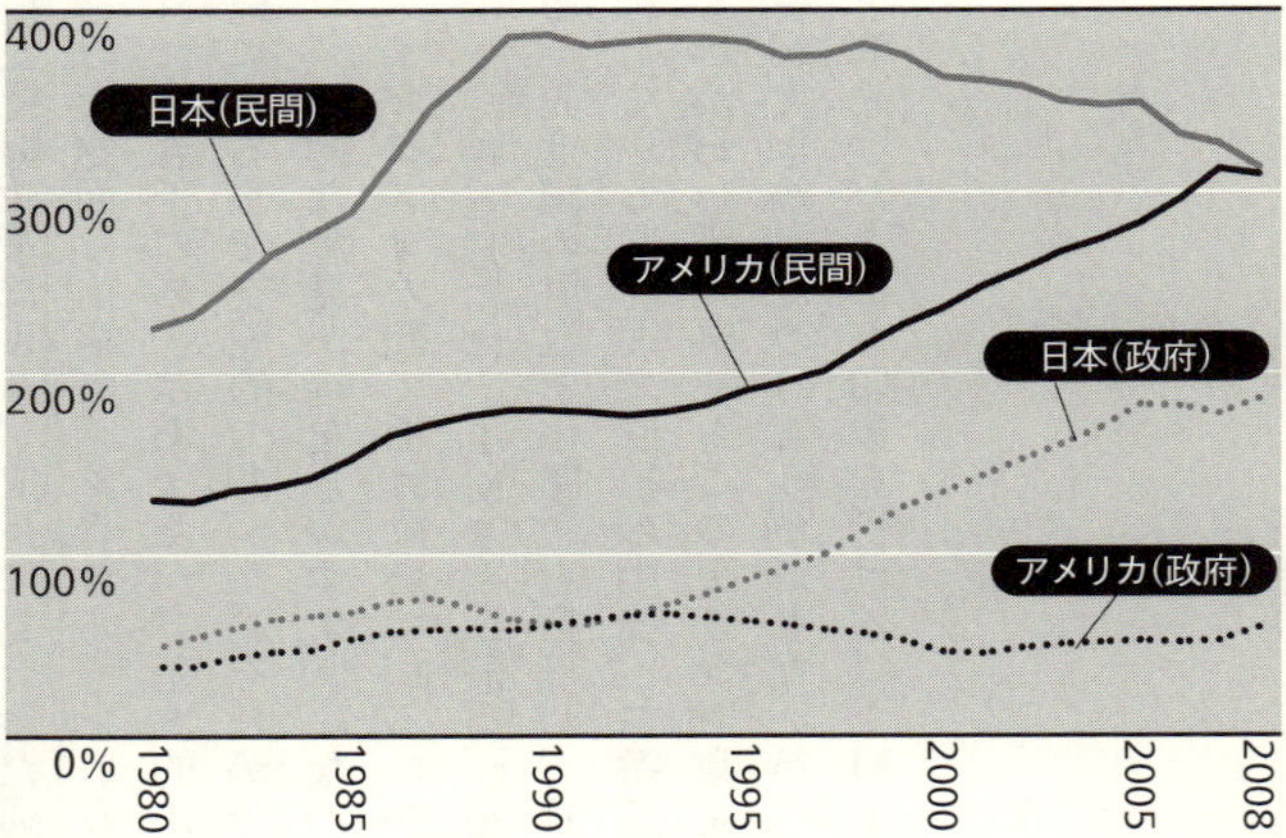

の対GDP比はようやく三〇〇%を超えた程度であり、レバレッジの解消が進んだと思われた日本がようやくこれと同じ水準に並んだに過ぎない。レバレッジの水準としてどこまでが許容範囲かは明確な線引きがあるわけではないものの、日本が借金を増やして投資を拡大するのはまだ先になりそうだという見方もできよう。

やや乱暴な議論をすれば、大恐慌でデフレが深刻化する中、ニューディール政策という財政出動により需要サイドのてこ入れが行われ、これ以降、ケインズ派が台頭してきた。しかし、一九七〇年代の石油危機でインフレが昂進する局面に入ると、財政政策では十分に対応できなかったことからケインズ派が凋落し、フリードマンに代表されるマネタリスト、新自由主義が取って代わった。ルールに基づいた金融政策により、成長に見合った通貨を供給していけば、物価は安定し、雇用や生産などの実物面は市場で調整される、という考えである。

これには若干の修正はあったが、基本的には市場を重視し、財政出動には否定的な立場が今世紀に入るまで支配的であった。それが今回の金融危機、そしてデフレ懸念の中で、再びケインズ派的な意見が幅をきかすようになってきた。歴史はインフレとデフレ、マネタリストとケインジアンの間で揺れ動いているのかもしれない。

二〇一〇年五月には、IMFが「財政監視」(Fiscal Monitor)という報告書の中で、日米を含めた先進国の財政悪化懸念を指摘し、日本には消費税を五%から一〇%に引き上げるよう勧告している。脆弱な回復の中で、二番底に陥らないよう慎重な出口戦略が議論されていたにもかかわらず、早くもこのような財政規律回復の方に舵を切ったことは、ギリシャ問題の影響が大きかったのは言うまでもないが、財政出動に対するスタンスが一～二年前とはがらりと変わったという印象を受ける。IMFも揺れている。

第6章　国際金融システム改革

I——国際通貨制度の問題点と改革案

IMFスタッフによるレポート

これまで各章で、基軸通貨とは何か、ドルがいかにして基軸通貨として国際金融で支配的地位を得るに至ったのか、そして、ユーロ、円、人民元が国際通貨として、将来、部分的にでも基軸通貨としての機能を分担することはありうるのか、などについて個別に分析してきた。ここでは、世界金融危機によって明らかになったドル一極体制の問題点をもう一度総括したうえで、どのような改革案が議論されているのか整理してみよう。

これについては、二〇〇九年のIMFレポート「国際通貨制度に関するディベート」が注目される。レポートの冒頭に、これはIMFスタッフである著者三人の個人的見解であり、IMFの公式見解ではないという断わり書きが記されてはいるものの、国際通貨制度改革について踏み込んだ検討が行われており、本件に対するIMFの関心の高さを反映している。

IMFはブレトン・ウッズ機関として、第二次世界大戦後、一九七一年に金・ドル本位制が崩壊するまでは、文字通り国際通貨制度の番人であった。この時日米欧の主要先進国間の固定相場制崩壊によって、IMFは守るべきシステムを失ったのであり、その業務対象の重点は、先進国から途上国へとシフトした。

今回、一九三〇年代の大恐慌以来、実に七〇年ぶりにアメリカ発で世界規模での金融危機が起こったことを背景に、再び、世界的なシステムの改革の論議に積極的に関わりたいとのIMFの意欲の現れであろうか、随所に、IMFの機能強化に関する意欲的な記述が見られる。以下、これを参考にしながら、現行の国際通貨制度の問題点や改善案等について検討していこう。

ドル一極体制の問題点

第2章で、ブレトン・ウッズ体制下の一九六〇年代に、国際金融システムの安定性に関する問題点として提起された、トリフィンのジレンマを説明した。このジレンマが提起された背景には、当時はまだ国際的な資本フローがあまり活発でなかったという事情があった。しかし、国際的な資本フローが活発な現代では、基軸通貨国アメリカの公的決済収支が赤字にならなくても、決済に必要な流動性は民間同士の国際的な金融取引によって手当される。

したがって、トリフィンのジレンマ自体、国際金融界で長らく忘れ去られていたのである。ところが、二〇〇九年三月、中国人民銀行の周小川総裁が、国際通貨システム改革に関する論文でこれを取り上げたことによって、久方ぶりに脚光を浴びることになった。同論文では、今回の危機を受けて、「準備通貨の発行国は、国内金融政策と国際金融政策との間のジレンマに常に晒されている。準備通貨の発行国は国際流動性を供給すると同時に、準備通貨の価値を維持することはできないという、トリフィンのジレンマは現在もなお存在する」と指摘している。

現代のトリフィンのジレンマ

これについて、前述のIMFのレポートは、現代の「トリフィンのジレンマ」を次のように説明する。グローバルな資本フローが存在する今日の国際金融システムにおいては、アメリカは世界に流動性を供給しつつ、国内貯蓄を活用して外国資産に投資することで、経常収支をバランスさせながら、国際流動性を供給することが、理論的には可能である。したがって、アメリカはもはや、理論上は経常収支赤字を出し続ける必要はない。

しかし、現代の国際金融システムを、グローバルな資本フローが存在しなかったかつてのシステムと比較すると、準備資産としてのドルの需要が一層高まっているという特徴がある。第一に、民間による国際的な分散投資の拡大は安全資産としての米国債への世界的な需要を増やす。第二に、よりよいリスク・リターンを求めて頻繁に移動する資本フローは国際金融システムを不安定にする。そのため、危機に備える保険として、外貨準備を保有する必要が高まる。第三に、国際的な金融取引の拡大も決済通貨としてのドルの需要を高める。こうして、海外の投資家と通貨当局がともに、米国債など流動的なドル資産の購入を増やすので、米国の借入コストは低下する。

こうした実質金利の低下は、貯蓄にはマイナス、消費や投資にはプラスに働く。そのため、アメリカは、政府・民間部門双方で貯蓄を取り崩すインセンティブをもつことになる。各国の準備資産保有需要の高まりを背景に、米国債の債務残高が積み上がるわけである。これが準備資産の地位の土台となる信認を損ねることにより、現代の「トリフィンのジレンマ」が確立されることになる。

このIMFレポートの説明についてさらに解説すると、ドルや各国の通貨が取引される市場は銀行間市場である。そこで、ドルが売り買いされると、その代金は、ドル建ての預金口座を通じて決済される。通貨当局が外為市場に介入して、ドルを買うと、買ったドルはいったんニューヨークの銀行のドル預金口座に入る。

しかし、決済に使われるこの預金口座では金利がつかないので、米国債に投資されるのである。米国債は財務省証券と呼ばれる短期のものから一〇年債などの長期のものまでいろいろあるが、いずれも信用度が高く市場の流動性が高い。

外貨準備は、安全性が高く流動性の高い資産で保有する必要がある。そうでないと必要な時に資産を売却して支払いに用いようとしても、換金するのに時間がかかったり、売り手と買い手の価格の間のスプレッドが大きいために、思わぬ低い値段でしか売れなかったりする。だから、証券化商品などは外貨準備の保有資産としては適さないことがわかるであろう。

国債は債券の中で最も安全なものなので、リスクフリーの商品と呼ばれ、他のすべての債券は国債との信用格差に応じて価格付けされている。国債に比べて信用度が低くデフォルト確率の高いものは、その分、国債金利とのスプレッドが大きくなり、高い金利を払わなければ発行できなくなる。したがって、海外からの需要の増大によって国債金利が低下すると、国内のすべての金利が下がる。そのため、財政支出だけでなく、民間の消費や投資も刺激されるため、海外からの借入に一層依存するようになってしまうのである。

基軸通貨国としての負担

これについて、ピーターソン国際経済研究所のバーグステン所長は、『フォーリン・アフェアーズ』二〇〇九年一一／一二月号の「ドルと赤字」と題する論文の中で、「アメリカ自身、ドルの国際的な役割の低下から利益を得るであろう」と述べている。ドルが国際通貨であるために、ドルの為替レートをアメリカの繁栄と安定にとって望ましい水準に維持することが困難になっていると言う。そして、現在、人民元がドルにペッグされることによって、均衡レート水準からかけ離れた水準になりうることを例として挙げている。

バーグステン所長は、ドルで安く借りられることが国際収支不均衡を生み、今回の危機をもたらしたと考える。世界金融危機の原因については、アメリカにおける金融規制と監督の問題、金融機関のリスク管理の問題、さらには、アメリカにおける低金利についても、海外からの資金流入よりも、FRBによる金融政策のミスの影響を重視する見方もある。ただここでは、アメリカが大幅な経常収支赤字を続けていくと、海外に対する利払い負担が重くなり、アメリカの生活水準の低下につながるので、経常収支赤字を三%以下に抑えることや財政赤字の縮減が対外赤字を持続可能な水準に保つための唯一信頼できる方策である点が指摘されている。

国際通貨制度との関連では、〇九年春のG20首脳によるロンドン会議で決まった二五〇〇億ドル相当のSDRの創出を歓迎し、さらに進んで、今後毎年SDRを配分し、五年間にわたって一兆ドル程度配分することを推奨している。

また、IMFが代替勘定を設けて、各国の通貨当局が不要なドルないしその他の外貨準備をSDRと交換できるようにすることを提案している。中国、日本、中東諸国、ロシアが外貨準備を多様化しようと、市場でドルを売って、ユーロその他の通貨に乗り換えると、ドルが急落し、ユーロその他の通貨が非競争的な水準まで切り上がって、双方にとって困難な状況になるのを避けようというのである。

周小川論文の問題提起

ロンドン・サミットの直前のタイミングで発表された論文では、SDRの役割強化について提案しており、国際金融界の注目を集めた。論文では、まず、「一九四〇年代にケインズは「バンコール」と呼ばれる三〇種の商品を基礎とした国際通貨を提唱したが、採用されなかった」と述べて、一九四三年三月にケインズが中心になって作成した「国際清算同盟案」に触れている。

そのうえで、「ブレトン・ウッズ体制の崩壊はケインズ案の先見性を証明している。また、IMFは一九六九年にSDRを創設したが、その配分と使用範囲の制限により完全な役割は果たしていない。しかしながら、SDRは国際通貨システム改革の重要なヒントとなっている」と述べて、国際機関が管理する超国家準備通貨の創設への期待を表している。しかし、その実施のためには、世界中央銀行の創設などが必要となるため、単なる構想だといっても、極めて遠い将来の話である。

そこで、「短期的には、国際社会、特に、IMFは現状の国際金融システムがもたらすリスクを認識し、定期的な監視・評価を実施し、早期警戒を行う必要がある」として、IMFによるサーベイランスの重要性を指摘している。

ちなみに、IMFは年二回、春と秋に世界経済見通し（WEO）と国際金融安定性報告（GFSR）を公表して、グローバルなマクロ経済の問題と金融の安定性につき分析している。また、地域局ごとに、アジア太平洋、西半球、欧州、中近東、アフリカなど地域レベルの経済見通しを、おおむね四半期ごとに公表して、地域的な経済のサーベイランスを行っている。最後に、IMF協定第四条に基づいて、小国を除いて国ごとに原則毎年実施される四条協議がある。

周論文はさらに、「SDRは、超国家準備通貨としての可能性をもっており、SDRの機能拡大に特別な配慮が払われるべきだ。SDR割当の拡大は、IMFの資金問題や発言権改革問題の解決にも役立つ」と述べ、以下の措置を提案している。

①SDRと他国通貨との決済システム構築
②SDRの貿易、投資、商品価格設定、企業会計への使用
③SDR建ての金融資産の創設
④SDRの評価と構成通貨の改善（構成通貨に主要通貨を含めることとし、GDPに基づくウェイト付けを行う）

SDRのための決済システムの構築、会計制度の変更、金融資産の創設には、相当のコストがかかるので、中国政府が本気なら、それを後押しするためのコストを負担する必要がある。しかし、今のところ、その動きは見られない。また、最後の点について、人民元は、現在、SDRの構成通貨に含まれていないが、将来的に、人民元をその構成通貨とすることを意識した発言だと思われる。また、構成比をGDPに基づいて決めるというのは、人民元の構成比を高めるのに有利に働く。人民元の外貨取引におけるシェアは依然として、無視できる程度の規模であり、将来、人民元が構成通貨に入る時点でも、外貨取引や外貨準備保有資

産に占める人民元のシェアはGDPのシェアほど高くはならないはずだからである。

論文では最後に、「IMFによる外貨準備の集中管理とSDRによる運用」として、「メンバー国の外貨準備の一部をIMFに信託することは、国際通貨・金融システムの安定維持と危機への対応能力を増強させるだけでなく、SDRの準備通貨としての役割拡大につながる。IMFは投資家の求めに応じ、現状の準備通貨での引き受けや償還を認める市場原理に基づくオープンエンド型のSDR建てファンドの創設が可能」としている。

いわゆる代替勘定の設置の提案である。これは、黒字国が保有しているドルをIMFに持ち込む代わりに、SDR建ての資産を受け取るというものである。SDR建て資産はドルに加えて、ユーロや円、ポンドなどの資産を一定比率で合成した資産である。これにより、ドル安を招くことなく、ドルに偏った外貨準備資産を、ユーロや円、ポンドにも多様化させることができる。

ただ、市場外で、ドルとSDR建ての資産を交換するということは、本来、市場で交換された場合のレートよりも有利なレートで、ドルをSDR建て資産に交換するということである。そもそも、ドル安を招かないことを目的とした仕組みだから当然である。しかし、これでは、ドルを市場レートよりも高く購入するIMFに損失が生じてしまう。つまり、IMF加盟国が出資比率に応じてその損失を負担することになる。そのため、実施に必要な合意を加盟国から得ることが難しい。

ドルのジレンマ

いまや世界最大の外貨準備を保有し、ドル買い介入を続けている中国の中央銀行の総裁が、ドルを基軸通貨とする現行の国際通貨システムに対する不満を示し、ドルに代わりうる準備通貨としてSDRの機能を拡充するための方策を提案したことから、国際通貨制度改革に関する議論が活発になった。

ところで、外貨準備の大半をドルで保有しているとみられる中国にとって、ドルの価値が下がると、巨額の外貨準備の価値が下がって、困ったことになる。実際、反響の大きさに驚いた中国人民銀行では、基軸通貨としてのドルの地位を肯定する発言をすることによって、論文が中国のドル離れを示しているとの見方を打ち消そうとした。

それではなぜ、周小川総裁はこの論文を発表したのだろうか。これについては、『フォーリン・アフェアーズ』二〇〇九年九／一〇月号にアイケングリーン教授が発表した「ドルのジレンマ――世界のトップ通貨が競争に直面」という論文の見方が興味深い。

教授はまず、「SDRは現在、政府やIMFとの間の決済にしか使えない」と、SDRの限界を指摘する。「その魅力上昇には民間で使用される流動的な市場が必要だ。しかし、最初のSDR債保有者には、流動性のない市場で発行するという追加的なコストがかかるため、実現できない要求である。もし、中国がSDRを準備通貨とすることに真剣なら、自らSD

R建て債を出すなどSDRの流動市場を創設するためのステップをとるべきだ。また、誰が市場の需要サイドに立つかとの問題がある」と述べている。

こうしたSDRの限界を承知している周総裁が、なぜSDRを推奨したのか。教授は、まず、「G20首脳会議を前に、中国が今の仕組みに不満であり、国際通貨システム改革の議論に積極的に参加するという点を他国に想起させたかった」という説明を挙げる。さらに、「彼は、中国当局がドルの代替案を探さず、外貨準備を注意深く管理しなかったという批判をそらすため、自国民に向けていたのかもしれない。あるいは、人民元を準備通貨としようとする中国の真意から注意をそらすための戦略かもしれない」と述べる。

現在、SDRの価値はドル、ユーロ、円、ポンドの四通貨のバスケットで決まり、その構成比はドル四四%、ユーロ三四%、円一一%、ポンド一一%となっているが、これは、二〇〇六年一月一日に決まったものである。バスケットの構成通貨と構成比は、五年ごとに見直すことになっているので、次回の見直しは二〇一〇年末の予定である。

ここで、教授は、人民元の国際化の見通しについて、その障害となる問題点を指摘している。すなわち、「人民元は依然として自由交換が不可能な通貨であり、貿易にかかる決済も香港やマカオのみで可能だ。アルゼンチンなどと結んだスワップも、実際的な重要性はなく、北京が国際プレーヤーになるとの希望の表明の方法に過ぎない。人民元が国際的時代に入るには、資本勘定の完全な交換性に移行しなければならない。そのためには、まず、銀行貸付と通貨のペッグが二つの重要な成長政策であることを放棄しなければならない。しかし、金融危機への中国政府の対応を見ると、外国投資家への金融市場の開放が非常に段階的になされるであろうことを示唆している」。

アジアでの金融協力の推進

さらに教授は、人民元がドルに取って代わりえない理由として「二〇二〇年に人民元を世界の準備通貨とするという目標が、野心的過ぎる別の理由は、中国経済が二〇一〇年代を七%で成長したとしても、そのGDP規模はアメリカの半分にとどまることである。人民元市場の取引コストや流動性はドルに匹敵しうるものではなく、準備通貨としての魅力は限られたものであり続けるであろう」と指摘している。そのうえで、「人民元が魅力をもつのは主として近接するアジア地域となろう」という結論に達している。

ここで、アジア共通通貨の見通しについて興味深い分析を展開する。教授は、「将来アジアが単一の地域通貨をもつことを望むかという問い」に対しては「そうならないだろう」との見通しを述べる。それは、中国はこのまま成長を続ければ、将来、単独で、「人民元が国際通貨としての役割を果たすために必要な経済・金融規模」に達することができるので、「そのために、中国は共通通貨に参加する必要はないし、隣国と通貨主権を分かち合う必要もない。また、待てば待つほど、人民元は域内で重要なものとなるため、北京は確実に待つことを選ぶであろう。異なる経済構造から地域統合に向けた政治的な意欲の欠如まで、地域通貨統合の難しさの理由は数多くあるが、この人民元自身の国際通貨としての展望が重要な理由の一つである」としている。

中国経済の近年の急速な躍進や世界経済における地位の向上は目覚ましい。しかし、中国が開発途上であることも忘れてはならない。貧富の格差拡大や資源・エネルギー効率の悪さなど多くの制約条件を抱えながら、社会の安定を維持しつつ経済成長を続けていくためには慎重な経済運営が求められる。中国は、新興国が性急に資本規制を自由化した場合の危険性を十分に認識している。したがって、人民元の国際化については、国内の金融システムの近代化や経済基盤の強化を着実に図りながら、無理をせず時間をかけて段階的に進めていくであろう。

ちなみに、日本がＩＭＦ八条国に移行して経常取引を自由化したのは、一九六四年であるが、中国がＩＭＦ八条国に移行したのは、一九九六年である。中国の現在の発展段階は日本の高度成長時代に似ているとも言われる。北京オリンピックと東京オリンピックを比較して、新幹線や高速道路などインフラの整備が話題になったり、上海万博や大阪万博を引き合いに出して、中国も大衆消費社会に入るのだと言われたりする。日本と中国の経済発展段階に三〇年から四〇年程度の差があるとすると、人民元が本格的に国際通貨となるのはまだ、だいぶ先になるであろう。

　また、アジア共通通貨については、その実現に長い時間がかかることは間違いない。現在、それに向けて十分な推進力があるわけでもない。中国がこのまま、大きな波瀾《はらん》もなく、順調に発展していくならば、中国の方から、共通通貨に関心を示すことはないかもしれない。ただ、もし、中国自身がバブルの崩壊によって危機に陥ることがあるようなら、その際、チェンマイ・イニシアティブなどの資金協力の仕組みがうまく機能するかどうかが、その後に地域金融協力の行方を左右することになるだろう。

　いずれにせよ、アジアで金融協力を進めていくことは、アジア地域の繁栄のためにメリットが大きい。ＦＴＡなど経済面での政府間協力を進めながら、できるところから、金融面での協力を進めていくことによって、地域の経済統合をさらに深めることができる。経済統合が深まるにつれて、為替を安定させるメリットがそのコストを次第に上回るようになる。その延長線上で、将来、地域通貨統合の議論が再び現実性を帯びることがあるかもしれない。日本がアジアにおける地域協力において、積極的なリーダーシップをとれば、中国も地域の取り組みに積極的に関与してくるであろう。むしろ、ＦＴＡなどの面で、中国に先を越されているのが現状であり、日本も早急に国内の政治経済の足場固めを行って、外向けの対応を強化すべき時である。

外貨準備需要の増大

前述のＩＭＦのレポートでは、過大な外貨準備保有の問題も取り上げている。一九七〇年代初頭に世界の主要通貨が変動相場制に移行して以来、新興国を中心にグローバルな準備資産の保有残高は上昇を続けている。この背景には、危機に直面した際の為替レート調整および短期資金が流出した際のバッファーとしての保有動機がある。

レポートでは、現在の準備資産の約三分の二（四兆ドルから四・五兆ドル）はこうした動機付けに基づき積み上げられたものであり、また準備資産の増加の約半分が過去一〇年で発生したものであることを示す試算もあるとしている。他方、現在の中国や産油国のように、明らかにリスク・バッファーとして必要な量を超える準備資産を有する国では、準備資産の増加は為替介入の副産物であるとしている。

コロンビア大学のスティグリッツ教授は、最近の講演*で、アジア通貨危機の際、ＩＭＦが対応を誤ったために、アジアの新興国がこれに懲りて、外貨準備保有を増やすことになったと、ＩＭＦを批判している。外貨準備を増やすために、輸出を増やして輸入を減らすような政策をとった結果、貿易収支が黒字となり、グローバルな供給に対してグローバルな需要が弱いという状況を作り出したという論理である。

また、外貨準備保有にはコストが伴う。特に、成長力が強い新興国がその貯蓄を自国の成長のために用いず、米国の財政赤字のファイナンスに回すのは、グローバルな資金の効率的な配分の原則に反する。実際、新興国が介入資金を国内の債券発行などで調達し、米国債を購入する場合には、国内金利が米国債の金利を上回る逆ざやのコストが生じてしまう。

ＩＭＦのレポートはこうした予防的な準備資産積み上げに代わりうる方策として、次の二つを提示している。①第三者による保険の提供と、②グローバルあるいは地域の資金プール、もしくはグローバルな最後の貸し手からの借入である。

①については、最も効率的だが、流動的な市場の不在、保険引受者がリスクとリターンを見極めるうえで負担する膨大な初期費用、テール・リスク（めったに起こらないリスク）の価格付けの困難さ、モラルハザードや逆選択等、さまざまな市場の失敗が予想されるため、実施は困難としている。

市場の失敗に言及していることから、ここでは、民間によって提供される保険について議論しているものと思われる。民間による保険というと、何やら地方債の償還を保証するモノラインが想起されるが、モノラインはまさにテール・リスクや価格付けの難しさから経営困難に陥った。

今回の世界金融危機で一〇〇年に一度しか起こらないような出来事が次々と起こったことにより、テール・リスクの正確な取り扱いが大問題となった。統計的な予測によく用いられる確率分布である正規分布では、中心の平均から離れるにつれて比較的早く確率が低減するため、両端が細くなっている。そのため、これに基づいてリスクを予測すると損失額の期待値が小さくなるが、実際の確率分布では、平均から大きく離れた損失が生じるリスクがこれよりも大きいのかもしれないというファット・テール（確率分布の端の方が厚くなっている）と呼ばれる現象がある。

また、ソブリン向けの保険というと、ソブリン債のクレジット・デフォルト・スワップという金融商品がある。これについては、このデリバティブのもとになる国債を保有している投資家が、貸し倒れのリスク（償還リスク）をヘッジするだけではなく、国債を保有していない投資家が投機的目的で活発に売買している。ギリシャ危機の要因として、こうした投機を非難する声が欧州首脳などから出ている。

ただし、ＩＭＦレポートがここで提起している保険というのは、これらとは異なり、ある国が通貨危機に陥った際に借入ができるための保険という意味であろう。つまり、クレジット・ラインのようなもので、平時から危機に陥った際の保険として、一定の客観的な指標から危機的状況になったと認められる際に、融資が発動されるという契約を国際的銀行団と結び、そのリスクにみあった保険料を払うというようなものであろう。

なお、モラルハザードは、保険加入者が、保険をあてにして、事故を防止するために十分な注意を払わなくなるという問題、逆選択は任意加入の保険では、保険の必要性の高い人ばかりが集まってくるため、保険加入料が高くなり、さらにリスクの高い人しか集まらなくなり、多数の加入者の間でリスクをシェアするという保険の仕組みが働かなくなるという問題である。

ＩＭＦのレポートは、「準備資産としての米ドルの地位は各国の選択に基づくものである」として、これまでのアメリカの比較的良好なマクロ経済パフォーマンスという事実を認めたうえで、グローバル・インバランスの拡大につながることなど問題点を指摘している。そのうえで、解決策として、アメリカの金融規制強化、財政の持続可能性などを挙げ、ＩＭＦはサーベイランスを通じて規律を高めることが可能としている。この点、二〇〇九年九月のピッツバーグ・サミットで合意されたＩＭＦのサーベイランスを活用した「相互評価のプロセス」は、ＩＭＦのアメリカへの指摘事項の実効性を高める一助となるとしている。

＊　二〇一〇年三月一七日、アジア開発銀行研究所（ＡＤＢＩ）が開催した「将来のグローバルな準備制度——アジアの視点」での講演。

外貨準備節減とＩＭＦの役割

民間による保険の提供は実施困難であると評価したうえで、ＩＭＦのレポートは続けて、「ＩＭＦのグローバルなメンバーシップおよび危機予防のマンデート（任務）を踏まえれば、ＩＭＦは外貨準備積み上げの代替となる案を検討し、提案するうえで中心的な役割を果たす存在である」と述べている。また、「今回の危機で先進国も対外的な資金繰りニーズに直面しうることが示されたため、ＩＭＦのリソースはさらに強化されることが必要」としている。

二〇〇二年頃から、世界経済が順調に拡大する中で、通貨危機対応の出番がなくなり、新興国も過去のＩＭＦ融資を繰り上げ返済するなど、融資額の急減によって、新たな収入の確保策と大幅なリストラが必要になったのとは、大きく様変わりした。新興国への融資を相次いで再開したことを受けて、日本のリーダーシップもあり、二〇〇九年四月のロンドン・サミットなどによって、ＩＭＦの資金は大幅に拡充された。しかし、ギリシャ向け融資の合意によって、さらに資金ニーズが当時の想定以上に増加していることはたしかである。その点、「地域の資金プールやバイのスワップもＩＭＦを補完するうえで有益」としており、一九九七年のアジア通貨基金構想には反対したＩＭＦであるが、ＡＳＥＡＮ＋３のチェンマイ・イニシアティブについては、ＩＭＦを補完する地域の取り組みとして評価している。

レポートはさらに、「ＩＭＦはすでにこうした役割を果たす貸出制度（ＦＣＬなど）を創設しているが、ＩＭＦのガバナンスやスティグマ（後出）への懸念からその効果が減殺されている」と述べている。ＩＭＦのガバナンスの問題とは、ＩＭＦの経営陣のトップである専務理事が、歴代ヨーロッパから選出されており、事実上の指定席になっていることや、職員も欧米のスタッフの比率が高いこと、ＩＭＦでの発言権を決める出資比率（クォータの配分）が、欧米先進国中心になっており、新興国、特にアジアや、低所得国、中でもサブ・サハラ・アフリカの比率が低いことなどである。

ＦＣＬとは、経済パフォーマンスが比較的健全だが、外部環境の悪化に備えて、ＩＭＦとの間にクレジット・ラインを設定しておくというものである。ここで、スティグマとは、IMFの貸出制度にアクセスすると、市場から、その国が危機に直面していると受け取られるという、いわば、悪評の立つリスクであり、そのため、加盟国はIMFに支援を求めたり、FCLへの申し込みを躊躇するようになる。

市中銀行が中央銀行から公定歩合で借入を行い、市場から資金調達ができない銀行と見なされることを恐れて、公定歩合での借入を躊躇するのと同じである。IMFに対する新興市場国の信頼を高めるためには、クォータ（出資比率）の改革やマネジメント・スタッフの多様性確保が必要になる。

スティグマ対策としては、FCL適格性審査プロセスを改善すべきであるとしている。FCLは、経済運営が健全であり、国内的な要因から対外収支危機に陥る可能性の低い国に対してのみ認められるものである。そのため、FCLの適用を申請した国が審査の結果、不適格と認定されてしまうと、申請した国は、経済運営が不健全で対外収支危機に陥る可能性が高いという烙印をIMFから押されたことになってしまう。

申請や審査の有無を完全に秘密にしておくことが難しいとすると、適格性の基準を明確にする必要がある。これによって、審査の結果をあらかじめ申請国が予測できるようになれば、申請がしやすくなる。また、次のような方策も検討に値するとしている。

①純粋な流動性供給ライン

市中金融機関が中央銀行に対して有する当座貸越制度に似たような流動性供給ラインを、加盟国のクォータ等の指標を用いてアクセス枠を決定したうえで設立する。

②予防的SDR一般配分

八五％の特別多数決を要するSDR特別配分に代わり、あらかじめ定められたペースで自動的にSDRを創出し、危機発生時にのみ配分するSDRの予防的一般配分制度を創設する。この提案では配分されたSDRは一定期間後に所定の水準まで買い戻す「復元義務」を伴うものとなる（危機対応の一時的な措置であるので、危機が去ってその必要がなくなれば、もとに戻すという考え方）。

③保険市場のサポート

IMFは、加盟国が民間部門のリスクヘッジ手法を一層活用できるように、（カントリー・リスクの評価などの点で）技術支援をすることができるのではないか。

レポートは、「アカデミックな試算では、IMFには最低一兆ドルのリソースが必要とされており、仮に真のグローバルな最後の貸し手機能を担うのであれば、無制限の資金基盤が必要」と指摘し、「資金基盤増強およびさらなる貸出機能充実のために以下の方策が検討に値するとしている。

①クォータのインデックス化
クォータをGDPや資本フロー等の指標と連動させて増加させる。
②準備資産のプール
現在の新規借入取極（NAB）を補完するような形で、有志の加盟国が信託基金等を活用し、自国の準備資産をプールする仕組みを作る。
③準備資産積み上げへのディス・インセンティブの付与
準備資産の保有水準に一定の限界値を設定し、これを超過した保有額について、何らかの課金をし、その収入を②の「準備資産のプール」の財源として活用する。

①、②の案などは、二〇〇九年三月の周小川総裁の論文を彷彿《ほうふつ》とさせる。

他の準備通貨の供給策

レポートでは、現在のドル基軸通貨体制に代わるシステムとして、以下の三つを検討し、次のように述べている。

①複数基軸通貨システム

歴史的にあまり例はないが、複数の代替的な準備通貨が台頭することは可能。取引コストの効率性は低下するが、準備資産の中で一国の通貨のみが積み上がることによる不安定性は減少する。ドルに競合する準備資産は、金融、貿易、GDPにおいてアメリカと比肩する規模をもち、アメリカと同程度の信頼性をもつ政策決定制度をもつ経済圏から発行される。第一にユーロ、続いて円や人民元も、当局がそのような意思をもち必要な措置をとれば、将来的にそうした地位に至るかもしれない。ただし、ネットワークの外部性（取引コストの効率性）から、基軸通貨が一つの支配的通貨に収斂していく動きを克服できるかは疑問。ネットワークの外部性とは、携帯電話の場合、加入者が多くなればなるほど、それだけ便利になるというように、ネットワークが広がることによって利便性が高まること。加入者同士はお互いに市場で対価を払う経済取引をしているわけではないので、市場の「外部」で（効用に）影響を及ぼしあっているという意味で、「外部性」と呼ばれる。基軸通貨の文脈では、基軸通貨として使用されればされるほど、利便性が増すこと。基軸通貨がただ一つであれば、ネットワークの外部性の観点からは、最も利便性・効率性が高い。

②SDRを基礎とするシステム

SDRは現在、世界の準備資産の約四％を占めているに過ぎないが、徐々に主要な準備通貨としていけば、（最終的には）ネットワークの外部性を損なうことなく、システムの安定性を高めることができる。そのためには流動性を高めることが必要。ＩＭＦによるさらなる発行に加え、各国財務省や企業によるＳＤＲ建ての債券発行（ただし、決済はＳＤＲ構成通貨）等が必要。

③新たなグローバル通貨の創設（ケインズの「バンコール〔Bancor〕」）

個別国の経済状況とは隔離され、加盟国によって支えられる国際通貨を発行する機関は、真の「グローバルな最後の貸し手」となる。

スティグリッツの改革案

二〇一〇年三月の講演で、コロンビア大学のスティグリッツ教授は、現行のドル基軸通貨体制の問題点を三点指摘している。

①弱い世界需要

新興市場国が予備的な動機で貯蓄をするために、支出が減り、グローバルな景気の悪化につながる。

②規律の欠如

アメリカが所得以上に支出することによってグローバル・インバランスが生じるという非対称性の問題。Ｇ20での取り組みはうまく機能しない。

③不公平性

アメリカの借入コストはゼロに近い。

スティグリッツ教授は、三～四通貨による複数基軸通貨の可能性には否定的である。金銀本位制が不安定であったように、ユーロとドルの間でのり替えが頻繁に起こるという不安定性が生じるのではないかというのである。

教授は、現行の国際システムの不安定が高まったのは、規制緩和のせいではないかと考えている。資本市場や金融市場の自由化、また、貿易自由化によって、輸入割当が関税化されたことも挙げている。輸出主導の成長を遂げようとしても、WTOのもとでは、輸出振興策が制限されるため、為替政策が成長戦略としての役目を担うようになるというのである。また、関税化による貿易自由化の副作用として、貿易不均衡が拡大したり、貿易を通じた経済ショックの国際的な伝播の規模とスピードが高まる。さらに、アメリカの農業補助金のせいで、中国は農産物の競争上、人民元を切り上げるのが難しくなるとも述べた。

そこで、教授は新たな国際通貨制度を作る必要があるという。「国連の委員会のレポートにも書いたが、気候変動の解決のために、SDRを配分したり、開発のためにSDRを配分することを検討するべきである」とのことである。

政策担当者の見方

IMFのレポートやスティグリッツ教授の講演では、かなり実現が難しそうな改革案にも触れられているが、政策当局者はどう考えているのだろうか。二〇一〇年三月一八日に国際通貨研究所主催の第一九回国際金融シンポジウム「ポストクライシスの国際通貨体制を考える～基軸通貨の将来像とアジアの使命～」において、財務省の中尾武彦国際局長が、スティグリッツ教授らと討論した。中尾局長のスピーチ資料は国際通貨研究所のホームページに掲載されているが、政策担当者が国際通貨システム改革をめぐる諸問題についてどのように考えているのかを知るうえで大変興味深い。

まず、ドルについては、グローバルな価値貯蔵手段、支払い手段、計量単位として圧倒的なプレゼンスを示しており、現在の国際通貨システムがドル基軸であることに疑問の余地はないとしている。また、米国の経済力等が相対的に低下し、基軸通貨としてのドルの地位がチャレンジを受けているとの議論についても、米国経済が時代の要請に応じてダイナミックに変貌していく柔軟性と多様性を有していることから、直近の動向のみから米国の力の衰退を言うことは的確でないと述べている。

複数基軸通貨体制については、複数通貨間の競争によって、規律が向上することによりシステムの安定性が増すという考え方と、基軸通貨発行国間の経済パフォーマンスの相違等により資金フローと為替レートのボラティリティー(変動)が拡大し、システムがむしろ不安定になるとの両方の見方を紹介している。

SDRについては、「ドル、ユーロ、円、ポンドの合成通貨でしかなく、民間取引に使用できるSDR紙幣、SDR硬貨があるわけではない。また、SDRは、使用国にとっては、「通貨請求権」、通貨を提供する国にとっては、「通貨貸出義務」であり、外貨準備を相互に融通する、コンディショナリティー（融資条件）のないクレジット・ラインの性格にとどまっている」と指摘。そのうえで、「SDRの機能や使用範囲の制限を考えれば、SDRがグローバルに大きな役割を担うのは困難ではないか」と述べている。さらに、「ユーロ圏、日本、中国他を含めた主要国が、IMFのサーベイランス（経済監視）やG20の相互評価を通じて、自国の経済政策の国際的な影響を勘案しつつ、責任ある経済運営を行っていくことが、国際通貨システムを安定させていくうえで最も有益である」としている。

アメリカの底力については同感である。今回の危機でも、世界金融危機を起こしておきながら、果敢な政策対応により、先進国の中でいち早く回復した。しかし、国内に金融の問題を抱えるアメリカが、ドルの信認を確保していくためには、財政の健全化や貯蓄率の上昇など、持続可能な経済構造に変えていくための努力が欠かせない。

今後の見通し

ドル、ユーロ、円、人民元の相互関係を考えた場合、日本としては、ドルを基軸通貨とする現行の国際通貨システムが安定し、そのうえで、ユーロ、円、人民元などの主要通貨がそれぞれの国際競争力を反映して、柔軟に変動することが望ましい。中国については、まだ、一人あたり国民所得が低い開発途上国であるため、資本規制を自由化し人民元を国際化するのには、一〇年、一五年の歳月がかかるであろう。しかし、中国経済が急速に成長し、その産業構造が高度化して、日本の先端産業と直接競合する度合いが強くなれば、人民元の為替レートがそれを反映して強くなってくれない限り、両国間に深刻な不均衡が生じてしまう。

ギリシャをはじめ南欧や東欧などユーロは大きな火種を抱えている。ＩＭＦの融資機能や支援プログラムのとりまとめ能力が、一層、重要になってきた。我が国も、アメリカに次ぐＩＭＦの大株主として、国際金融の問題でリーダーシップを発揮していかなければならない。今回の危機においても、日本がＩＭＦの資金基盤を強化するため、一〇〇〇億ドルの資金拠出をいち早く表明して、その流れを作ったのは、先見性の点でも、また、日本の国際社会における地位を確保する点でも、非常に有意義であった。ＩＭＦのクォータ比の改革においても、欧州に偏った配分を、アジアの新興国に配分し直すという方向で、日本はアジア新興国と歩調を合わせてきた。

ＳＤＲについては、国際通貨となるためには、まだ、多くの障害が立ちはだかっている。そのコストを負担してまで、ＳＤＲを国際通貨にしようという国はまだ現れていない。ただ、国際金融システムを強化するために、今後も、折に触れてＳＤＲが議論の俎上《そじょう》に上ることはあるだろう。二〇〇九年四月のロンドン・サミットにおいても、二五〇〇億ドルのSDR配分が合意された。これは、国際資本市場にアクセスできない後発途上国が、外貨準備を有利に調達できるようにするための緊急支援であった。配分されたSDRをドルや円などに替えることができるからである。また、SDRは合成通貨であるが、ドル、ユーロに次いで、円はポンドとともに構成通貨となっている。

現在、ドル以上にユーロの抱える問題がクローズアップされている。また、人民元も国際通貨となるためには、まだ、時間がかかる。円の国際化についても、かつての勢いはない。したがって、当面、複数通貨制度への移行が進むような状況ではない。こうした中、我が国としては、まず、円の国際通貨としての地位を維持するために、国内の経済を強くしていかなければならない。それによって、国際社会の主要なプレーヤーとして、世界経済やアジア地域の安定と成長に貢献し、国際金融システムの改善について、積極的に発言し、関与していくことが必要である。

II――日本の課題

ソブリン・リスクと財政規律

これまで見てきたように通貨は、その国の総合力を表すものである。また、通貨の為替レートはその国の経済に大きな影響を与える。では、円と日本経済は今後どうなっていくのだろうか。今、日本がなすべきことについて私見を述べて、本書の締め括《くく》りとしたい。

ギリシャの財政危機は対岸の火事ではない。政府債務残高の対ＧＤＰ比だけ見れば、日本の方がギリシャよりも状況は悪いのである。それでも、日本が財政危機に陥らずに済んでいるのは、市場で、①日本経済の実力が評価され、②財政規律に対する信認が維持されているからである。日本は自動車や電機など国際競争力の高い産業を有しているし、工作機械や先端的な材料をはじめとして幅広い産業基盤を有している。そのため、長年、経常黒字を出し続けてきたし、世界最大の債権国でもある。債権国というのは、海外資産が海外からの負債を上回っている国のことである。だから、財政赤字を賄うために外国から資金を借りる必要がない。

ただ、国・地方など公的部門は大きな借金を抱えており、民間部門の黒字がそれを補ってあまりあるという状況になっているだけである。よく一四〇〇兆円の家計貯蓄と言われるが、家計が直接、日本の国債を買っている比率は少ない。個人向け国債も低金利のため、販売が低迷している。家計の貯蓄の大半は、銀行預金や郵便貯金や生命保険の形で保有されている。こうした預貯金や保険料をもとに、銀行や保険会社が国債に投資しているのである。私たちの大切な貯金の安全は、国債の信用にかかっている。

国債の価値が下がれば、私たちの貯蓄が危なくなる。金融機関の預金や貯金は元本保証といって、元本を割り込むことはない。金融機関の経営がおかしくなっても、一口座一〇〇〇万円までは、預金保険によって、元利とも保証されている。預金保険制度は預金取り扱い金融機関が納める保険料によって運営されているが、国によって規制されている。したがって、一時的に資金不足になれば借入することができるし、金融危機の際には、借入に政府保証をつけることもできる。しかし、国全体が信用を失って、国債の価値が暴落したら、金融機関の経営は立ち行かなくなるし、国によるバックアップも当然、期待できない。

金融機関のバランスシートの右側（負債を計上）にある預貯金は元本保証されているのに対し、左側（資産を計上）にある企業向けの貸出債権や国債はそうではない。不良債権問題というのは、企業への貸出が不良資産化したものだが、国への貸出が不良資産化したらもっと大変である。

日本の予算は、現在、国債発行による借金収入が、税収を上回るほど厳しい状態になっている。歳入と歳出のバランスを回復することが必要である。先進国の中では、日本の税負担は低い方で、増税余地があることが、日本国債の格付を下支えしている。日本の消費税率は五％だが、欧州諸国では二〇％程度である。また、ギリシャに比べれば、財政統計や課税に対する信頼性が高い。ギリシャでは、付加価値税や個人所得税の執行に大きな穴があいている。

たしかに、日本でこれまで、消費税の増税は政治的なタブーであった。消費税の導入や引き上げが大きな政治問題になり、時の政権がいくつも倒れてきた。しかし、日本では、社会通念上、借りたものは返すという意識が強いのも事実だろう。明治時代の松方財政以来、日本政府が借金をしっかりと返してきた伝統は、日本政府の信用力にとって大きなプラスになっている。最近の世論調査では、消費税の引き上げについて肯定的な意見が強まっており、経団連も段階的に消費税を引き上げることを提言している。二〇一〇年七月の参院選を前に、菅直人首相は、自民党が提案する税率一〇%を参考にしたいとして、超党派の議論を呼びかけている。

消費税の増税によって、社会保障の財源を確保できれば、老後の生活の安心感が高まり、消費マインドにもプラスに働くであろう。また、消費税の引き上げは課税対象の財・サービスの価格に転嫁されて、一回限り、消費者物価の水準を引き上げる。もし段階的に引き上げれば、消費者物価を段階的に押し上げ、デフレ期待を払拭するのにプラスに働くだろう。

消費税は逆進的であるという批判も根強い。低所得者ほど、所得のうち貯蓄に回す余裕がなく、消費に使う割合が高いため、負担が重くなるからである。ただ、消費税の逆進性は個人所得税の累進税率や社会保障支出による所得再分配機能とセットで考え、解消してゆけばよいのである。

家計貯蓄率と経常収支

日本では、高齢化が進むにつれて、年々、家計貯蓄率が低下してきている。現役時代に働いて貯蓄し、退職してからその貯蓄を取り崩すためである。一方、企業部門では、近年、投資を抑制しているので、貯蓄が投資を上回っている。しかし、企業にとって投資は競争力の源泉である。高い技術力を維持するためには、研究開発投資が欠かせない。また、中国や韓国などの新興国では、研究投資による技術開発だけでなく、旺盛な設備投資を行っている。いくら先端技術をもっていても、最新の機械設備を導入する資金がなければ、激しい国際競争を勝ち抜けない。

国民所得計算上、家計部門、企業部門、公的部門の資金過不足を足し合わせた、一国全体の貯蓄・投資バランスは、海外部門のバランス、つまり経常収支と一致する（家計の貯蓄投資収支＋企業部門の貯蓄投資収支＋公的部門の貯蓄投資収支＝経常収支）。日本のマクロの資金循環を見ると、家計部門の貯蓄超過は低下傾向にあり、すでに水準も低い。企業部門は貯蓄超過だが、経済成長のためには、投資超過の方が望ましい。

日本でも景気が回復して、設備投資が上向けば、企業部門の貯蓄超過幅も減少する。その時、公的部門の赤字が減少していなければ、経常収支の黒字幅が縮小する。もちろん、円安になれば、輸出が伸びて、その分日本の所得が伸び、経常収支の悪化を食い止める力が働くであろう。ただ、為替レートは貿易取引だけではなく、資本取引の影響も強く受ける。国内の貯蓄が減ると対外投資の余力が減る。そのため、円売り・外貨買いの取引が減って、円高に作用するという見方もある。為替は世界経済の動向や投資家マインドの影響を受けて変動するものである。こうした不確実性の中で、日本としては、将来に備えて、公的部門の赤字を抑制し、企業の生産的な投資を高めていくことが必要である。

デフレ期待の払拭

日本では根強いデフレ期待が続いている。デフレは国債の低金利の一因になっている。低金利のため、国債の残高が大きい割には、利払いが比較的低く抑えられている。しかし、実は、デフレは経済だけでなく財政にもよくない。デフレのもとでは、企業の売上が伸びず、失業が増え、賃金も上がらないからである。負債を多く抱える企業は、売上が伸びないので、次第に債務の返済負担が重くなり、経営不振に陥るだろう。債務の実質的な負担が重くなるのである。

政府も同じように、デフレ下では、債務の実質的負担が増す。消費税は、消費に比例するので、デフレで消費が手控えられたり、デフレで価格が全般的に下がったりすると、名目の消費額が落ちて、税収が減少する。

個人所得税は、名目の所得に対して累進税率が適用され、高所得者に対しては、より高い限界税率が適用される構造になっている。そのため、インフレによって所得の名目値が増加すると、高い限界税率が適用される人の割合が増える。この税率構造により、名目の所得の増加率以上の割合で税収が増加する。税収の所得弾性値が一より大きいのである。

逆にデフレだと、デフレによる名目所得の減少率以上の割合で税収が減る。法人所得税にいたっては、デフレになると多くの企業が赤字になるため、まったく税金を払わない企業が多くなる。さらに、デフレで不況になると、社会保障関係の支出が増えたり、景気対策のための財政出動が必要になる。

政府の債務負担を軽減するためには、名目金利ではなく、実質金利が低下しなければならない。名目金利はゼロ%を下回ることはないので、デフレがひどくなると、実質金利が高くなってしまう。もちろん、ギリシャのように、債務の持続可能性（資金返済と調達能力）が疑われる状態になると、リスク・プレミアムが上昇して、名目金利も実質金利もともに上昇してしまうので、財政規律を維持し、悪い金利上昇を抑える必要がある。

デフレを防止するのは、金融政策の役目である。物価の安定は、インフレの防止だけではなく、一般的な物価の低下、すなわち、デフレによっても脅かされる。インフレに対しては政策金利の引き上げによって沈静化させることができるが、デフレのもとで、政策金利がゼロまで下がってしまうと、それ以上金利が引き下げられないので、やっかいなことになる。今の日本の状況がまさにそうだ。

ＦＲＢがインフレ以上にデフレを警戒するのは、デフレ下では金融政策が効かなくなり、デフレの罠から抜けられなくなるのを恐れているからである。現在、ゼロ金利に近い状況下で、信用緩和によりリスク資産を購入して、バランスシートを拡大させている。今回の危機で、アメリカの金融市場がフリーズ（機能停止）したため、その機能を回復すべく、FRBは積極的に信用緩和という非伝統的な措置をとった。

これに対して、日本の金融市場は比較的安定していたため、日銀のバランスシートの拡大ペースは、それと比べると遅く、小幅であった。円高ドル安は、それまでの円キャリートレードの巻き戻しなど、円安修正の側面はあったものの、FRBのドラスティックな金融緩和に比べて、日銀の金融緩和姿勢が消極的であると、市場が受け止めた影響もあるだろう。実際、二〇〇九年末には、日銀が一〇兆円の新たな資金調達手段を検討していると報道されたのをきっかけとして、円安になり、株価も反転上昇した。ほとんどゼロ金利の状態で、政策金利の下げ余地はないが、為替に配慮して金融政策を運営する工夫が必要なのである。

ポリシー・ミックス

国際マクロ経済学の最も基本的なモデルは、マンデル＝フレミング・モデルである。このモデルによれば、変動相場制の下で国際資本移動が自由に行われる時、財政政策は効果を失う。財政拡張を行うと、いったん国民所得が上昇し、それによって金利が上昇する。この金利上昇によって為替が強くなり、輸出の減少と輸入の増加が起こる。そのため、国民所得がもとの水準に戻ってしまう。つまり、財政赤字の拡大による景気拡大効果は、為替の増価による外需の減少によって相殺されてしまうのである。

単純なモデルだが、モデルが予測する財政政策の効果と、九〇年代の日本の状況は、全体としてはよく似ている。九〇年代、日本では何度も景気対策を策定して、公共投資の増加や減税によって財政赤字を拡大させた。景気対策のたびに、いったん景気は上向くが、結局、持続的な回復にはつながらず、財政赤字だけが残った。為替については、日本側の事情だけで決まるわけではないが、財政赤字の増大は金利の上昇を通じて、為替を強くする方向に働いただろう。九〇年代、日本経済は、全体的には低迷していたが、円高でもあったのである。

これに対し、同モデルでは、金融政策の効果は増幅される。金融緩和によって金利が低下すると、為替も弱くなるからである。金利低下によって消費や投資が増加するだけではなく、為替の減価によって輸出が伸び、輸入は低下する。

ＩＭＦの見通しによれば、二〇一五年には日本の政府債務残高（国、地方を含めた一般政府ベース）はＧＤＰの二・五倍になる見込みである。これほど借金を抱えている政府は、世界を見渡しても日本ぐらいである。日本を上回っているのは、唯一、アフリカのジンバブエくらいである。そのジンバブエは、ハイパーインフレに苦しんでいる。まさに、我が国では財政再建はまったなしの状況になっているのである。

債務残高の対ＧＤＰ比の増加傾向を止めるためには、プライマリー・バランス（基礎的財政収支）をできるだけ早く均衡させる必要がある。基礎的財政収支の均衡とは、利払い費を除いた財政支出を、借金以外の歳入で賄えている状態のことである。少なくともこの収支を均衡させることができれば、名目金利が名目成長率と同じという条件のもとで、債務残高の対GDP比の増大を食い止めることができる。政府は、二〇一〇年六月二二日、財政運営戦略を閣議決定し、基礎的財政収支を、遅くとも二〇二〇年までに黒字化するとの目標を定めた。

早過ぎる出口戦略は景気を腰折れさせることが懸念される。景気への配慮から、消費税の増税のタイミングについては慎重な意見もある。しかし、市場の信認を得るためには、成長戦略とともに、財政運営戦略に沿って財政赤字を着実に縮減していく必要がある。マクロ政策の観点からは、財政再建と金融緩和が望ましい政策の組み合わせである。

もちろん、デフレ克服のため、金融政策に何でもやれというのは大変危険である。国債の日銀引き受け（市場を通さずに、国債を直接、日銀に売却するもの。財政支出を賄うために、お札を刷っているのに等しい。財政赤字のマネタイゼーション）は、財政規律を失わせ、金利の暴騰と円の暴落を招く恐れがある。しかし、根強いデフレ期待は、日本経済と財政を蝕んでいく。非伝統的な手段も用いて、金融仲介機能を高める工夫が必要である。そのために、日銀のバランスシートが傷むようなら、政府がそれを肩代わりする必要がある。アメリカやイギリスにおいても、そうした中央銀行と政府の役割分担と協力関係がある。

ここでは、財政金融政策について、単純なモデルや国際マクロ経済学の基本的な理論に基づいて議論したが、これを実際の政策につなげていくためには、データに基づいた実証分析を精緻《せいち》に行う必要がある。また、税は民主主義の礎《いしずえ》と呼ばれるように、税制改革にあたっては、経済の実証分析によってその効果を予測するだけでなく、何が公平かについて国民的な議論が必要になる。また、有権者である我々は、未成年の子供たちやこれから生まれてくる子供たちのことも考える責任があるだろう。

日本の競争力

現在、財政も金融もマクロ政策として動ける余地は狭い。財政規律と円の信認を維持し、デフレを克服するためには、綱渡りのような政策運営が求められる。政府と日銀の緊密な協力が必要なのである。ただし、デフレ克服と経済成長の原動力は、民間部門の活力である。今後の成長分野として、日本の優れた環境技術の活用に期待が集まっている。育児・介護などのサービス需要も、規制改革によって、民間の力を活かすことができれば、雇用と福祉の向上につながるだろう。農業も食の安全やブランド化を追求することによって、活路を開くことができる。

こうした中でも、最も成長が見込めるのは海外事業である。特に、世界の成長センターであるアジア向けのビジネスが鍵となる。日本の技術や資金、そして人材をアジアで活かすことができれば、日本経済はまだまだ成長していくことができる。国内では人口の減少によって、内需が頭打ちになるだろうが、外需はこれからますます伸びる。最近、中国人観光客の誘致やビザの発給条件の緩和、旺盛な購買意欲などがニュースになることも多い。国内も観光の振興によって、地域を活性化し、需要を喚起することができる。

日本の製造業は世界中に強固な生産ネットワークを築いている。日本の直接投資はアジアの工業化に大きく貢献してきた。インフラ重視のODA（政府開発援助）も、アジアで経済的離陸に成功した国々の産業基盤の整備に役立ってきた。これからも、特に後発国向けのODAによって、アジア地域の均衡ある発展を支援する必要がある。中国とベトナムを結ぶ南北回廊や、ベトナム、ラオス、カンボジアとタイを結ぶ東西回廊のインフラ整備は、ASEANの後発地域の経済発展を後押しするだろう。そして、アジアで、FTA（自由貿易協定）や金融協力を推進することが、日本とアジア双方にとって利益になる。

日本の金融業にとってもアジアは成長が見込める分野であり、銀行、証券、保険の各業態が競ってアジア向け拠点の整備を急いでいる。今回の危機で、アメリカの銀行業界はビジネスモデルの再構築を迫られている。イギリスの銀行業界でも住宅バブル崩壊の影響はなお深刻である。そしてドイツ、フランスなど大陸諸国はギリシャなどのソブリン・リスクに揺れている。

翻って、日本の銀行業界は、安定した預金基盤が最大の強みである。日本を含めてアジアの金融業界は欧米に比べ、今回の危機によるダメージは小さい。これが最後のチャンスである。相変わらずの低収益体質を克服するために、リスクに見合った適正なスプレッドの確保が課題である。アジアの金融市場はまだ発展途上にあるので、金融のニーズを開拓し、市場を育てていくことが必要だ。資本市場の環境整備のため、アジア債券市場イニシアティブを推進する際にも、金融当局と民間金融機関との官民協力が重要になる。

日本の大学にはアジアから多くの留学生が来ている。特に、中国と韓国からが多い。中でも、工学部などで技術を学ぶ学生が多いのだが、公共政策、法・政治学、経済学など文系の学生も少なくない。彼らは、日本の社会や政治経済について実によく勉強している。とりわけ中国の学生にとっては、日本の大学は、自由な雰囲気の中で学べる恵まれた環境のようだ。彼らが、良き日本の理解者として、日本とアジアを結ぶ架け橋となってくれるとありがたい。日本から中国に留学する学生はまだまだ少ないが、日本人学生も中国やアジアについて、もっとよく知る必要があるだろう。日本からの留学生が増えなくても、日本の大学を国際化することによって、国際的に活躍できる人材を育てていくことが重要である。

おわりに

ヨーロッパの火薬庫。

第一次世界大戦前、こう表現されたバルカン半島で、約一世紀後、再びヨーロッパを揺るがす問題が発生した。二〇〇九年後半からのギリシャ問題は、二〇一〇年に入って急展開することとなった。ヨーロッパにおいて、二〇〇八年のリーマン・ショック後、ハンガリーやバルト三国、アイスランド等で発生した問題は、主に民間銀行の資金が急激に引き上げられた流動性危機であった。これに対し、ギリシャの場合は資本流出ではなく、財政の持続可能性に対する懸念が根幹にある。しかし、最大の違いは、二〇〇八年に問題が表面化した国々は、ユーロ加盟国ではなかった点である。

ギリシャがユーロ圏にとどまるためには、財政赤字を削減して、財政規律を回復するしかない。EUとIMFによる一一〇〇億ユーロの支援パッケージは、基本的には国債償還のロール・オーバー（借り換え）を支援するという流動性補完の意味しかなく（低利融資により利払い負担が多少減るという点はあるにしても）、ギリシャの問題は、ギリシャ自身が身を削って対応するしかない。

しかし、そのような苦痛への不満から、財政再建が進まず、ギリシャ支援プログラムの継続が困難になるリスクもある。財政支援に対する不満から、ドイツなどの支援国でもギリシャにユーロ離脱を求める声が高まるかもしれない。しかし、ユーロ加盟国を除名するような規定はない。ギリシャ国債がデフォルトするようなことになれば、ユーロの信認は失墜する。そもそも、ギリシャは財政赤字を偽って加盟しており、加盟を認めたこと自体が間違いだったのかもしれない。アメリカがITバブル、そして住宅バブルで浮かれていた今世紀初頭、ヨーロッパもやはり浮かれていた、ということであろう。

金融危機後、アメリカの金融資本主義への批判の高まりと同時に、ドルを代替する通貨としてユーロへの期待が高まった。しかし、それは幻想とまでは言わないにしても、少なくとも、過剰な期待であったと言えよう。そのユーロに代わって、ドルへの挑戦者の立場に押し上げられたのが中国の人民元である。中国経済の発展は目覚ましく、「大停滞」(Great Recession)とも呼ばれる今回の世界同時不況からの脱却に、中国は大きく貢献し、国際社会でのプレゼンスも一層高まってきている。しかし、元がドル・ペッグを継続してきた結果、その中国自身が最大の外貨準備保有国となっており、「グローバル・インバランス」は「米中・インバランス」に濃縮しつつある。

中国は文化的にアジアに大きな影響を残しつつも、中華思想とは裏腹に、その四〇〇〇年の歴史の中で、世界の中心となったことはなかった。今、まさに世界の中心に躍り出る機会を目のあたりにしつつも、現役の覇権国として君臨し続けるアメリカと、極めて微妙な関係にある。アメリカという国の透明性については異論もあろうが、中国がアメリカ同様、海外に開かれた国となって、世界の範となるのは、まだ時間を要するだろう。

現代の基軸通貨国であるアメリカもまた進路が定まっていない。オバマ大統領は、財政赤字の縮減と、輸出の振興を打ち出しているが、果たして「強いドル」から転換して、ドル安を容認する方向に踏み切ったのかどうか、まだ断定できる状況にはない。金融資本主義から製造業への回帰を訴えているが、一一月の中間選挙に向けた政治的アピールという見方も根強い。金融規制強化については、それが金融システムの強化につながる側面もあるから推進している、という見方もできる。オバマ大統領の言葉を額面通りに受け取れば、アメリカの為替政策が大転換する可能性もあるが、それでも、アメリカが中国に世界の覇権を禅譲すべくそうしようとしているのでないことは明白である。それがわかっているからこそ、中国も第二のプラザ合意だけはなんとしてでも避け、軟着陸を目指すべく、駆け引きを続けていると見るべきだろう。

国際金融のトリレンマは、今に始まった問題ではない。資本移動の自由と域内の安定的な為替の代償として、ユーロは域内で各国ごとに金融政策を運営する自由度を失った。その結果、ユーロ圏内の経済情勢に応じた弾力的な金融政策がとれず、域内経済の不均衡によって今回のギリシャ問題も生じた。通貨統合によっては世界経済の不均衡が解消しないことを、クルーグマンが『世界大不況からの脱出――なぜ恐慌型経済は広がったのか』（*The Return of Depression Economics and the Crisis of 2008*）で触れているが（一四四〜一五二頁）、まさに統合の限界が今回証明されたとも言える。同質性が相対的に高いヨーロッパでさえこうなのだから、アジア、そして世界全体については、さらにハードルが高いのは自明である。

日本とアメリカの通貨統合を仮想して、ＦＲＢと日銀が統合した太平洋準備制度（ＰＲＢ）が金融政策を一元的に実施する、としよう。この場合、太平洋のど真ん中のハワイにＰＲＢを置き、新通貨の名称を「アロハ」とでも名づけよう（ドルと円は、ドイツ・マルクやフランス・フランのように消滅することになる）。

人口減少で潜在的に成長力が低下しデフレ傾向にある日本と、その逆のアメリカで同一の金融政策を適用すれば、域内の不均衡が拡大するのは、ドイツとギリシャの例を見れば明らかである。それを調整するには、日米間で労働力が移動するしかないが、言語の障壁があり、そう簡単にはいかない。アメリカが「合衆国」として存在し続けることが可能なのは、国内で同じ英語を喋る国民が、経済情勢に応じて移動できるという点が大きい（ヒスパニックが増えているとはいえ、英語が通用しないことはない）。

また、今回の危機を契機として、「トリフィンのジレンマ」（日本語だと、真ん中の五文字を削ると偶然にも「トリレンマ」になるが、まったく別の概念である）が、古くて新しい問題として再浮上した。これは、一般的には、世界に高い流動性を有する国際通貨を供給し続けるために、アメリカが経常収支赤字を出し続けなければならず、それがいつまでも持続可能なものか、という現行の国際通貨制度に内在する根本的な矛盾と捉えられている。

しかし、資本移動が自由な現代においては、必ずしも基軸通貨国が経常収支赤字を出さなければならないというわけではない。ただ、ある一国の通貨が基軸通貨となる場合、基軸通貨の価値の安定という国際的な要請と国内経済の安定という国内のマクロ政策の要請とが、依然として対立しうるという論点が浮き彫りになった。そして、こうした国際通貨制度の不安定性を軽減するため、今あらためて、国際的な議論が活発に行われている。

これらの問題に対する解は今のところ存在しない。たとえば、グローバル・インバランスの問題にしても、アメリカが経常収支の赤字を縮小するということは、世界が依存してきたアメリカの個人消費が減少することを意味する。それを埋めるためには、日本や中国が内需を拡大するしかない。しかし、日本も中国も、輸出依存型の経済体質から転換するのは容易ではない。日本は、特に少子高齢化の進展から、ますます安定志向になり、個人金融資産が銀行預金として固定化してしまっている。資金の退蔵（Hoarding）をいかに回避して、お金が回る仕組みを再構築するかが課題であるが、少子高齢化は先進国共通の問題でもある。リターンを生む経済活動には限りがあるため、世界中で将来への備えとして貯蓄が増加していけば、バブルが発生しやすくなるだろう。逆に、グローバル・インバランスを解消することのみを自己目的化して、各国が経済を閉鎖させるような方向に動くと、それは世界貿易の縮小を招き、望ましい国際分業が阻害されて、資源の適正な配分を歪めてしまう。我々は、不確実で、不安定な時代に生きている。それでも、これまでの成長の成果を無視して、規制の枠にはめられたアンシャン・レジーム（旧体制）に戻るべきだというのは過剰反応であろう。

本稿の執筆においては、全体の構想を中林がまとめ、第1章、第2章（Iを除く）、第5章（Iの小見出し「日本の国際金融政策の独自性」の部分を除く）を小林が、それ以外を中林が執筆した。ただし、本稿において、意見にかかる部分は、執筆者個人のものであり、執筆者の所属・関連する団体のものではない。

＊中林の執筆部分については、財務省国際局から海外の経済情勢に関する資料をご提供いただいた。特に、栗原毅調査課長からは、中国に関する充実した関連資料と貴重なコメントをいただいた。また、中尾武彦国際局長、根本洋一国際局審議官と吉田正紀地域協力課長からは、国際通貨制度や地域協力について貴重な示唆と参考資料をいただいた。さらに、国際機構課、財務総合政策研究所やアジア開発銀行研究所が主催する研究会やセミナーへの参加が執筆の刺激となった。最後に、東京大学公共政策大学院の院生である吉田高君に資料作成などの点でお世話になった。この場を借りて、厚く御礼申し上げたい（中林記）。

共著者の中林とは、二〇〇九年に財務省が主催したワークショップ「世界経済危機」において、筆者がファニーメイとアメリカの住宅市場の動向について報告した際、財務省財務総合政策研究所のコンサルティング・フェローとして中林が参加したことで知り合うところとなった。その後、中林が教鞭《きょうべん》を執る東京大学公共政策大学院での講義に招請され、それをきっかけとして、本稿の企画化を進めた。執筆中にヨーロッパの情勢が大きく変化するなど、困難にも直面したが、その都度、適切な助言をいただいた中央公論新社の郡司典夫氏には、感謝の念でいっぱいである。

また、二年前に中公新書『サブプライム問題の正しい考え方』を上梓《じょうし》した際には、長男が生まれたが、今回、本稿を執筆している最中、長女が生まれ、縁というものを感じざるをえない。長女が成人する時には筆者はもう六五歳で年金生活に入ってしまうが、その頃の日本の情勢を少しでもよくしておいてあげるために、まだまだなすべきことが多く残っていると痛感している。最後に、医学博士の学位を授与されながら、幼い子供たちの面倒を見るために大学を退職し、本稿の執筆を支えてくれた妻と、泊り込みで子育てを支援してくれた妻の両親に、最大限の感謝の意を表したい。

二〇一〇年六月

著者を代表して　小林正宏

◎世界金融危機年表

1694年	イングランド銀行設立
1816年	イギリス、金本位制導入
1882年10月	日本銀行開業
1913年12月	FRB設立
1929年8月	米経済、景気後退入り
10月	暗黒の木曜日（24日、ニューヨークダウ暴落）、世界恐慌へ
1930年1月	日本、金解禁
1931年5月	オーストリアのクレジット・アンシュタルト銀行破綻
12月	日本、金輸出を再び禁止、金本位制離脱
1933年3月	ルーズヴェルト大統領就任、銀行一斉休業（Bank Holiday）
4月	米、金秘蔵禁止の大統領令を施行、金本位制を離脱
6月	グラス・スティーガル法成立、銀行と証券業務を分離
1944年7月	ブレトン・ウッズ会議
1946年3月	IMF（国際通貨基金）、IBRD（国際復興開発銀行〔世界銀行〕）設立
1952年8月	日本、IMFに加盟、理事国に
1964年4月	日本、IMF八条国に
1971年8月	米ニクソン大統領、金兌換停止を発表（ニクソン・ショック）

◎世界金融危機年表

1973年 12月 スミソニアン合意、ドルの切り下げ（三六〇円→三〇八円）
1973年2月 日本、変動相場制に移行（EC諸国は3月）
10月 第一次石油危機
1984年5月 日米円ドル委員会報告書公表
1985年9月 プラザ合意、円・マルクの大幅切り上げに合意
1986年4月 前川リポート公表、内需拡大と市場開放が基本政策に
1987年10月 ブラック・マンデー（19日）、ダウは最大の下落率
1989年12月 日経平均、三万八九一五円の史上最高値を記録
1990年8月 イラク、クウェートを侵攻、湾岸戦争へ
1992年9月 英ポンド危機、ユーロ圏を離脱へ
1995年4月 一ドル七九・七五円を記録
1997年7月 アジア通貨危機
1998年6月 ECB（欧州中央銀行）設立
8月 ロシア政府、債務不履行を宣言
10月 日本長期信用銀行、実質国有化
12月 日本債券信用銀行、実質国有化
1999年1月 ユーロ、決済通貨として発効
2月 日銀、ゼロ金利政策を導入
11月 米グラム・リーチ・ブライリー法成立、証銀分離撤廃へ
2001年3月 日銀、量的緩和政策を導入
9月 同時多発テロ（11日）

2002年1月　ユーロ、現金流通開始
2003年6月　FRB、FF金利を一%に引き下げ（2004年6月まで）
2007年7月　米大手格付機関、サブプライム関連の証券化商品の大量格下げ
8月　パリバ・ショック（フランスの大手銀行で投信の解約拒否）
9月　英ノーザンロックで預金取付騒ぎ
2008年3月　米ベアー・スターンズ、JPモルガンに吸収合併
7月　米GSE救済のための住宅金融復興法（HERA）成立
9月　米GSE公的管理（Conservatorship）に（6日）。米リーマン・ブラザーズ、連邦破産法第一一条申請（15日）。米AIG、連邦政府から八五〇億ドルの支援（16日）。米連邦議会下院、緊急経済安定化法（EESA）否決、ダウ平均株価は七七七・六八ドル下落（29日）
10月　緊急経済安定化法成立（3日）、七〇〇〇億ドルの公的資金枠設定
12月　FRB、事実上のゼロ金利政策導入
2009年1月　米オバマ大統領就任（20日）
3月　官民共同の不良債権買取スキーム（PPIP）発表
5月　米大手金融機関特別検査（ストレス・テスト）結果発表
12月　米財務省、GSEへの公的資金注入枠を三年間無制限に
2010年1月　オバマ大統領、金融危機責任手数料の賦課を提言。ボルカー・ルールを発表
4月　米財務省、外国為替報告書の発表延期を決定
5月　EUとIMF、三年間で一一〇〇億ユーロのギリシャ支援で最終合意（7日）。EUとIMF、総額七五〇〇億ユーロの欧州金融安定化メカニズムを発表（9日）
6月　中国人民銀行、人民元の弾力化を発表

日本銀行「金融システムレポート」（2010年3月）

●第6章

Lago, I. M., Duttagupta, R. and Goyal, R., "The Debate on the International Monetary System", IMF Staff Position Note, Nov. 11, 2009（http://www.imf.org/external/pubs/ft/spn/2009/spn0926.pdf）

Bergsten, F., "The Dollar and the Deficits: How Washington Can Prevent the Next Crisis", *Foreign Affairs*, November/December 2009

Zhou Xiaochuan（周小川）, "Reform the International Monetary System", 23 March, 2009（http://www.pbc.gov.cn/english/detail.asp?col=6500&id=178）

Eichengreen, B., "The Dollar Dilemma: The World's Top Currency Faces Competition", *Foreign Affairs*, September/October 2009

中尾武彦「国際通貨システム改革を巡る諸問題についての考え方」国際通貨研究所シンポジウム、2010年3月18日

伊藤隆敏「日銀、長期の物価予測を」、『日本経済新聞』「経済教室」2010年4月15日

伊藤隆敏、八代尚宏編『日本経済の活性化——市場の役割・政府の役割』日本経済新聞社、2009年

根本直子『残る銀行沈む銀行——金融危機の構図』東洋経済新報社、2010年

Washington, New York, 2003
根本直子『韓国モデル——金融再生の鍵』中公新書ラクレ、2003年
河合正弘編、特集「東アジア地域協力——アメリカ発世界金融危機を踏まえて」、『フィナンシャル・レビュー』2009年、第1号
村瀬哲司『アジア安定通貨圏』勁草書房、2000年
村瀬哲司『東アジアの通貨・金融協力』勁草書房、2007年
奥田宏司、神澤正典編『現代国際金融——構図と解明』第2版、法律文化社、2010年
伊藤隆敏、小川英治、清水順子編著『東アジア通貨バスケットの経済分析』東洋経済新報社、2007年
河合正弘編、特集「中国経済——アメリカ発世界金融危機を踏まえて」、『フィナンシャル・レビュー』2009年、第4号
田中修「中国経済の強靭性と脆弱性」、『国際問題』日本国際問題研究所、2010年4月号 No.590 電子版（http//www.jiia.or.jp/）
Ito, Takatoshi, "China's property bubble is worse than it looks", *Financial Times*, 16 March, 2010

●第5章

Green, M., *Japan's Reluctant Realism: Foreign Policy Challenges in an Era of Uncertain Power*, New York, 2001
Hayashi, Shigeko, *Japan and East Asian Monetary Regionalism: Towards a Proactive Leadership Role?*, New York, 2006
IMF, Fiscal Monitor, 14 May, 2010
内閣府経済社会総合研究所企画・監修『不良債権と金融危機』、〈バブル／デフレ期の日本経済と経済政策〉第4巻、慶應義塾大学出版会、2009年
内閣府経済社会総合研究所企画・監修『デフレ経済と金融政策』、〈バブル／デフレ期の日本経済と経済政策〉第2巻、慶應義塾大学出版会、2009年
日本銀行「金融市場レポート」（2010年1月）

Yellen, J. L., "The Outlook for the Economy and Inflation, and the Case for Federal Reserve Independence", 23 March, 2010

●第３章

Pisani-Ferry, J. and Posen, S. A. (eds.), *The Euro at Ten: The Next Global Currency?*, Peterson Institute for International Economics, Washington D. C., June 2009

Tarullo, D. K., "International response to European debt problems", May 2010

Kenen, P. and E. Meade, *Regional Monetary Integration*, Cambridge, 2008

Giavazzi, F., T. Jappelli, and M. Pagano, "Searching for Non-Linear Effects of Fiscal Policy: Evidence from Industrial and Developing Countries", *European Economic Review*, 44, 2000

河合正弘、嘉治佐保子編、特集「EU 経済――アメリカ発世界金融危機を踏まえて」、『フィナンシャル・レビュー』2009年、第５号

●第４章

The World Bank, *The East Asian Miracle: economic growth and public policy: summary*, Washington, D. C., 1993

Young, A., "The Tyranny of Numbers: Confronting the Statistical Realities of the East Asian Growth Experience", *The Quarterly Journal of Economics*, 110, 1995, pp. 641-680

Krugman, P., "The Myth of East Asia's Miracle", *Foreign affairs*, 73, 1994, pp. 62-78

Hsieh, Chang-Tai, "What Explains the Industrial Revolution in East Asia?: Evidence From the Factor Markets", *The American Economic Review*, 92, 2002, pp. 502-526

Ito, Takatoshi, "Asian Currency Crisis and the International Monetary Fund, 10 Years Later: Overview", *Asian Economic Review*, 2, 2007

Rubin, R., *In an Uncertain World: tough choices from Wall Street to*

Program", March 2010
Kohler, M., "Exchange rates during financial crises", BIS Quarterly Review, March 2010
Blanchard, O. and G. M. Milesi-Ferretti, "Global Imbalances: In Midstream?", IMF Staff Position Note, December 2009
McGuire, P. and R. McCauley, "Dollar appreciation in 2008: safe haven, carry trades, dollar shortage and overhedging", BIS Quarterly Review, December 2009
Gourinchas, P.-O., "U. S. Monetary Policy, 'Imbalances' and the Financial Crisis", February 2010
Altunbas, Y., L. Gambacorta and D. Marques-Ibanez, "Does monetary policy affect bank risk-taking?", BIS Working Papers, No. 298, March 2010
NHK取材班『マネー資本主義――暴走から崩壊への真相』NHK出版、2009年
倉橋透、小林正宏『サブプライム問題の正しい考え方』中央公論新社、2008年
小林正宏『世界同時不況――夜は明けたのか』住宅金融普及協会、2009年

●第2章

岡村健司編、武藤功哉、梅村元史『国際金融危機とIMF』大蔵財務協会、2009年
小林正宏、安田裕美子『サブプライム問題とアメリカの住宅金融市場』住宅新報社、2008年
Bernanke, B., "Federal Reserve's exit strategy", 10 February, 2010
Paulson, H. M., *On the Brink: Inside the Race to Stop the Collapse of the Global Financial System*, New York, 2010
Geithner, T. F., "Written Testimony House Committee on Financial Services", 23 March, 2010

◎主要参考文献

●全般

IMF, Global Financial Stability Report, April 2010

IMF, World Economic Outlook, April 2010

Krugman, P. and Obstfeld, M., *International Economics: Theory and Policy*, 8th ed., Boston (Mass.), 2009

Krugman, P., *The Return of Depression Economics and the Crisis of 2008*, New York, 2009

橋本優子、小川英治、熊本方雄『国際金融論をつかむ』有斐閣、2007年

中尾武彦『アメリカの経済政策』中公新書、2008年

上川孝夫、矢後和彦編『国際金融史』有斐閣、2007年

小林正宏『世界複合不況は終わらない』東洋経済新報社、2009年

小林正宏、大類雄司『世界金融危機はなぜ起こったか』東洋経済新報社、2008年

黒田東彦、『通貨の興亡——円、ドル、ユーロ、人民元の行方』中央公論新社、2005年

●第1章

Bernanke, B., *Essays on the Great Depression*, Princeton (N. J.), 2000

Bernanke, B., "The Global Saving Glut and the U. S. Current Account Deficit", 10 March, 2005

Bernanke, B., "Monetary Policy and the Housing Bubble", 3 January, 2010

Bernanke, B., "The Federal Reserve's role in bank supervision", 17 March, 2010

Congressional Budget Office, "Report on the Troubled Asset Relief

◎第4版への追記

二〇一〇年九月一五日、政府・日銀は六年半ぶりに円売り・ドル買い介入を実施した。一日の規模としては過去最大となる二兆一二四九億円の介入により、一時三円弱、円安方向に押し戻したが、アメリカの景気回復の遅れを受けて、FRBによる追加金融緩和観測が燻る中、一〇月中旬にはドルは一時八〇円台へと介入前を上回る円高に振れた。九五年四月の超円高時と比較すると内外の物価上昇率格差もあり、円の実質実効レートの水準感については議論があるものの、新興国との競争が激化しているため、韓国ウォン安や、人民元安に対する産業界の懸念は強い。

秋のIMF総会に合わせて開催されたG7で先進国は、中国を念頭に新興黒字国に為替の一層の柔軟化に向けた努力を求めることで一致したが、一一月のG20サミットで先進国と新興国がどのような政策協調で合意できるか注目される。米財務省は一〇月一五日に予定されていた外国為替報告書の発表を先送りしたが、先進国の金融緩和を受けて、新興国には投機資金が大量に流入しており、資本規制や為替介入の動きが広がっている。

「通貨戦争」とも呼ばれるほど緊迫した状況下で、単独介入の効果の限界と政策協調の必要性が意識される中、日銀は一〇月五日の政策委員会・金融政策決定会合において、「包括的な金融緩和政策」を打ち出した。一方で、FRBも一一月の連邦公開市場委員会で二〇一一年六月までに六〇〇〇億ドルの米国債を購入することを公表した。中間選挙で民主党が大敗したことで、アメリカが追加的な財政支出を措置することは一層困難になったと見られ、ブッシュ減税の取り扱いとあわせ、アメリカ経済と世界経済にとってなお不確実な状況が続いている。

小林正宏（こばやし・まさひろ）

1965年（昭和40年），福岡県に生まれる．住宅金融支援機構住宅総合調査室主任研究員．1988年，東京大学法学部卒業，住宅金融公庫入庫．OECFマニラ事務所駐在，米国ファニーメイ特別研修派遣等を経て，2007年より現職．
著書『サブプライム問題の正しい考え方』（共著，中公新書，2008年）
『世界複合不況は終わらない』（東洋経済新報社，2009年）ほか

中林伸一（なかばやし・しんいち）

1963年（昭和38年），山口県に生まれる．東京大学公共政策大学院教授．1986年，東京大学経済学部卒業，大蔵省入省．1990年，オックスフォード大学経済学修士．OECD日本政府代表部一等書記官，IMFアジア太平洋局審議役等を経て，2008年より現職．
著書『物価レポート'97』（経済企画庁物価局編，分担執筆，経済企画協会，1997年）ほか
論文 "The Reform of the Lao Banking System", 2006 ほか

通貨《つうか》で読《よ》み解《と》く
世界経済《せかいけいざい》
中公新書 *2064*

2010年 7月25日初版
2010年11月20日 4版

著　者　小林正宏
　　　　中林伸一
発行者　浅海　保

本文印刷　暁印刷
カバー印刷　大熊整美堂
製　本　小泉製本

発行所　中央公論新社
〒104-8320
東京都中央区京橋 2-8-7
電話　販売 03-3563-1431
　　　編集 03-3563-3668
URL http://www.chuko.co.jp/

Published by CHUOKORON-SHINSHA, INC.
Printed in Japan　ISBN978-4-12-102064-2 C1233

中公新書

経済・経営

g1

1936 アダム・スミス　堂目卓生
1465 市場社会の思想史　間宮陽介
1853 物語 現代経済学　根井雅弘
2008 市場主義のたそがれ　根井雅弘
1841 現代経済学の誕生　伊藤宣広
1896 日本の経済―歴史・現状・論点　伊藤　修
2024 グローバル化経済の転換点　中井浩之
726 幕末維新の経済人　坂本藤良
1527 金融工学の挑戦　今野　浩
2041 行動経済学　依田高典
1658 戦略的思考の技術　梶井厚志
1871 故事成語でわかる経済学のキーワード　梶井厚志
1824 経済学的思考のセンス　大竹文雄
2045 競争と公平感　大竹文雄
1893 不況のメカニズム　小野善康

1078 複合不況　宮崎義一
1586 公共事業の正しい考え方　井堀利宏
1434 国家の論理と企業の論理　寺島実郎
1657 地域再生の経済学　神野直彦
1737 経済再生は「現場」から始まる　山口義行
2021 マイクロファイナンス　菅　正広
1651 メガバンクの誤算　箭内　昇
1941 サブプライム問題の正しい考え方　倉橋　透　小林正宏
1932 アメリカの経済政策　中尾武彦
2031 IMF（国際通貨基金）　大田英明
290 ルワンダ中央銀行総裁日記（増補版）　服部正也
1627 コーポレート・ガバナンス　田村達也
1784 コンプライアンスの考え方　浜辺陽一郎
1842 「失われた十年」は乗り越えられたか　下川浩一
1700 能力構築競争　藤本隆宏
1074 企業ドメインの戦略論　榊原清則
1789 組織を変える〈常識〉　遠田雄志

2064 通貨で読み解く世界経済　小林正宏　中林伸一